该书为湖北省社科基金一般项目（后期资助项目）
“湖北大别山传统聚落活化利用研究（HBSK2022YB524）”成果

湖北大别山
传统聚落活化利用研究

李丽媛　著

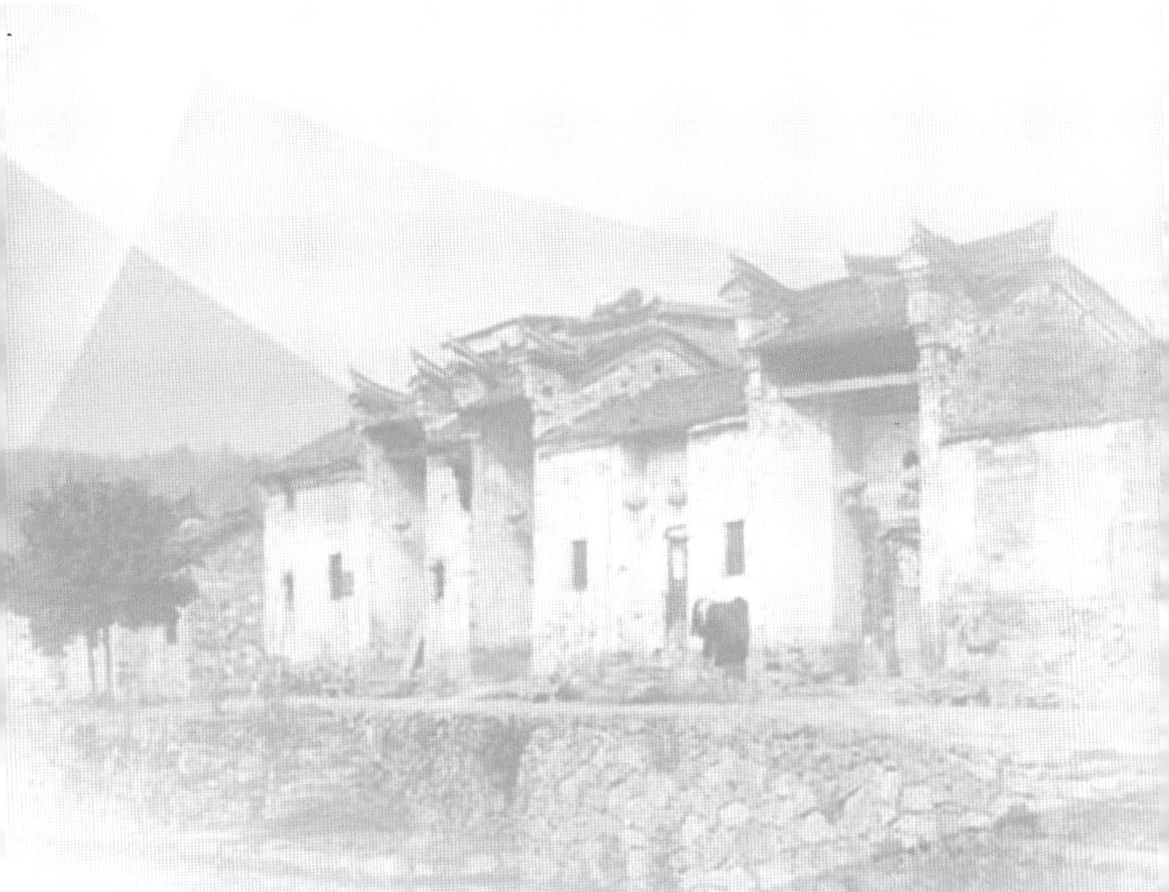

WUHAN UNIVERSITY PRESS
武汉大学出版社

图书在版编目(CIP)数据

湖北大别山传统聚落活化利用研究/李丽媛著.—武汉：武汉大学出版社,2022.12
ISBN 978-7-307-23345-4

Ⅰ.湖… Ⅱ.李… Ⅲ.大别山—乡村地理—聚落地理—研究—湖北 Ⅳ.K928.5

中国版本图书馆 CIP 数据核字(2022)第 185452 号

责任编辑:喻 叶　　责任校对:李孟潇　　版式设计:马 佳

出版发行：武汉大学出版社　（430072　武昌　珞珈山）
（电子邮箱：cbs22@whu.edu.cn　网址：www.wdp.com.cn）
印刷：武汉邮科印务有限公司
开本：720×1000　1/16　　印张：16.75　　字数：270 千字　　插页：1
版次：2022 年 12 月第 1 版　　2022 年 12 月第 1 次印刷
ISBN 978-7-307-23345-4　　定价：68.00 元

版权所有，不得翻印；凡购我社的图书，如有质量问题，请与当地图书销售部门联系调换。

目　　录

第一章　绪论 … 1

第一节　研究背景及意义 … 1
一、研究背景 … 1
二、研究意义 … 2

第二节　国内外研究现状 … 2
一、国内研究现状 … 2
二、国外研究现状 … 3
三、关于湖北大别山红色聚落的研究 … 3

第三节　湖北大别山红色聚落的概念界定 … 4
一、聚落的形成 … 4
二、湖北省大别山概述 … 4
三、湖北省大别山红色聚落 … 4

第四节　研究的内容与方法 … 5
一、研究内容 … 5
二、研究方法与思路 … 9

第五节　主要观点和创新点 … 10
一、主要观点 … 10
二、创新点 … 10

第二章　湖北大别山红色聚落形成与发展因素分析 … 11

第一节　自然因素 … 11
一、地理环境 … 11

二、气候条件 ··· 11

　　三、水文因素 ··· 11

第二节　政治因素 ·· 12

第三节　经济因素 ·· 14

第四节　社会因素 ·· 15

　　一、移民文化和宗族意识 ··· 15

　　二、风水观念 ··· 16

　　三、防御需求 ··· 17

第五节　技术因素 ·· 18

第三章　湖北大别山红色聚落的特征解析 ·· 21

第一节　空间布局形态特征分析 ··· 21

　　一、湖北大别山传统聚落的空间布局形式 ······························· 21

　　二、湖北大别山传统聚落空间形态特征 ···································· 24

　　三、湖北大别山传统聚落的空间序列 ······································· 24

第二节　建筑特征分析 ··· 25

　　一、建筑类型及平面布局 ··· 25

　　二、建筑空间要素及尺度 ··· 28

　　三、立面造型与结构样式 ··· 30

　　四、装饰内容及手法 ·· 32

第三节　景观特征分析 ··· 33

　　一、绿化 ·· 34

　　二、水景 ·· 35

　　三、街巷景观 ··· 37

　　四、牌楼 ·· 39

　　五、古桥 ·· 39

第四节　装饰专题分析 ··· 41

　　一、鄂东北传统建筑装饰结构特征分析 ···································· 41

　　二、鄂东北传统建筑装饰艺术构成分析 ···································· 61

第五节　防御体系专题分析 ····· 73
一、古寨堡防御意识的源起 ····· 74
二、因地制宜的天然防御环境 ····· 76
三、坚如磐石的层级"硬"防御建构 ····· 76
四、安心镇气的精神"软"防御体系 ····· 85

第四章　湖北大别山传统聚落价值评估 ····· 88
第一节　历史文化价值 ····· 88
一、历史文化浓厚 ····· 88
二、红色资源丰富 ····· 91
三、移民文化和宗族文化突出 ····· 93

第二节　科学艺术价值 ····· 93
一、科学价值 ····· 93
二、艺术价值 ····· 94

第三节　环境生态价值 ····· 94

第四节　社会经济价值 ····· 95

第五节　精神情感价值 ····· 96
一、大别山精神 ····· 96
二、乡愁认同 ····· 97

第五章　湖北大别山传统聚落价值活化利用探索 ····· 98
第一节　湖北大别山传统聚落发展现状及问题 ····· 98
第二节　湖北大别山传统聚落价值活化利用途径 ····· 99
一、旅游开发 ····· 99
二、养老建设 ····· 100
三、科研基地 ····· 101
四、教育培训 ····· 101
五、特色产业 ····· 101
六、数字博物馆 ····· 102

第三节　湖北大别山传统聚落价值活化利用实现的方法 …………… 102
　一、政府扶持 ……………………………………………………………… 103
　二、外资引进 ……………………………………………………………… 103
　三、村民自主 ……………………………………………………………… 104
　四、村集体统筹 …………………………………………………………… 104

第六章　湖北大别山红色聚落调研典型实例 ………………………… 105
第一节　九房沟古寨堡建筑群调研报告 ………………………………… 105
　一、研究背景及现状勘测 ………………………………………………… 105
　二、九房沟历史变迁及传统聚落发展 …………………………………… 110
　三、九房沟基础地理景观要素 …………………………………………… 120
　四、九房沟传统聚落的建筑景观要素特征及影响 ……………………… 122
　五、九房沟保护及发展策略探讨 ………………………………………… 134
第二节　祝楼村调查研究报告 …………………………………………… 148
　一、祝楼村概况 …………………………………………………………… 148
　二、祝家楼传统聚落的历史沿革 ………………………………………… 153
　三、祝家楼古建筑群介绍 ………………………………………………… 159
　四、历史环境要素调查 …………………………………………………… 172
　五、祝楼村传统聚落的现状与基础设施建设 …………………………… 184
　六、祝楼村未来的发展规划 ……………………………………………… 187
　七、总结 …………………………………………………………………… 190
第三节　向阳村传统聚落文化景观要素及其影响调研报告 …………… 190
　一、绪论 …………………………………………………………………… 190
　二、向阳村传统聚落发展及历史变迁 …………………………………… 191
　三、向阳村基础地理景观要素 …………………………………………… 195
　四、孝昌县传统聚落的文化景观要素特征及其影响(以向阳村为例) … 197
　五、孝昌县传统聚落的建筑景观要素特征及其影响 …………………… 209
　六、传统聚落的景观形态要素特征及其影响 …………………………… 232
　七、向阳村传统聚落发展策略探讨 ……………………………………… 246

第四节　鄂豫皖大别山"红三角"地区传统村落调查研究报告……………… 247
　　　　一、湖北麻城市调研 ………………………………………………………… 248
　　　　二、安徽金寨县调研 ………………………………………………………… 251
　　　　三、小结 ……………………………………………………………………… 252
　　　　四、建议 ……………………………………………………………………… 253

第七章　结论与展望 …………………………………………………………………… 254
　　一、研究成果的主要内容和重要观点 …………………………………………… 254
　　二、尚需深入研究的问题 ………………………………………………………… 256

参考文献 ………………………………………………………………………………… 257

第一章 绪　　论

第一节　研究背景及意义

一、研究背景

（一）国家政策引导

《国务院关于大别山革命老区振兴发展规划的批复》(2015)、《"十三五"脱贫攻坚规划》(2016)、《中共中央、国务院关于深入推进农业供给侧结构性改革加快培育农业农村发展新动能的若干意见》(2017)、《乡村振兴战略规划(2018—2022年)》等文件中均对大别山传统聚落给予了关注。在国家政策引导下展开对湖北大别山红色传统聚落的研究是科研工作者的使命。

（二）社会经济发展驱动

《中国农村扶贫开发纲要(2011—2020年)》将集中连片特殊困难地区作为扶贫攻坚主战场，湖北大别山区是国家层面的集中连片特困地区，该区域作为革命老区，长期以来受制于山区特有的不利因素，经济社会发展缓慢，资源开发和利用程度低，贫困问题存在的时间久、范围广、程度深。因此，解析湖北大别山红色聚落的特征及价值，探索其活化利用途径有利于推动湖北省大别山区的经济发展。

（三）文化传承与复兴需求

中国文化景观的根本在乡村，它是民族可识别性和身份认同的重要依据，也是实现差异性，保持个性化的精髓。① 实现文化传承、文化复兴，自然要关注和研究传统聚落文化，湖北大别山传统聚落具有红色文化、宗族文化等显著特征，是传统聚落文化价值的重要载体。

二、研究意义

（一）理论价值

湖北传统民居受地理、气候、环境、人文等多种因素的影响，在国内未能构成明确的建筑流派，但这种多样性与复杂性却更具研究价值。以湖北大别山传统聚落的特征与价值来探索湖北传统聚落的形态演变轨迹，展示其多元的价值内涵，是对湖北传统聚落研究理论建构的补充与深化。

（二）实践意义

国家和地方政府扶持乡村发展旅游业，带动村民脱贫。乡村旅游已成为目前我国旅游业和农业改革发展的希冀和重要方向。在此背景下，本项目将着眼于当前湖北大别山红色聚落改造建设中存在的问题，挖掘地方历史记忆，梳理有价值的红色聚落特色符号，并提升转换，更好地实现地域历史文化的保护和传承延续，服务地方建设。

第二节　国内外研究现状

一、国内研究现状

我国相关研究工作始于20世纪40年代，学术界大量的相关文献出现于20世纪80年代之后，成果主要有：①基于大规模各地民居调查出版的系列专著，如《浙江民居》《安徽民居》等，此类成果以建筑单体研究为主，但逐渐体现出对于整体聚落的关注。②以文化人类学的视角关注传统聚落空间表象后的文化含义，如东南大学王文卿在《民居调查的启迪》中将传统聚落空间的特征与文化内

---

① 吴必虎. 基于乡村旅游的传统村落保护与活化[J]. 社会科学家，2016（2）：7-9.

涵相联系。③从传统聚落的形成过程研究其景观环境的特征，如彭一刚的《传统村镇聚落景观分析》。④采用计算机建模方法对聚落空间进行分析，如龚恺等编撰的《晓起》，计算机建模的方法提升了把聚落整体作为一个单元进行研究的水平。⑤从区域经济、城镇化和可持续发展的视角研究我国传统聚落空间结构的变迁，如《乡村聚落：形态、类型与演变——以江南地区为例》。⑥从"文化线路"角度研究传统聚落及建筑在多元文化影响下的产生、发展和嬗变过程，如赵逵著的《文化线路视野中的聚落与建筑》。

二、国外研究现状

①从建筑设计的视角解构分析聚落环境和居住建筑中的构建及其文化表现，如日本东京大学教授原广司的《世界聚落的教示100》，以及日本学者藤井明的《聚落探访》等。②研究聚落类型、分布、变迁等与地理文化及经济发展的关系，如德国学者J. G. kohl的《人类交通居住地与地形的关系》，M. Chisholm的《聚落和土地利用》等。③对历史村镇、街区等的现状、价值和保护利用对策、政策及资金来源等的研究与实践。从《国际古迹保护与修复宪章》(1964)对单体建筑历史真实性保护的倡导，到《关于乡土建筑遗产的宪章》(1999)提出乡土建筑需"包含必要的变化和不断适应的连续过程"以对社会和环境的约束做出反应，并指出"正确地评价和成功地保护乡土建筑遗产要依靠社区的参与与支持，依靠持续不断地使用和维护"。此类成果为本项目在尊重传统聚落地域特色的前提下进行活化利用提供了理论依据。

三、关于湖北大别山红色聚落的研究

由于湖北传统聚落历史的重叠性、流动性和多样性，使得该区域成为民居形制的"灰色过渡地带"，国内学者对其的关注度一般，直到2006年才出现了第一本比较系统地介绍湖北传统民居的专著《湖北传统民居》，该书通过大量现状照片及线图，概括介绍了湖北省各个地区传统民居的主要类型及其特征，其中包括对于鄂东北传统民居的介绍，这可以看作是对湖北大别山红色聚落研究的滥觞。2009年出版的《两湖民居》也对鄂东北聚落进行了介绍，由于上述两本著作均是对湖北传统聚落进行的集粹式介绍，因此对鄂东北聚落，尤其是湖北大别山传统聚落的研究在研究深度与系统性方面仍有较大空间。

第三节 湖北大别山红色聚落的概念界定

一、聚落的形成

黄帝时代先民尚处在"迁徙往来无常处,以师兵为营卫"的迁徙阶段。到了舜时则形成了早期的居住地,聚落出现。《史记·五帝本纪》记载:"舜耕历山,历山之人皆让畔;渔雷泽,雷泽上人皆让居;陶河滨,河滨器皆不苦窳。一年而所居成聚,二年成邑,三年成都。尧乃赐舜絺衣,与琴,为筑仓廪,予牛羊。"因此,早在帝舜时代中国就已经进入耕稼社会,聚落规模不断扩大。

《说文》云:"聚,会也,从乑,取声。邑落云聚。"聚指村落,作为乡民居住之地,自战国以来经秦及汉,其含义相去不远,如有乡聚、聚邑、邑聚、屯聚等说法。如今,狭义的聚落仍指有别于城市的农村居民点。[1]

二、湖北省大别山概述

大别山位于我国中部地区,横跨三个省(安徽、湖北、河南),6个地级市(黄冈市、孝感市、随州市、信阳市、安庆市、六安市),45个县(市、区),其中安徽19个、湖北16个、河南10个,总面积约10余万多平方公里(见图1.1)。湖北大别山片区范围为湖北省大别山区域内8个国家和省扶贫开发工作重点县(市),具体包括:红安县、麻城市、英山县、蕲春县、罗田县、团风县、大悟县、孝昌县。湖北大别山位于大别山南麓,地处安徽、湖北、河南三省交界处,属亚热带季风性湿润气候,具有典型的山地气候特征(见图1.2)。[2]

三、湖北省大别山红色聚落

湖北省大别山是红军的摇篮,拥有丰富的红色旅游资源。作为本次研究重点的湖北省大别山红色聚落即指具有红色文化属性的湖北大别山典型传统村落。

---

[1] 吴良镛. 中国人居史[M]. 北京:中国建筑工业出版社,2014:23.
[2] 刘汉成,夏亚华. 大别山旅游扶贫开发研究[M]. 北京:中国经济出版社,2014:11.

图 1.1　大别山行政区划范围　　　　图 1.2　湖北大别山行政区划范围

第四节　研究的内容与方法

一、研究内容

本次研究以罗田、英山、麻城、红安、蕲春、团风、大悟、孝昌八个扶贫开发工作重点县为研究的空间范围(见图 1.3 及表 1.1)，解析湖北大别山红色聚落的特征及价值，探索其活化利用途径，从而为该区域的乡村振兴提供理论支撑和政策选择。

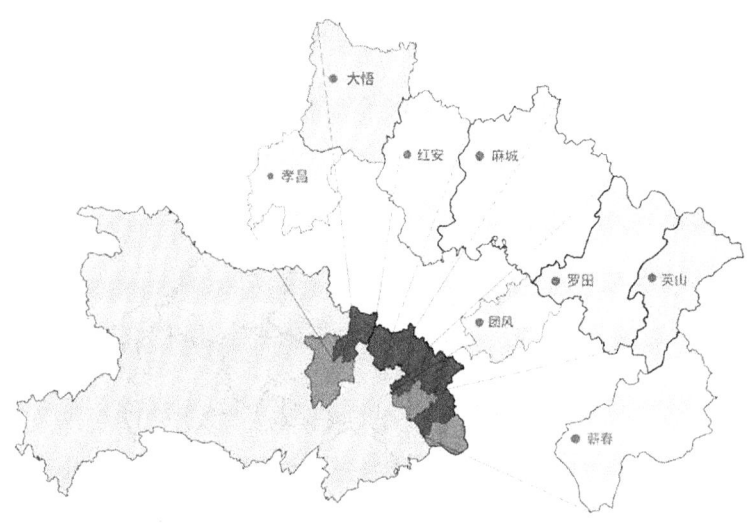

图 1.3　研究内容

表1.1　　　　　　　　　湖北大别山传统村落情况一览表(自绘)

红安县	概况	原名黄安,位于湖北省东北部大别山南麓,南临武汉,北接河南,东邻麻城,西接黄陂、大悟,县城距省会武汉80公里,车程1小时左右。全县版图总面积1796平方公里,辖12个乡镇场,396个行政村,人口66.36万人。截止到2014年底2736元以下的贫困人口11.29万人
	重点考察地	1. 七里坪长胜街(街屋)(商贸街且红色历史丰富,是国内保存最完美的古代徽派建筑之一,同时又是大革命时期鄂豫皖革命根据地的中心区域,全长650米)(红安七里坪秦氏祠) 2. 陡山村(以吴氏祠堂为中心,附近的陡山湾、谢家湾都保留着明清时期的古建筑。清一色的雕花条石砌墙,大青砖砌墙,一律的高石台阶。屋上一律拱斗飞檐,屋檐下画有龙凤人物和各种吉祥图案,可以称得上是民清建筑的"活化石") 3. 周家墩(双城塔,红安第5处全国重点文物保护单位。据专家考证,该塔始建于元代,为宋型塔。红安县文物部门于1964年、1982年两次对该塔维修,现保存完好) 4. 华家河镇祝楼村祝家楼垸(中国传统村落) 5. 华家河镇涂湾村(中国传统村落) 6. 太平桥镇回龙寨村石头湾(中国传统村落) 7. 永佳河镇欧桥村刘云四湾(中国传统村落)
罗田县	概况	罗田县是湖北省黄冈市下辖的县之一,县境位于湖北省东北部、大别山南麓,东邻英山,南连浠水,西与团风、与麻城接壤,北与安徽省金寨县交界。罗田是一个"八山一水一分田"的山区、老区县和全国扶贫开发工作重点县,也是中国知名的"板栗之乡""桑蚕之乡""甜柿之乡""茯苓之乡"。全县版图面积2144平方公里,其中耕地面积38万亩,山林面积220万亩;下辖7镇5乡4个国有林场,412个行政村,59.89万人(2012年数据)
	重点考察地	1. 黄冈市罗田县九资河镇官基坪村罗家大垸(中国传统村落) 2. 黄冈市罗田县九资河镇罗家畈村(新屋垸) 3. 黄冈市罗田县河铺镇肖家垸乌石岩村(中国传统村落) 4. 黄冈市罗田县白庙河乡潘家垸村(中国传统村落) 5. 黄冈市罗田县胜利镇瓦房基村老闫家垸(中国传统村落) 6. 罗田县胜利镇纸棚河村 7. 罗田县胜利镇屯兵堡街(街屋)

续表

麻城市	概括	麻城市共辖3个街道、15个镇、1个乡、1个省级经济开发区，716个行政村，7461个村民小组，市区由龙池桥、鼓楼、南湖三个街道办事处组成
	重点考察地	1. 黄冈市麻城市歧亭镇丫头山村(中国传统村落) 2. 黄冈市麻城市歧亭镇杏花村(中国传统村落) 3. 黄冈市麻城市夫子河镇付兴湾(中国传统村落) 4. 黄冈市麻城市木子店镇王家畈村(中国传统村落) 5. 黄冈市麻城市黄土岗镇小漆园村(中国传统村落) 6. 麻城市木子店镇石头板湾 7. 麻城歧亭镇姚李寨村城门塘垸(李细凯老屋是麻城市重点文物保护单位，老屋保护完善，至今仍宽敞明亮) 8. 麻城盐田河白亩堰村雷氏祠 9. 麻城盐田河刘家祠
英山县	概括	英山县，隶属于湖北省黄冈市，位于湖北省东北部，大别山主峰天堂寨南麓。北接安徽省金寨县、霍山县，东邻岳西、太湖，南连湖北省蕲春县、浠水县，西与罗田接壤，是鄂豫皖三省边境的腹地中心。英山县版图面积1449平方公里，辖3乡8镇，309个行政村，总人口40.5万
	重点考察地	1. 黄冈市英山县国营英山县吴家山林场大河冲村(中国传统村落)(位于大别山南麓天堂寨主峰之下，是国营吴家山林场的场辖村之一，有12000亩山林面积，距离英山县城70公里，全村有三个村民小组74户人家291人。它是大别山里的原生态贫困村，同时也是红色革命村。刘邓大军挺进大别山时刘伯承曾在此办公) 2. 英山南河镇灵芝湾村段氏府第(段氏府上集历史文化遗址和革命历史旧址于一体的省级文物保护单位，位于英山县南河镇，系清光绪年间湖北候补知县段昭灼的府第及庄园，又称兴贤庄。刘邓大军指挥部) 3. 英山县陶河乡严家坳村安家大屋
蕲春县	概括	蕲春县位于湖北省东南部，长洒中游以北，隶属黄冈市，著名"教授县"，以人才辈出著称。面积2397.6平方公里。总人口103.4万人。2012年末蕲春县辖15个乡镇办和2个省管开发区(蕲春经济开发区、李时珍医药工业园区)。蕲春县有578个村委会(居委会、大队及农林渔场)，共5105个村民小组(小队)
	重点考察地	黄冈市蕲春县向桥乡狮子堰村(中国传统村落)

续表

团风县	概况	团风县,隶属于黄冈市,位于湖北省东部,大别山南麓,长江中游北岸,与湖北省鄂州市、武汉市阳逻经济开发区、黄冈市黄州区、浠水县、麻城市相邻 截至2013年,全县版图面积838平方公里,辖8镇2乡、290个行政村。团风县素有"鄂东门户"和"小汉口"之称,是鄂东连接武汉的"桥头堡"
	重点考察地	1. 林家大塆(位于团风县回龙山。回龙山钟灵毓秀,人杰地灵。仅回龙山一地,就出了"地质之光"李四光、革命家林育南、林育英(张浩),军事家林彪,文坛宿将殷鉴、秦兆阳等著名人物,诞生了鄂东最早的共产主义团体"共存社") 2. 贾庙乡百丈崖村(中国传统村落)(美丽宜居村庄建设) 3. 淋山河镇赵泥畈村(美丽宜居村庄建设) 4. 团风县杜皮乡百丈岩村林氏府第 5. 团风县回龙山镇回龙山大庙万年台
大悟县	概况	大悟县,隶属于湖北省孝感市地处湖北省东北部鄂豫边界,大别山脉西南段,南北长48.8公里,东西宽42.2公里,总面积1985.71平方公里。大悟县原名礼山县,建县于1933年,1952年更名为大悟县。截至2010年,大悟县总人口共有64万人,辖17个乡镇,359个村,境内地形特征大体上是"七山一水二分田"
	重点考察地	1. 孝感市大悟县芳畈镇白果树湾村(中国传统村落) 2. 孝感市大悟县宣化镇铁店村八字沟(中国传统村落) 3. 孝感市大悟县丰店镇桃岭村九房沟(中国传统村落) 4. 大悟县黄站镇熊畈村(九重屋) 5. 大悟县双桥镇
孝昌县	概况	孝昌县现辖花园镇、邹岗镇、小河镇、白沙镇、王店镇、卫店镇、周巷镇、丰山镇、陡山乡、季店乡、花西乡、小悟乡等共12个乡镇和1个省管经济开发区、1个国家4A级生态旅游区,共有429个村民委员会,3354个村民小组,16个居民委员会(其中城区有11个社区居民委员会、2个乡镇社区居民委员会、3个乡镇居委会)。孝昌资源丰富,有珍稀动植物85种,初步探明的矿藏有18种,有凤凰山茶、太子米等为代表的众多土特产,以及双峰山、观音湖等旅游资源
	重点考察	1. 孝感市孝昌县小河镇小河村(中国传统村落) 2. 孝感市孝昌县小悟乡项庙村(中国传统村落) 3. 孝感市孝昌县小悟乡向阳村(中国传统村落)

二、研究方法与思路

本研究以田野调查为基础，对上述八个县进行实地调研，并对具有典型性和特色的个案进行抽样测绘，结合访谈等更深层次了解村落的起源与变迁的历史、生活习俗、生产方式等。其次，借助类型学的方法对传统村落与建筑展开研究，依据其形态特征梳理分类，进而归纳统计以寻找聚落的典型特征。最后，因湖北大别山红色聚落所处的区域位置受外来文化和周边地区的影响较为深刻，故采取对比研究的方法将其与周边区域的传统村落进行比较，厘清源流，找出它们之间的共性与个性关系。研究的基本思路如图1.4所示。

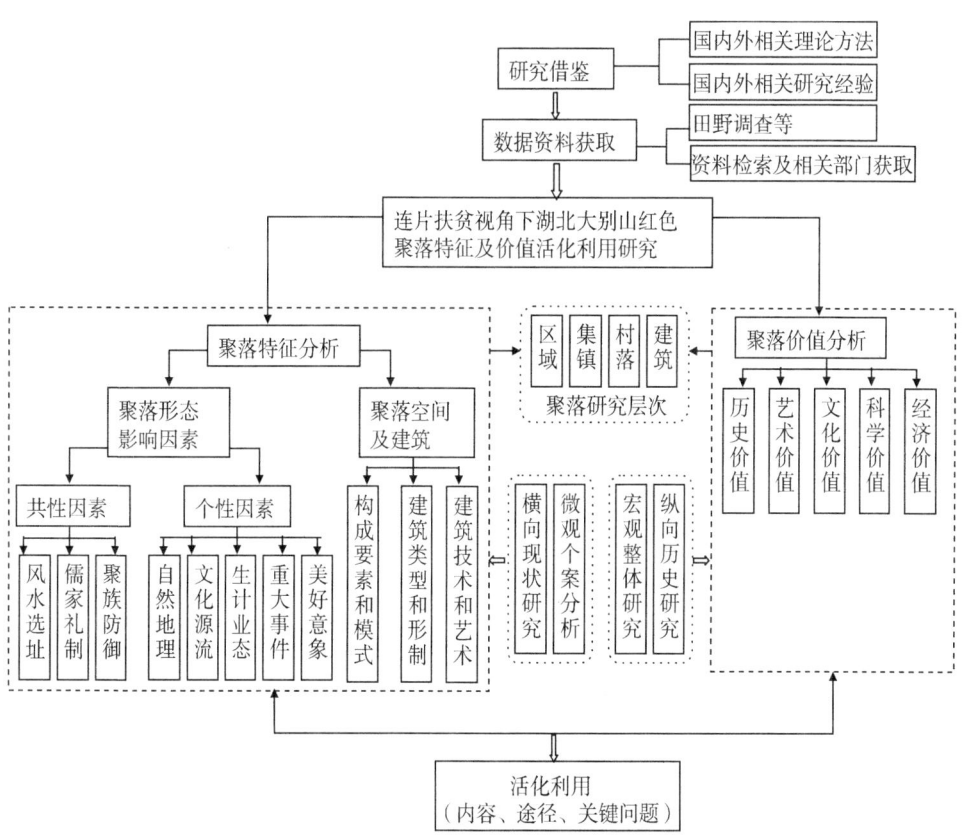

图1.4 研究思路

第五节 主要观点和创新点

一、主要观点

(1)大别山红色聚落具有鲜明的地域特征,这些特征的本质是当时当地社会、经济和文化的发展状态,具有特定的社会学意义。

(2)在当今我国城镇化快速发展的背景下,农村的生产力条件发生了巨大的变化。对于红色聚落的保护和传承,不能只是从美学、建筑学和旅游者猎奇的角度去考虑如何美化,而是要从功能再生和社会动力上去深层思考。

二、创新点

视角创新:从区域角度系统的研究湖北大别山红色聚落的特征与价值,以聚落形态影响因素和聚落空间及建筑为出发点,横向研究红色聚落的特征,以此为基础对红色聚落展开纵向历史剖析,探求红色聚落的价值及其活化利用的途径。

理念新颖:不局限于对传统聚落文化层面、保护层面的研究,而是将湖北大别山红色聚落置于区域经济发展的范畴,期待通过对于聚落特征与价值的研究,为区域经济的发展、当地居民的脱贫提供动力支撑。

第二章 湖北大别山红色聚落形成与发展因素分析

第一节 自 然 因 素

一、地理环境

湖北大别山红色聚落地处鄂东北，多以山地、丘陵为主，山地的自然环境对聚落形态具有直接的影响，由于山形地势的限制，使得该地区的聚落分布较为分散，但单体聚落又相对紧凑。传统农业社会时期，湖北大别山红色聚落受地理环境的局限，山多平地少，因此田地只能顺应山地的形势开发，呈现出高低错落、层层分明的形态。田地的限制，也决定了湖北大别山红色聚落的规模无法像平原地区的聚落那样庞大、规整，其传统民居建筑多依山而建，建筑群体多建于山坳处或山顶处，大致呈现出"点状""条状""团状"的形态。复杂多变的地形山势，也使得湖北大别山红色聚落坐拥天然的防御系统。

二、气候条件

湖北大别山红色聚落地处北亚热带季风气候区，四季分明、冬冷夏热、阳光充足、雨水充沛，有利于植物的生长，林木资源丰富，其建筑以砖木结构为主。由于木材自身属性及湖北大别山红色聚落的地理气候条件限制，当地传统木墙建筑较少，木材多用于门窗及装饰部件上。

三、水文因素

水文因素包括河流湖泊的最高水位、常水位和最低水位，河流的涨水期、枯水期以及涨水时期淹没的范围、面积等。由于传统农业社会时期，人们的技术水平有限，水是其生活、生产中必不可少的因素之一，所以水文因素对于村落的分布有着非常重要的影响。

传统农业社会时期，村民的生活及生产用水主要依靠当地的河流、湖泊。为了方便用水，大多的村落选择依水而建，自河流边缘成带状分布。由于大别山地区夏季多暴雨，水位增长迅速，容易淹没附近土地，因此人们多选择在地势较高的地方修建房屋，开垦耕地。

第二节 政治因素

历史上，湖北大别山红色聚落区域一直是历代兵家必争之地。罗田"隶楚之东，偏其东北，山峦耸削，逸通绵亘，重关叠险，划然与皖豫分疆，实全楚东北之门户也"[1]；英山乃"淮楚之交，实要冲也，淮楚之襟喉也"[2]；麻城"介在万山之中……高山峻岭蜿蜒磅礴，环列而耸峙者不可胜纪……宋时据地设险五关，其要也"[3]。由此可见，湖北大别山红色聚落地处军事要隘，战争中，占据此地即占据了大部分的优势。

由于地理位置的特殊性，该地爆发过各种各样大大小小的战役，也使得该地区的移民活动从未间断过。其中影响较大是元末明初时期的"洪武大移民"，当时江西居民移民到湖北占据了移民总数的70%（见图2.1）；其次就是明朝永乐年间到明朝后期发生了持续时间较长的移民活动。据史料记载，明清时期的两湖移民运动最早可追溯到唐代，时间跨度长达一千多年，移民总人数达到了十多万，其中以明末清初的一系列移民运动影响最大。

大规模的移民活动带来了不同地区的文化习俗，这些文化与楚文化交流融合，形成了现如今湖北大别山区域独特的人文文化。这里既有潇洒浪漫的楚文化，也有厚重儒雅的中原文化，还有凶猛彪悍的蛮夷文化。在建筑形式上，这里既有江南建筑的精雕细琢、精巧装饰，也有北方传统建筑的古朴大方，简单实用。

---

[1] 光绪《罗川县志》卷二，建置志，碉卡。
[2] 乾隆《英山县志》卷三，疆域。
[3] 光绪《麻城县志》卷一，方舆志；顾炎武：《天下郡国利病书》。

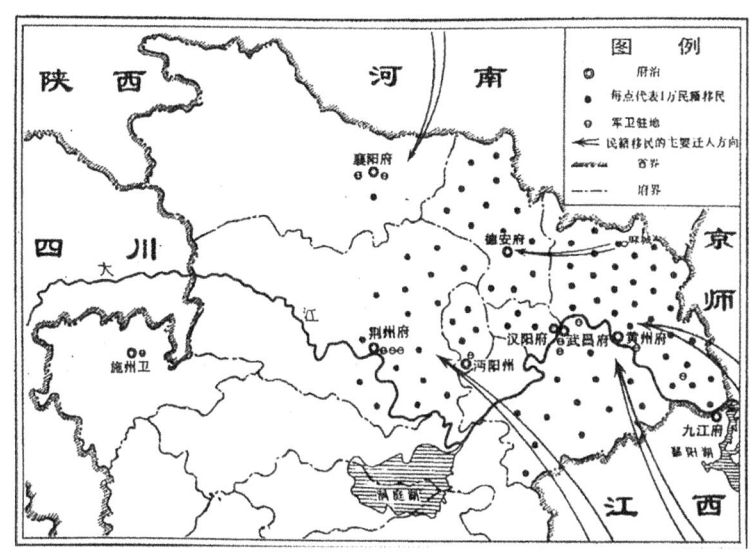

图 2.1　元末明初移民迁入湖北示意图(来源：曹树基等《中国移民史》第五卷)

土地革命时期(1927—1937 年)，黄麻起义爆发后，湖北大别山红色聚落区域迅速成为全国第二大革命根据地——鄂豫皖革命根据地的中心区域，占据着极其重要的军事战略地位，在这里先后创建了红四方面军、红十五军、红二十五军、红二十七军、红二十八军等革命力量。解放战争时期(1947 年)，刘邓大军挺进大别山，揭开了全国性大进攻的序幕，开辟大别山根据地，严重地威胁了国民党统治中心南京和湖北重镇武汉。解放后，历次大的运动痕迹都留在了湖北大别山红色聚落古民居的墙头上。人民公社、大食堂、农业学大寨和文革的创伤随处可见，这些痕迹也为我们了解那段历史提供了物证。

鄂东北地区保留了大量的历史古迹，一些村落的建筑风貌以及景观环境都未曾发生较大的改变，具有独特的民风民俗。因此这些村落被陆续列入中国传统村落的名录。截至 2019 年，鄂东北地区被列入中国传统村落共 42 个。目前，国家为传统村落的保护和发展制定了一系列的相关文件，在《乡村振兴战略规划(2018—2022 年)》中提到对古村落、古民居的保护利用，要吸引社会力量、实施"拯救老屋"行动，开展乡村遗产客栈示范项目，探索古村落古民居利用新途径，促进古村落的保护和振兴。2012 年发布的《湖北省旅游业发展"十二五"规划纲要》中对于鄂东北地区给与了特别关注，文件中提出关于大别山红色旅游板块的发展要以大别山红色旅游景区为核心，大力整合绿色生态和历史人文资源，不断完善旅游交通等基础设施，提高旅游综合接待能力，形成中部地区最大的红色旅游基地和红色、生态、人文、宗教相结合的综合性旅游目的地。

第三节 经济因素

经济是社会发展的基础，中国传统自然经济的基本特征是一种自给性、内向型的经济模式。湖北大别山红色聚落由于地理环境的限制，水土贫瘠，生产力水平较为低下，英山县志记载"英本痔上也，万山环之，其山又皆粗薄晓确，未尝有材木皮革之利宝藏之兴"，"英邑境内，山居十分之七，田止十分之三"，"土著无田之民尽多赖山开种，以资衣食……一切杂粮与棉花等项无不产于山间"，"山多田少，山产之利倍于田畴，本地与外来佃种民人衣食用度多赖于此"，英山县"并无渠流可以灌溉，全赖雨水调匀，以冀薄有收获"[1]；罗田"楚之山邑，地瘠而民贫，士大夫之在兹土者皆以为陋，每不暇讲求邑乘，苍满以去为幸"[2]；麻城"壤则中上中下间，稻麦外无他产"，而"岁俭，民多携家入山谷，掘蔗根滤粉煮食之"[3]。由此可见，该地方村民大多都是靠山吃山，在山中种植一些五谷杂粮或是在仅有不多的田地种植稻麦，生活极为艰苦，甚至历代的官员都不愿来这里做官。但也有少数地方的经济较为发达，如古时的红安县祝家楼，其经济来源首先是农业耕种；其次是当一些在外当官的人衣锦还乡之际，带回钱财，然后购买大量的田地；最后是通过贩卖林木、茶叶等来带动当地的经济发展。因当地农业、林业、茶业的发展，整个聚落的空间形态受制于耕地的需要，最终沿着山脚坡地进行扩展布局，呈现出弧形、带状等空间形态。旧时的孝昌县小河村（也称小河溪，即明清古街）商业极为发达，是当时鄂东北地区最大的水码头，其凭借便利的水陆交通，吸引了大量的外来客商来此定居，其中最著名的移民商人就是"山陕帮"和"咸武帮"。小河村的建筑，充分体现了小河村商家的品性，每家每户的门脸大致相似，没有阔门高楼，即使是商贾大户也不露锋芒，建筑廊檐一

---

[1] 乾隆《英山县志》卷八，赋役卷八，《附录开山议详案》。
[2] 嘉庆《罗川县志》卷一，地理志。光绪《罗川县志》序缪沉。
[3] 光绪《麻城县志》屈振奇《康熙志序》卷十，食货志，风俗。

般挑出1到2米，屋内则大有分别，一般人家四重五重，大户则六重七重，深近100米，其屋内纵深布局也极具特色尽显生意人的精明：前面为商铺，中间为生活区，最后则是生产作坊。生产、销售和生活空间融为一体，方便经济。由此可以看出，经济的发展影响着整体聚落以及建筑空间的布局形态。

1945—1949年，国民党挑起了全面内战以后，浩大的军费开支、美国在经济上的殖民统治、官僚资本主义的经济垄断，政府币制改革实施等一系列的政治原因以及自然灾害导致整个湖北经济受到严重破坏，工农业生产水平急剧下降，经济状况恶化。解放后，国家整体经济形势慢慢好转，但鄂东北地区一直都处于相对的贫困状态。根据笔者实地调研，地处鄂东北地区的祝家楼居民曾多为地主，解放后期，地主所属钱财土地均被收缴下发，村内经济急剧下滑。"文革"时期，古建筑被破坏，知识分子也遭受了迫害，使得村民精神文化生活受到严重影响，自此祝氏家族呈现出经济文化全面衰落之态。由于交通闭塞，居住地较为偏僻，对外交流沟通较少，居民均为自给自足，也致使本村始终以小农经济模式缓慢发展。20世纪90年代后，受家庭结构、经济结构与社会结构的变化影响，家族人口增多，对外交流增强，原有的大家族聚居形式已不足以满足人们的需求，村民开始根据个人意愿与自身经济状况自祖屋向西边交通主干道附近迁移。除却经济交通发展影响，宗族社会观念逐渐淡化也导致了村落空间形态的变化，所幸祝氏村民在新建房屋时并未选择推倒重建而是选址另建，于是就形成了以古建筑群为中心，新建住宅呈散落建于祖屋外围的空间形态，这也体现出新式建筑受风水理论与建筑防御性的影响减小，村民封建迷信思想开始淡化。

鄂东北作为湖北连片特困地区，国家现已制定了相关的扶贫政策，加大了投入和支持力度，对教育、卫生、文化、就业等民生工程进行集中实施，部分区域的生产生活条件得到了很大的改善，有关重要基础设施建设、生态建设和环境保护等制约发展的问题正在着力解决，力图从根本上改变连片特困地区面貌。

第四节　社会因素

一、移民文化和宗族意识

"移民聚落在文化聚居上具有双重特点：迁出地与迁出地的文化融合。移民将原住地的文化信息携带至新的地理空间,并与当地文化相互作用,从而为新融入的地域空间赋予新的内容。原有区域的持续、稳定的状态可能因移民而产生动摇,同时也可能因移民而产生新的活力。"①

明清之际,战乱等因素导致了大规模的人口流动,湖北大别山红色聚落正处于"江西填湖广,湖广填四川"的移民通道上。湖北大别山红色聚落中的许多村落都是由江西先民迁徙而来。宋朝至明清时期,江西的经济、文化发展较为迅速,宗族意识强烈,区分尊卑长幼,宗族成员根据不同的继承秩序与地位,分别享有不同权利与义务。江西先民迁移到此之后,将这些原本发展成熟的宗法制度也带于此地。这些移民村落多为宗族血缘性村落,聚族而居是一大特性,房屋建筑的排列组合及内部的分布格局也都讲究空间秩序。

二、风水观念

风水也称之为堪舆,是我国一门古老的学问,风水一词一般被认为是出自晋人郭璞传古本《葬经》:"气乘风则散,界水则止,古人聚之使不散,行之使有止,故谓之风水。风水之法,得水为上,藏风次之。"②传统风水学在村落选址奠基之初,对村落外部环境讲究的是"背山面水,负阴抱阳,两侧围合的整体格局"等一些理想型的布局。湖北大别山红色聚落大多数为移民村落,村落的整体形态均以自然的山川水势为依托,最大限度地利用自然条件营造出良好的人居环境。例如湖北省孝昌县向阳村建筑群分为东西两个部分。向阳村古村落东半部的自然湾名叫大阳湾,坐东朝西,背靠黄草山。西半部坐西朝东,亦依山而居,形犹燕巢,故名阳家燕窝。以大悟山为主要水源地的会亭河穿村而过。东西两部分古村落均靠山临水,其布局朝向与地形地貌、山谷溪河巧妙融合,体现了先民天人合一的选址智慧和对自然环境充分尊重的选址理念(见图2.2)。

---

① 李晓峰,谭刚毅. 两湖民居[M]. 北京:中国建筑工业出版社,2009.
② 史箴. 风水典故考略[M]//王其亨. 风水理论研究. 天津:天津大学出版社,1922:11.

第四节 社会因素

图 2.2 向阳村总平面图

三、防御需求

湖北大别山红色聚落所处鄂豫皖交接之地，旧社会时期，政府力量相对比较薄弱，加上山林茂密，所以除了频繁的战乱、农民起义之外，还有大大小小的土匪、流寇等常对此地进行骚扰，因此湖北大别山红色聚落在选址与建基之时，除了考虑一些日常生活的公共空间外，还考虑到所需要的防御功能，聚落多利用山体之势来阻挡外敌的侵入，建筑体内也会设置一些特殊的防御系统。例如红安县祝家楼村就拥有较强的防御系统，在村落的选址、建筑群的布局、建筑内部空间的布局与建筑细节等方面均有表现(见图2.3)。

祝家楼三面环山，山坡较为陡峭且植被丰富，具有很强的隐蔽性。在建筑群空间布局方面，村落自西向东呈阶梯状向上修建，最西边为月池，月池往东为建筑群，建筑群后的山坡上为单体建筑。在社会动荡时期，村民如在村落的较高点看到有土匪到来，即可将巷门关闭，并向东面山上逃跑躲避。建筑空间的布局为"五楼四巷"，巷道较窄，巷口设置巷门，巷内巷巷相连、户户相通。这种布局

17

形式一方面便于村民间的信息沟通；另一方面有利于躲避外敌，外来人员进入巷道容易迷失方向。在巷口设置巷门也是加强防御性的具体表现，巷门由坚固的材料制作，土匪轻易无法攻克。建筑细节方面，在祝家楼建筑群的巷口上方可看到一个阁楼，阁楼的墙壁上设置瞭望口，阁楼与两边的建筑相连。据说以前每天会有村民在阁楼上值班，通过瞭望口观察是否有侵略者。在巷道内抬头便可见将每户二楼相连接的阁楼，这些阁楼给人们提供了多个逃避通道。单体建筑防御性较高还体现在门的设计上，祝氏族人设计出了一种有较高防御性的门，门上有四道锁，据村民介绍，若将门的四道锁全部落下，即便是用几人粗的木棒也无法轻易将门撞开。

图2.3　红安县祝家楼（图片来源：作者自摄）

第五节　技术因素

鄂东北传统建筑的历史可以追溯到四五千年前的屈家岭文化及石家河文化时期，其建筑形式以方形、长方形地面多间式为主。明清之时，鄂东北地区多为血缘性村落，聚族而居的特性主要体现在村落空间秩序上，在村落空间营造上，表现出明显的中心感，这个中心大多数由祠堂来体现。而少数的业缘型村落，如小河镇小河村类似的商业集镇，其商业街的格局更为重要。主街两侧为前店铺、中生活、后作坊的商住建筑，而次巷多为居住建筑出入的通道。街巷在整个村落格局中起控制作用(见图 2.4)。

图 2.4　孝昌县小河村明清古街(图片来源：作者自摄)

在道路交通设计上，鄂东北的血缘性村落的选址较为注重防御性，通常会与主路保持特定的距离，入村道路往往是唯一的一条道路，其一端连接主路，一端连接村落，另外还会在村落后面形成相应的防御道路系统。村内道路交通体系，主要呈现出辐射型模式，通常以祠堂、风水池等形成村落中心，然后从中心向不同方向延展的道路将村落各个部分串联成一个整体。而业缘型村落，室外主干道路交通形成与主路重合的商业格局，每一个单元建筑彼此之间是独立的，其室内的道路不属于公共道路。

鄂东北雨水充沛，一年四季中春秋短、冬夏长，夏季时间尤其长且炎热，因此在其聚落的形成过程中，建筑营造必须充分考虑到通风和隔热。鄂东北传统村落多顺应山地之势和风向布局，密集且整体规律的街巷不仅是村落的交通要道，也是村落通风的重要廊道。另外，村落内部墙高巷窄，阳光的照射有限，巷子多阴冷，而巷道尽端会有开阔的街面或是广场，其受阳光照射较多，相对干热，巷子的冷空气与街面广场的热空气进行对流交换，就形成了天然凉爽的巷道风。鄂东北地区多为传统合院式民居，开阔的厅堂、通透的门窗与天井、庭院、廊道相互贯通，内外空间充分融合，使得空气流畅，通风效果明显。

鄂东北地区常现山洪等水患，因此非常重视村落的给水排水。村落饮用水多来源于井水和泉水，有的村落后山有山泉，村民常将之作为饮用或是洗涮用水。有的村落则挖井蓄积地下水作为生活饮用水，洗刷一般在池塘或者河流。在排水方面，由于村落顺应山地之势布局，引沟渠从村后通向两侧，再通向村前池塘或是溪流。村落内部一般设有明沟暗渠用来排水。逢雨雪天气时，屋面上的雨水一般汇集于天井，再由天井下的暗沟排向室外巷道沟渠，最后排入村边河流或田野。

第三章 湖北大别山红色聚落的特征解析

第一节 空间布局形态特征分析

聚落内由建筑单体外部空间连成的整体被统称为聚落空间。由于传统聚落空间的形成一般并未通过自上而下的整体规划,而是由各独立建筑单体"自觉"组织,这种看似偶发的建筑单体间的空间关系,却在聚落生长过程中逐步变得明确和完整,形成一种结构性整体关系,"在初始时是很粗陋的……到了某个阶段,这种自然的布局将会获得一种自我意识"[①]。

我们在分析城市的空间布局时,将其形态分为块状布局、带状布局、串联状、环状、组团状、星座状六种布局形式,但传统聚落的布局逻辑不同于城市,早期传统聚落空间布局形态通常由气候、地形地貌和水资源等自然因素的共同作用自发形成,而发展到后期则更多受到宗族礼制关系和军事防御要求的影响,其功能布局和结构关系也发生了变化。

一、湖北大别山传统聚落的空间布局形式

(一)集约布局

受中国传统农耕文化影响,土地可属最为珍贵的资源。湖北大别山传统聚落常集中在山谷,面田靠山,为节约耕地,在地缘关系的组织下,建筑集中布置、肌理细密、布局紧凑。相对于平原地区松散自由的聚居形态,湖北大别山传统聚

---

① [美]斯皮罗·科斯托夫. 城市的形成:历史进程中的城市模式和城市意义[M]. 单皓,译. 北京:中国建筑工业出版社,2005:64.

落建筑大多依山就势，没有固定朝向。

如湖北省小悟乡向阳村位于孝昌县东北部，地处大别山南麓、著名道教胜地大悟山山脚、风光旖旎的观音湖上游。向阳村传统聚落建筑群分为南北两个部分，尤其是南部组团（见图3.1），基本依托地形布局，结构细密紧凑，是典型的集约布局形式。

图3.1　湖北省小悟乡向阳村南部组团

(二) 组团布局

宗族血缘关系是聚落形成的重要人文因素，血缘型的聚落大多为组团布局。湖北大别山以宗族关系为纽带的传统聚落通常是同一姓氏的族人聚居在一个组团内，建筑关系常按小家庭制与单元分裂的生长机制发展，排布较有秩序，容易形成明确轴线，组团内部设有祠堂，祠堂的规模和形制高于普通民居，大多处在组团中心或重要节点位置。

例如湖北省大悟县九房沟古寨堡，它是以颜氏宗族关系为纽带的传统聚落，聚落空间结构分为三个部分，分别是入口祠堂、村落建设控制区以及主体古建筑群(见图3.2)。从我们拍摄到的航拍图上可以看到主体建筑群清晰的空间肌理(见图3.3),以主街为纽带,在街道以北呈组团状分布,街道以南是自然形成的水系,整个村落呈现的是一个坐北朝南、靠山面水的和谐聚居空间。建筑之间的巷道将各建筑单体相连,聚落空间错落有致,尺度宜人,布局完整,功能合理。

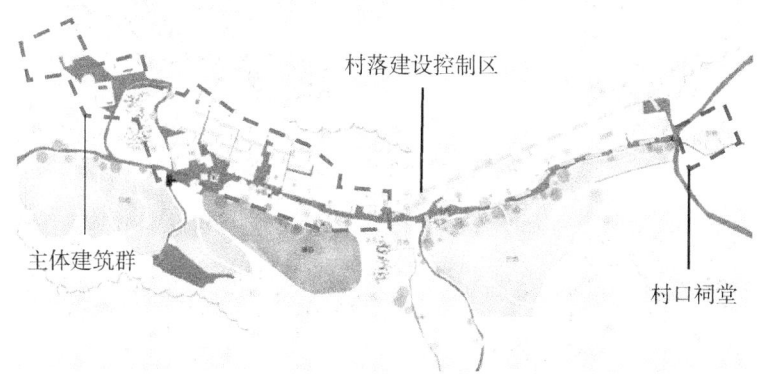

图 3.2　九房沟平面图及祠堂区位(自绘)

图 3.3　湖北省大悟县九房沟古寨堡主体建筑平面航拍(自摄)

(三) 线性布局

水对于传统聚落而言是重要的自然资源，线性布局的传统聚落通常是以水系为主轴，建筑一字排开，呈现出狭长的平面形态。湖北被称为"千湖之省"，水网密集，大别山区线性布局的传统聚落通常是河、街、房平行布置，形成线性的基本空间脉络，再通过并列和强化，形成强烈的线性肌理。

二、湖北大别山传统聚落空间形态特征

(一) 聚居性

湖北大别山传统聚落宗族观念深刻，受地缘和血缘因素影响较大，聚落形态大多顺应地形，依山就势，民居建筑集中布置，村落聚居感强。

(二) 形态不规则

从传统聚落平面的图底关系可以看出，空间形态不规则是传统聚落的典型特征。由于传统聚落建筑受地形、气候以及材料性质的影响较大，因此每个建筑单体呈现的形状、大小、朝向都有所差异，建筑之间微妙的空间变化直接影响到聚落空间的形态，建筑单体越规则，排列形式越统一，其聚落空间形态结构越清晰，反之则聚落形态不规则。但正是这种平面及立面上的不规则空间形态，才体现出了传统聚落丰富自然的景观风貌。

(三) 外边界模糊

传统聚落空间的边界分为内边界和外边界，聚落内边界即各建筑单体的外边界，聚落外边界则是整个聚落外部轮廓的界限。从传统聚落的发展来看，聚落大多呈现的是一个不断扩张的过程，因此传统聚落的外边界也逐渐变化，原先的外边界逐步成为内边界，而聚落空间新的外边界则是随着其扩张向外推进。

三、湖北大别山传统聚落的空间序列

(一) 防御体系的空间序列

由于大别山传统聚落形成于民族矛盾激烈、社会动荡、盗寇猖獗的历史社会

背景下，这些因素使传统聚落建立起完整的防御体系，营造了地形防御—聚落边界防御—组群防御—巷道防御的空间序列(详见本章第五节)。

(二)交往体系的空间系列

传统聚落属于费孝通先生在《乡土中国》一书中描述的"熟人社会"，其空间肌理的形成与当地居民的社会活动、生产活动和生活活动密切相关，是一个相互适应又相互制约的作用关系。传统聚落中"街巷—组群—院落—建筑"的空间序列，是一种"公共空间—半公共空间—私人空间"渐变的过程，这种空间层次体现出了传统聚落交往体系的内核。

第二节 建筑特征分析

正如吴良镛先生所说的："如果能进一步弄清楚不同地区建筑文化的渊源，和各个地区建筑文化发展的内在的，而非臆造的规律，比较它们相互之间的差异，研究其空间格局，这将不仅大大深化我们对中国建筑发展的整体认识，并进一步阐明其个性所在，加深对整体个性的理解，且更有助于我们理解中国建筑的区域特色。"[①]本节通过对湖北大别山传统聚落建筑的特征进行分析，以加深对这一特定地区的历史文化内涵的理解，进而更好地保护、传承及发扬其价值，最终实现活化利用的目的。

一、建筑类型及平面布局

(一)民居建筑

1. 无围合排屋

所谓无围合排屋即三个开间一字排开的布局形式，中间为堂屋，两侧是边房，又称"一明两暗"式。《明会典》记载房屋等级规格："庶民所店房为，不过三间五架。"说的就是这种结构形式。而后随着社会发展，一堂二房无法满足居民的

---

① 吴良铺. 江南建筑文化与地区建筑学[A]//吴良铺城市研究论文集. 北京：中国建筑工业出版社，1996.

家庭人口需求,进而衍化成一堂四室,即左右两边分为前后两房,但由于加大了建筑进深,存在内部采光效果较差,通风性不好的问题。湖北大别山传统聚落中完整的无围合排屋现存数量不多,因该民居形式多为普通贫苦家庭的住宅,建造工艺较差,保存难度大。

2. 围合式天井

《理气图说》记载:"天井为屋内之明堂,主于消纳。"天井式民居类似于北京四合院的形制,只是由于湖北大别山地区雨量充沛、日照充足、空气潮湿等气候特点,减小了露天面积,设置深远的挑檐和重檐,将院子改成了天井。天井式建筑一般以天井为中心,在三面或四面围合建筑,天井式建筑分为一进天井、二进天井和三进天井。湖北大别山传统聚落建筑多为两进三间,一进和三进天井较少。

3. 街屋

街屋是位于街道两侧商住两用的民居建筑,由于两侧居民需开门从事商贸活动,其建筑门板均可自由拆卸,达到空间开敞,人们可自由进出的目的。街屋大多紧贴而建,共用山墙,纵向发展成长屋建筑,左右山墙无法开窗,采光通风均依靠天井解决。后为了扩大"商铺"内部空间,在天井上空架起有柱无壁的顶,称为"天斗",既能满足采光通风的功能,又能遮挡风雨。街屋临街面大多有老檐柱留出形成的廊道,门窗安装在檐柱上,并在山墙侧边留出门洞以便通过。如红安七里坪长胜街(见图3.4和图3.5)和罗田县胜利镇屯兵堡街,均是湖北大别山传统聚落的典型街屋。

图3.4 中国工农红军指挥部(自摄)

图3.5 七里坪长胜街(自摄)

(二) 公共建筑

湖北大别山传统聚落中的公共建筑主要是以祠堂为主，具有祭祀、举办婚丧嫁娶大事和节庆活动等功能，祠堂在聚落中的地位，决定了其建筑形态为中轴对称布局，规模较大，一般为三进或四进天井合院，中间为大堂主殿，两侧为"族长"等有威望的人的厢房，这种建筑布局形态深刻反映了聚落内部严格的等级制度和宗族观念。湖北大别山传统聚落中的红安陡山村吴氏祠堂(见图3.6)就是典型代表，吴氏祠堂建于乾隆二十八年(1763年)，在光绪二十八年(1902年)扩建，被誉为"鄂东第一祠"。祠堂建筑为三进三间天井合院，入口牌楼正中设置，为歇山式重檐(见图3.7)，进入大门牌楼第一重为"观乐楼"(见图3.8)，走过前院便是拜殿和左右厢房，再往后为祖宗殿和左右配殿。

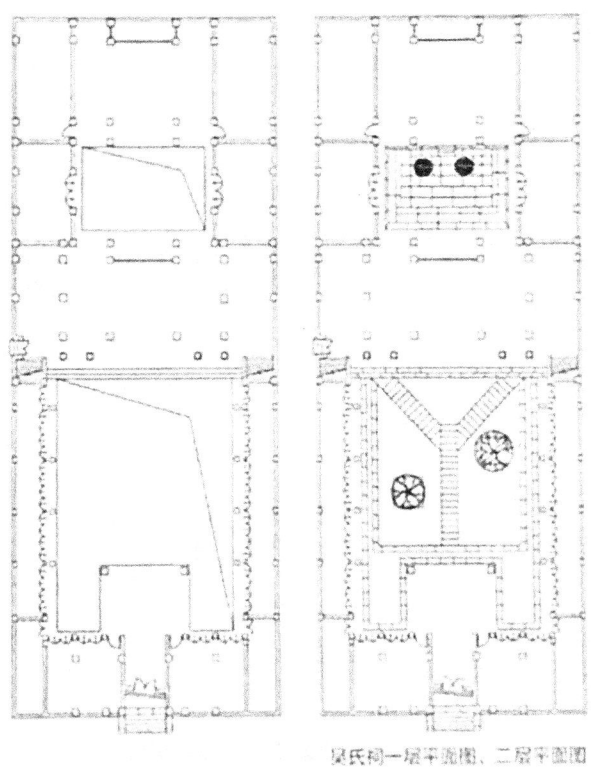

图 3.6 陡山村吴氏祠堂(来源：湖北古建筑地图)

图3.7 吴氏祠堂入口牌楼(自摄)

图3.8 吴氏祠堂"观乐楼"(自摄)

二、建筑空间要素及尺度

(一)堂屋

在传统聚落的建筑中,堂屋的重要性不言而喻。宋代高承编撰的《事物纪原》中记载:"堂,当也,当正阳之屋。堂,明也,言明礼义之所。"在前文中提到"一明两暗"的空间格局中的"一明"就是指的堂屋,堂屋为整个建筑中最重要的空间,要求确保光线充足,通常在建筑正中,开设大门、高窗或后设天井。堂屋的功能设置也体现了家庭单位内部严格的伦理道德观念和有序的宗族等级制度,通常重要活动如祭祖、婚丧、家庭会议或教育以及会客和男性生活起居均在堂屋进行,相对民居建筑其他的空间要素,堂屋所承载的功能是最为复杂的。堂屋的重要性决定其空间尺度也较大,通常普通民居的堂屋开间在3.3~4.5米,进深与开间比例约为1.5。

根据对湖北省大悟县九房沟古寨堡民居样本的平面测绘,可看出其空间格局及尺度较为典型(见图3.9),入屋即为天井,左右两侧是边房,正中为堂屋,堂屋开间为3.34米,进深为5.56米,典型的两进三间天井式民居。

(二)边房

边房为堂屋或天井两侧的房间,为防御需求,一般开设狭小高窗,因此采光通风效果较差。从功能来看,一般民居在边房设置卧室、厨房和储物间。从湖北

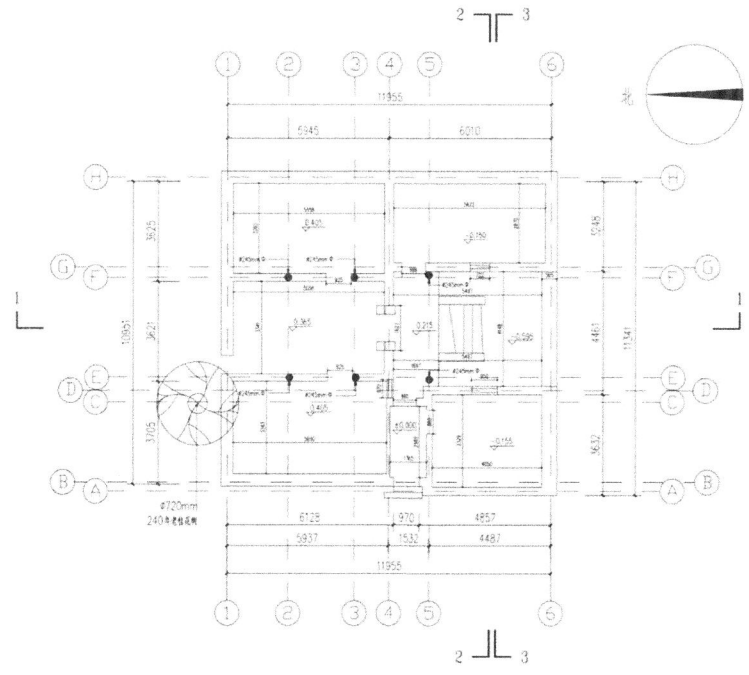

图3.9 湖北省大悟县九房沟古寨堡民居平面图(自绘)

大悟县九房沟古寨堡测绘样本(见图3.10)中可以得出边房的尺度规律:开间一般为2.7~3.6米,边房与堂屋的开间比例在0.8~1。

图3.10 湖北大悟县九房沟古寨堡民居边房(自摄)

（三）天井

在湖北大别山传统聚落建筑中，天井的作用十分重要，它是建筑内部与外界联系的主要空间，主要承担采光通风以及排水功能。天井是由北方四合院的形制演变过来的，由于湖北省属于夏热冬冷的气候特征，减小了院子的开敞面积，加大檐深，从而形成现今看到的天井。后有些民居为加强天井的微气候调节功能，将天井改为重檐"天斗"，在天井上空加设有柱无壁的顶檐，既保证了采光通风，又减小与外界空间的连接，削弱了自然条件的不利影响，增加了室内实用面积。天井大多连接堂屋和左右边房，因此其空间尺度几乎为各房空间比例关系的映射，一般天井边缘为各房檐口外扩20厘米，其造型也有两坡水（见图3.11）和四坡水（见图3.12）两种。

图3.11　九房沟民居两坡水天井（自摄）　　图3.12　长胜街街屋建筑四坡水天井（自摄）

三、立面造型与结构样式

（一）立面造型

1. 屋顶

湖北大别山传统聚落建筑大多为两坡水硬山屋面，即两侧山墙高出屋面，屋面盖小青瓦，坡度约为27°，这个坡度极为考究，它既能将雨水迅速排掉，又减少了屋面的受风面积和光照强度，屋顶正脊为双层小青瓦平铺立放。也存在少数土墙房或木结构小房为悬山顶,主要特征为屋檐悬挑,大多是为了保护不耐水的外墙。

2. 墙体

湖北大别山传统聚落建筑的墙体分为檐面和山面,外墙的造型形式分为一字墙、人字墙和山字墙等不同类型(见图3.13),一字墙的上檐为一条直线,墙面为矩形,可用于山面或檐面;人字墙即墙顶上檐为人字,一般用于山面,是前后屋顶坡度在山面的映射,人字墙是山面最常见的形式;山字墙用于山面时则是顺应屋面坡度而层级下降,一般为三层,又称为"三山式","三山式"是徽派建筑的典型特征,湖北大别山传统聚落中则出现不多,湖北大别山传统聚落建筑中的山字墙多用于天井式建筑正面檐墙,中间高两侧低。

图 3.13　一字墙　人字墙　山字墙(自摄)

(二)结构造型

湖北大别山传统聚落大部分民居或公共建筑多为传统砖木结构,屋架一般为穿抬结合,民居主室或祠堂明间为抬梁式,山面则为穿斗式,而其他的两厢建筑以穿斗式木结构居多。根据大悟县九房沟古寨堡某民居的测绘图(见图3.14)可以看出,该民居是中间堂屋为抬梁式,边房为穿斗式。

墙面结构除少数土墙或木质墙体外,大多为方整条石砌墙为基,墙体为青砖垒砌,有清水墙、空斗墙、混水墙、灌斗砖墙和清灰丝缝砖墙等做法。

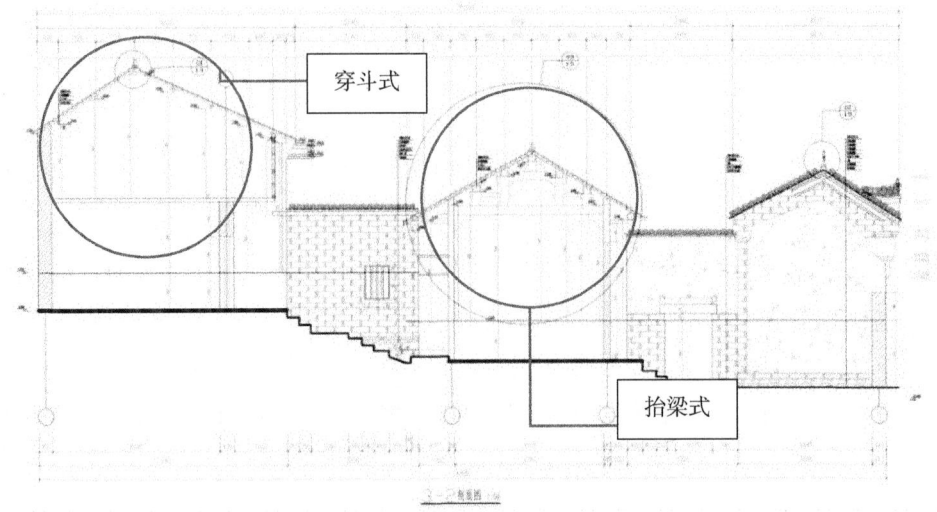

图 3.14 九房沟古寨堡某民居剖面测绘图(自绘)

四、装饰内容及手法

传统建筑的装饰有着极高的历史艺术价值,是传统文化最直接的映射,它反映了基层普通人民大众的文化信仰和艺术审美,建筑装饰艺术不同于建筑本身的艺术形式,它更为灵活生动,主题丰富,其装饰艺术水准也体现出当时的生活状态和社会发展水平。

湖北大别山传统聚落建筑的装饰重点主要有门窗、屋脊、墙面、梁架吊柱等。木门装饰多以浮雕为主,门楣门槛多以整条石上雕刻纹样;窗户装饰主要表现为窗格窗花样式的不同,如斗子窗、直棂窗、花格窗和万字窗等;屋脊装饰主要表现为正中或屋脊尽头的起翘和石雕神兽;梁架吊柱多以平行线条阴刻线槽,或塑以不同形状造型;墙面装饰主要为彩绘题字,虽然现存建筑墙面的彩绘经过常年的风雨洗刷,或多或少都有所破坏,色泽褪亮,轮廓不清,但其艺术主题和彩绘技巧还是有迹可循。

湖北大别山传统聚落中的红安陡山村吴氏祠堂在建筑装饰上堪称经典,石牌楼飞檐起翘,屋檐下是三层斗拱,斗拱下方为精致彩绘装饰图案,门楣上有石雕题字"家承赐书";进入祠堂首先看到的是"凸"字形戏楼,戏台上方雕梁画栋,前檐翼角有凤凰雕花,屋檐上雕刻的光绪年间的"武汉三镇";戏台对面的拜殿是全族的精神中心，凡族内大事均在此商议讨论，拜殿厅内宽敞恢弘，明间柱内有木雕挂幅；穿过拜殿可以看到祖宗殿工艺精致的雕花香案，在后庭的厢房，是镂空雕刻的花格扇门，门上有"渔""樵""耕""读"四字(见图3.15)，而门的裙板上还雕有"梁山伯与祝英台""西厢记"等经典戏文场景。

图 3.15　吴氏祠堂"渔""樵""耕""读"雕花(自摄)

第三节　景观特征分析

由于传统聚落景观无意识自发的特性，既不能等同于园林景观，在分析时按照传统造园手法如主从与重点、藏与露、蜿蜒与曲折、引导与暗示、渗透与层次等进行分析，也无法一概而论的从功能布局、空间组织、立面效果等加以概述。这些看似逻辑清晰的分析方法有一种结果导向的弊端。而从人文艺术对比角度如自然景观和人文景观、近景和远景、虚景和实景以及外景和内景等进行分类，又无法完整清晰的划出界限，对全部的聚落景观加以探讨。因此，笔者参照彭一刚的《传统村镇聚落景观分析》①的方法，按照聚落景观的物质环境要素加以分析，虽然看起来缺乏逻辑联系和整体性，但也更贴合传统聚落景观自由灵活的特点。

一、绿化

(一) 林地景观

传统聚落的整体景观主要取决于它所处的自然环境，无论聚落内部空间景观层次内容如何丰富，整体而言还是要周边的环境衬托才能免于单薄。湖北大别山传统聚落的背景环境大多为有着山势变化的林地景观。就其林地而言，景观并不细腻，但加以山势变化则显得远近分明、层次丰富，像似传统聚落的天然屏障，将其包裹其中，显得温柔而大气。

湖北大悟县九房沟古寨堡的景观曾在族谱中被这样描述："林木葱郁，禽鸟上下飞鸣。"可见九房沟所处的自然环境优越，聚落周边树木繁茂，这种大景观背景营造了自然和谐的环境氛围(见图 3.16)。

图 3.16　湖北大悟县九房沟古寨堡(自摄)

---

① 彭一刚. 传统村镇聚落景观分析[M]. 北京：中国建筑工业出版社，1992.

(二)田园景观

无论是连绵百里的芦苇荡、蔚为壮观的油菜花、一望无垠的麦田还是路旁随处可见的柿子树、屋后院内的石榴果,这些都是传统聚落中引人入胜的田园景观。田园景观是农耕经济下的产物,而不是造园造景手法下人为的作品,正因为如此,这种具有传统聚落原真性的景观才显得格外自然,在城市中无可复制。

湖北大别山传统聚落因其交通封闭,经济发展原始,大多还是以自给自足的农耕经济为主,因此田园景观随处可见(见图3.17)。

图 3.17　湖北大别山传统聚落田园景观(自摄)

二、水景

孔子说:"智者乐山,仁者乐水。"水在传统聚落景观中的作用毋庸置疑。湖北大别山传统聚落的水景大致分为两种形式:一是以水塘为中心的传统聚落,大多为有意识人工建造的水景，紧挨祠堂、宗庙、书院等公共建筑，形状较为规则完整，也有无意识在聚落发展过程中将建筑环绕建设在自然形成的水塘四周，这样的聚落有一种无形的向心力，水景与建筑形成一个整体。如向阳村分为南部组团和北部组团，均在组团中心设置了人工水景（见图3.18和图3.19），使其聚落景观更为生动，层次更为丰富；二是传统聚落旁边存在水塘、河流、小溪等自然水体，受"靠山面水"的风水观影响，水体一般存在于村落南面，水体本身与聚落建筑关系并不紧密，但居民常在水边打水、浣洗或喂养鹅鸭水禽，生活气息浓厚，这样的水体则成为了一个从自然景色向人文风光过渡地带。如大悟县九房沟（见图3.20），在聚落街道的南面是天然形成的水塘，而村落的组团在街道北面，虽然两者结合看似并不紧密，却早已在人文情态中融为一体。

图3.18 向阳村北部组团内水景

图3.19 向阳村南部组团内水景（自摄）

图3.20 九房沟水景

三、街巷景观

(一)街道景观

湖北大别山传统聚落中的街道不同于城市或村镇中的街道,大多是有街无市,通常起到的是交通和交往的作用。由于传统聚落是一个不断发展的过程,从最初松散稀疏的建筑单体,慢慢加大聚落密度,形成一定聚落结构,街道则成了这个结构中的主体轴线——建筑沿街而建。

传统聚落的街面空间不同于城市街面有自上而下的红线管制,街道整齐封闭,传统聚落的街面大多与巷道联系,街面的界线忽宽忽窄,呈现不规则和不完整的形态。由于街道建筑高低错落的起伏变化,且空间并不完全封闭,街道的天界线给人一种开合无序的视觉感受,但也正因如此,传统聚落的街巷景观才显得变化丰富、空间识别性强,同时呈现出一种自然的朴素感和亲切感。

湖北大别山传统聚落街道空间的地面铺装也富有特色,街道中间大多以较为严整的自然条石铺设,两侧则铺以碎石或卵石,这种看似并不整齐律一、粗糙随意的铺装,其实增强了空间的导向性,起到了引导和暗示的作用。

大悟县九房沟的街道位于村落的一侧(见图3.21),这种由单侧建筑形成的街道亦对聚落形成边界作用,街道南侧是自然形成的水系,街道北侧则是整齐密集的房屋建筑,这种街道景观脱离了一般街道狭长封闭的形态,而更多呈现出一种开放的,从自然向人文过渡的特质。向阳村北部组团的街道(见图3.22)从空间的完整性来看,则有一种七零八落的感觉,街道两侧建筑稀疏散落,高低错落,街道或像用于通行的公共道路,走到开敞的地方又像小型广场,三两人坐于门口时又感觉这块空间场所是归于个人的私家庭院,这种原始的街道景观将传统聚落朴实的人文情态体现得淋漓尽致。而红安的长胜街(见图3.23)则是典型的由两侧建筑形成的街道,建筑高度统一,相邻建筑之间共用山墙,街道较为通直,两头设有城门牌楼,整个空间显得深远和一览无余。

图 3.21　九房沟单侧建筑的街道　　　　图 3.22　向阳村北部组团街道

图 3.23　长胜街两侧建筑形成的街道

(二) 巷道景观

如若湖北大别山传统聚落的交通网络为树状结构，街就是主干，而巷则是向四面八方延伸的树枝，它与街道联系，又连接各建筑单体，起到的是将人流疏散，从公共空间向私密空间、由闹向静过渡的作用。巷道不同于街道，其空间界面多为无门窗的建筑山墙，加之湖北大别山传统聚落大多依山就势，巷道多随着地势变化设置台阶，因此巷道空间显得更为狭长和封闭，人们从街道走向巷道，视线内容突然从饱满转向单一，这种景观效果有一种强烈的对比反映，虽然巷道景观的内容只有简单的青石板铺面和两侧几乎无装饰的山墙以及狭于其中的"一线天"，但营造出的神秘幽深的景观效果却无可比拟(见图 3.24)。

图 3.24　湖北大别山传统聚落巷道景观（自摄）

四、牌楼

牌楼是传统聚落特有的景观元素，其本身并无实际功能和使用价值，它主要设立于村口，是传统聚落入口的标志性景观。湖北大别山传统聚落的牌楼大多由当地士绅财主捐款，宗族权威组织建设完成，是封建伦理道德观念的产物，主要为了宣扬其宗族观念和等级秩序，因此牌楼大多造型精致、工艺考究，有较高的观赏价值。除了其自身价值以外，牌楼作为聚落入口的标志性景观，还起到了明确心理界限、分隔空间和丰富层次变化的作用，牌楼的设立亦虚亦实，将空间分为内、外两个层次，同时使人们在心理上明确了聚落的空间范域，除此之外牌楼造型通透，起到了"框景"效果，丰富了聚落景观的层次。

长胜街的牌楼（见图 3.25）在南北街头各有一座，因为牌楼连接左右两侧房屋建筑，形成了封闭的空间，所以也可称是长胜街的"城门"，起到了界定街道空间端头的作用。牌楼青砖黑瓦，墙头上扬，细节考究，是长胜街的标志性节点。

五、古桥

湖北省享有"千湖之省"的美誉，水景丰富，因此古桥也成为湖北大别山传统聚落景观中不可或缺的元素，它在塑造乡村景观意境中，起着画龙点睛的效果。古桥的原始功能为横跨水域、连接交通，它作为一种公共交通设施，在传统

图 3.25 长胜街牌楼(自摄)

聚落中至关重要。

湖北大别山传统聚落中古桥的形式有三种,分别为廊桥、拱桥和梁式桥。廊桥又称风雨桥,即在桥上加设有柱无壁的顶用于遮挡风雨,但除了其功能外,风雨桥的屋顶部分大多进行了丰富的艺术装饰和工艺技术处理,具有一定观赏价值,不过风雨桥多存在于湖北西南部,大别山传统聚落存在较少。梁式桥形制简单,功能性较强,虽无华丽形体及轮廓,但几块简单的石板或独木搭建的桥梁,却有一种静谧朴实的美感。拱桥则是最富有景观特色的形式,一方面,拱桥自身作为观赏对象,上可行人,下可通舟,线条柔和,与水、岸、树等元素相呼应,给人以优美的视觉感受;另一方面,拱桥中央高于地面,人站在桥上,视野开阔,也是很好的观景点。

第四节 装饰专题分析

一、鄂东北传统建筑装饰结构特征分析

(一)屋顶装饰

1. 屋面

鄂东北地区以明清时期的传统建筑居多,屋顶以硬山式为主,屋面通常是直坡,一方面由于木材的紧缺,梁架较为细小。另一方面,鄂东北号称吴头楚尾,受楚汉时期的文化影响较深,楚汉时期的建筑屋面形式以直坡为主。屋面以蝴蝶瓦有规律的叠涩,蝴蝶瓦也称为小青瓦,但在北方习惯称阴阳瓦,南方习惯称仰合瓦。一排排从上至下的瓦垄,使得整个建筑富有强烈的动感(见图3.26)。

图3.26 大悟县熊畈村九重屋屋面(图片来源:作者自摄)

2. 屋脊

"中国传统民居建筑屋顶上两向坡顶交汇处,而生屋脊。高临横卧于顶部的称为正脊,向四面檐角缓缓下垂的成为垂脊。屋脊既为整个建筑最高的轮廓线,又为几个坡面接合的节点。"①显然,屋脊是屋顶非常重要的组成部分,人们会充分考虑到安全、牢固、防水、美观等问题,通常在屋脊上加以一定的砖瓦覆盖,

---

① 刘森林.中华装饰:传统民居装饰意匠[M].上海:上海大学出版社,2004.5.

并对屋脊进行一些装饰。屋脊装饰不仅具有实际功能，同时也使得屋顶的轮廓线、整体造型富有变化。

鄂东北传统建筑的屋脊装饰整体而言较为简单朴素，正脊稍带弧度，垂脊则是向上起翘，使得看似沉重的屋顶，一下子变得轻盈，户户横向排列，视觉上呈现出一种连绵起伏升腾的感觉和意象。鄂东北普通传统建筑屋脊鲜少有繁缛华丽的装饰，一般采用一些小青瓦叠涩成脊身，正脊端部用若干瓦片反扣，形似花瓣包裹着屋脊，脊头用石砖或瓦片垫高，顺着屋脊向上微翘(见图 3.27)。祠堂等公共建筑屋脊装饰就较为特别，如红安县陡山村吴氏祠堂，屋脊采用两组平行立起的透瓦，于透瓦上再用以两层瓦片盖顶，透瓦题材丰富，采用砖雕手法，以植物花草为主，更为精湛的是屋脊上还雕刻了二龙戏珠的图案作为装饰。同样，正脊脊中亦是装饰的重点，一种脊中是用瓦片叠涩成不同的样式(见图 3.28)，另一种是在特有的公共建筑放置宝瓶插钢，例如红安县吴氏祠堂正脊中设有宝瓶砖雕或是莲花座宝珠插钢，四周伴有小人(小兽)拉铁绳，其整条正脊上有秩序的排列着些许小兽。鸱吻也多用于祠堂等公共建筑。吴氏祠堂鸱吻头朝向屋脊，口含着铜钱，尾部则朝外部翻转呈卷曲状(见图 3.29)。

图 3.27　红安县祝家楼屋脊图　　　　图 3.28　红安县祝家楼正脊端部

(图片来源：作者自摄)

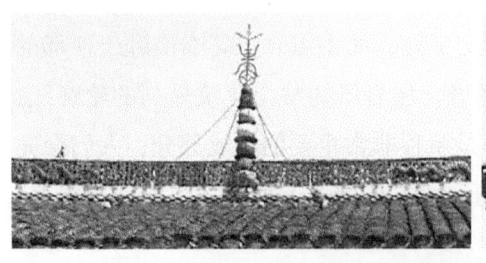 

图 3.29　红安县陡山村吴氏祠堂屋脊(图片来源：作者自摄)

3. 瓦当和滴水

瓦当，又称瓦档、瓦头，是用于遮挡屋面前端的檐头筒瓦的构件，其功能主要在于阻挡瓦垄的下滑、防止跌落，覆盖两列间的空隙。瓦当除去自身的实用价值，还具有一定的审美价值，其通常经过精心设计后井然有序、整齐划一的排列在屋檐最顶端，好似一串精致的灰色项链，整个建筑看起来也更加的齐整美观，别有一丝韵味。滴水是指屋顶的盖瓦形成瓦沟的最下端，用于遮盖檐头板瓦前端的一种构件，大多呈现倒三角形，为了更加漂亮美观，两边会特意做成如意曲线形。滴水主要功能就是防止雨水渗入墙面，致使墙体损坏。

鄂东北传统建筑上的瓦当，大致呈现扇形，尖朝下，并伴花纹作为装饰。例如红安县祝家楼的瓦当上有蝴蝶、祥云、牡丹、梅花等图样，但这些图样不是雕刻出来的，而是由当地能工巧匠用自制的模板印刻出来的。图 3.30 所示的瓦是近年当地人们在维修房屋时，在一户人家偶然发现的仅存的一小部分，出于对文化的保护与传承，当地人专门将其从维修的房屋上取下，放置到最外层建筑的花门楼旁的屋檐上，供人们参观。吴氏祠堂的瓦当雕刻的是菊花作为装饰，滴水雕刻的是形似寿字纹样(见图 3.31)。

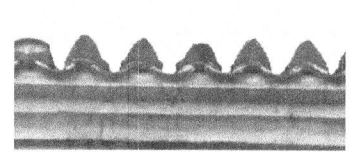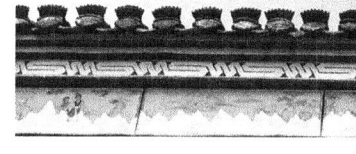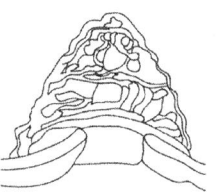

图 3.30　红安县祝家楼瓦当　　　图 3.31　红安县陡山村吴氏祠堂瓦当、滴水

(图片来源：作者自摄、自绘)

(二)屋身装饰

1. 墙体

墙体是建筑中最主要的部位，从人类发展的轨迹来看，有了墙体才有了地面建筑，也才逐渐改变了人类原始的穴居生活，生活开始发生质的变化。传统建筑的墙体基本上是使用土、砖、石等材料筑成，将其与屋顶、地面以及门窗等建筑

的主题构件严密结合,共同构建出完整的室内空间形态。

中国传统建筑墙体的种类较多,根据建筑部位划分,可分为山墙、檐墙、槛墙及院墙等。鄂东北传统建筑对墙体的装饰主要在山墙、檐墙两个部位。"传统建筑的墙面装饰非常讲究实用性,特别是民居的装饰,着重从防雨、防潮、明朗洁净等实用功能考虑。对墙面的艺术处理一般集中于墙心、墙框、墙沿、墙顶等醒目之处,大面积的墙体则经常保留原材料的本色或粉刷之类的简单装饰。但这不等于先人没有在其上用心,而恰恰说明他们在对建筑总体装饰上有全面的考虑,是整体把握的需要。"①鄂东北传统建筑的墙体整体而言较为简素,多由灰色青砖筑成,颜色较为单调,但也有一些特质的砖,如红安县吴氏祠堂的墙砖,每一块都刻有吴氏祠三个字(见图3.32);大悟县中原军区旧址的墙砖是用当地的土烧制而成,土里包含了大量的的微量元素,使每块砖的颜色都有区别,铺砌后的墙面,既统一富有变化(见图3.33)。鄂东北墙体砌砖主要采用多斗一眠,空斗无眠等方式,形式丰富,使墙面显得整齐又有韵律(如图3.34)。

图3.32 红安县陡山村吴氏祠堂墙体图　　图3.33 大悟县中原军区旧址墙体

(图片来源:作者自摄)

山墙装饰:山墙也称为"防火墙",因为其最初的作用是隔断火源,避免火势扩散。鄂东北传统建筑的山墙形式大致可分为三种类别(见表3.1):第一种,可看作徽派建筑最著名的"马头墙"的延伸,这类山墙向外延展、高低起伏、错

---

① 崔鹤亭,崔轩.中国传统建筑墙、地界面装饰艺术[M].北京:机械工业出版社,2009.1.

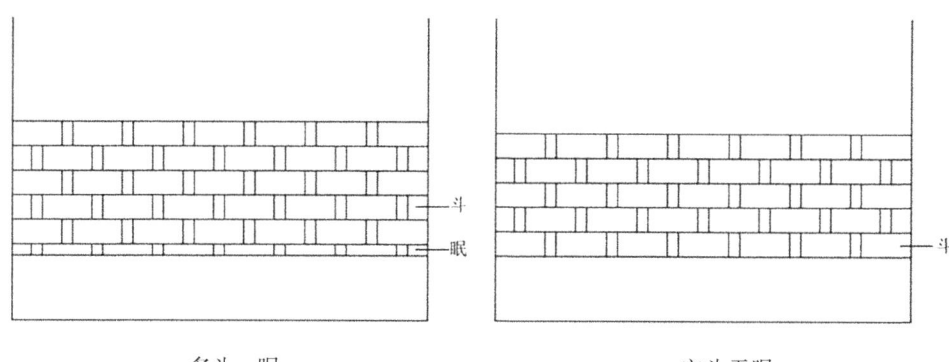

| 多斗一眠 | 空斗无眠 |

图 3.34　鄂东北墙体砌筑方式(图片来源：作者自绘)

落有致，整体呈现阶梯型(序号①)，红安县祝家楼的山墙比普通山墙翘起幅度增大，更有向上的生机蓬勃之感(序号②)；第二种，则是前檐墙墀头翘起或前后檐墙墀头双双翘起(序号③)；第三种，三连拱形山墙，这类山墙一般会在每个拱形处描绘山水画草、祥云等图案(序号④)。山墙的拔檐处多以白色石灰线勾边或进行彩画装饰，山花通常用白色石灰描绘各式各样的吉祥图案。变换多姿的山墙，增强了鄂东北传统建筑的层次感和韵律感。为了避免传统建筑内部空间的压抑和闭塞之感，人们通常会在山墙上砌筑漏窗增加其通透性。

表 3.1　　鄂东北传统建筑山墙装饰(图片来源：作者自摄、自绘)

序号	实例照片	图例	地点
①			孝昌县小河村
②			红安县祝家楼

序号	实例照片	图例	地点
③			红安县陡山村吴氏祠堂
④			

檐墙装饰：檐墙是传统建筑前后两面的墙体，其形式可分为露檐墙和封护檐墙。露檐墙一般墙体不封椽，檐檩和檐椽外露，封护檐墙则相反之。鄂东北传统建筑檐墙大多为封护檐墙，墙面一直砌筑到屋檐下，使椽子不外露。砖檐装饰较为丰富，按其特点划分，可分为抽屉檐、菱角檐、直檐、斗拱檐、灯笼檐(见表3.2)。抽屉檐，一般在其下的两三层皮砖上绘制或雕刻一些吉祥图案(序号①)。菱角檐，檐下砖成三角形排列形式(序号②)。直檐，有一层直檐和多层直檐，一层直檐用蝙蝠纹样线刻贴边装饰，多层直檐没有过多装饰，有的就只用白石灰罩白或是绘有彩画(序号③)。斗拱檐，雕刻形式多样，视觉性极为突出(序号④)。灯笼檐，卧砖与立砖垂直叠涩出灯笼形式，具有一定的趣味性(序号⑤)。

表3.2　鄂东北传统建筑檐墙装饰(图片来源：作者自摄、自绘)

序号	实例照片	图例	地点
①		(抽屉檐)	黄冈市太平桥镇石头湾
②		(菱角檐)	

续表

序号	实例照片	图例	地点
③		（直檐）	红安县长胜街
		（直檐）	红安县吴氏祠堂
④		（斗拱檐）	
⑤		（灯笼檐）	大悟县九房沟

2. 梁、柱

在绝大部分的传统建筑中，真正支撑起房屋的是柱子而不是外墙，鄂东北传统建筑也不例外，但也有少数墙体承重。柱子自身可分为柱头、柱身、柱础三部分，柱子按形态分可分为方柱和圆柱，按材质可分为木柱、石柱。鄂东北传统建筑以木结构为主，结构上主要是采用抬梁式和穿斗式，柱子基本无装饰，装饰部分大多集中在梁枋、雀替、撑拱等位置。

梁、枋：梁、枋是传统木构建筑中梁架的一部分，通常是裸露在外，人们基于审美与精神的追求，会对其进行一定的艺术处理(见表3.3)。在鄂东北传统建筑中，处于檐廊的梁枋、额枋装饰较多，常以长方形，月拱形式出现，长方形式大多以人物故事为图样进行浅雕或几何回字纹、卷草纹透雕(序号①)；月拱形式多雕刻抽象变形的寿字纹样(序号②)。梁枋、额枋尽头的端头常做成桃尖、龙头、龙尾等形式(序号③)。

表3.3 鄂东北传统建筑梁、枋装饰(图片来源：作者自摄、自绘)

序号	实例照片	图例	地点
①			大悟县 九房沟
			团风县 百丈岩村 林氏老屋
②			红安县 祝家楼
③			
			团风县 百丈岩村 林氏老屋

48

雀替：雀替是梁柱交接点下的短木，其作用是支撑梁，防止梁柱交接点的变形，提高整个结构的稳定性。鄂东北传统建筑的体量轻盈，因此雀替的造型非常的精巧细致，常见的有雀替、骑马雀、花伢子三类。雀替的雕刻不会特意的去寻求珍贵的木材，而是注重展示其精湛的技艺。在鄂东北传统建筑中雀替常采用透雕的形式，样式以卷草纹为主，轮廓线柔和优美。在祠堂等公共建筑中的雀替尤为精美，如红安县吴氏祠堂"百鼠托葡萄"的雀替采用多种方式雕刻，造型丰富多姿，寓意着多子多孙(图 3.35)。

骑马雀　　　　　　　　花伢子　　　　　　　　雀替"百鼠托葡萄"

图 3.35　鄂东北雀替(图片来源：作者自摄)

撑拱：撑拱是木结构建筑中，外侧斜向支撑的一种构件，是利用三角形的稳定性来起承托加固梁架结构的作用。鄂东北传统建筑的撑拱繁简不一，根据复杂程度大致可分为两种，第一种是复杂的圆雕、透雕撑拱，如吴氏祠堂的乐观楼上的凤凰撑拱和狮子戏绣球撑拱都采用的圆雕，其形式逼真，立体感强。透雕撑拱主要以卷草纹花卉为主，有的还会融入龙头、麒麟等神兽造型(见图 3.36)；第二种则是无装饰的弧形撑拱(见图 3.37)。

3. 门

在中国传统建筑中，历来重视门的营造与装饰，门不仅是居民出入的必经之地，更是主人的颜面，它代表着一个家庭或是一个家族的财富和社会地位。鄂东北传统建筑受地理位置和社会环境的影响，主要采用带有防御性的门，这类门的主要功能是能够在隔离室内与室外，在私人区域与公共的区域的基础上，保证私人空间的安全性与私密性。根据鄂东北传统建筑的常见门的形式，可分为石库门和排板门。

图 3.36　红安县吴氏祠堂撑拱图　　图 3.37　罗田县屯兵堡胜利老街撑拱
（图片来源：作者自摄）　　　（图片来源：《大别山系传统民居建筑装饰研究》）

　　鄂东北传统建筑的大门通常由门扇、门框、门槛、门枕和匾额五部分组成（见表3.4）。门扇一般是由厚实的实木做成，门板上钉有门环或门拔，造型简洁，一般采用圆形、六边形、八角形等几何形状，中间部分凸起。有的则只钉门扣、门锁用来安全防护和敲门（序号①）。石库门的门框为石料琢成，大部分门上横梁采用石条，并在石条两端下方放置石料雀替，部分人家的横梁和雀替经以雕刻，带有简洁的吉祥图案或是有序的行纹，由此一来不仅缩短了横梁的跨度，同时增加了装饰性（序号②）；排版门的门框则为木料做成，不加以任何装饰，与一定数量的木条板组成的门组合在一起，透露出一种序列美、古朴美（序号③）。门框的下端为门槛，一般为木质或石质，无装饰，高度较高，有防雨、防水等作用。

　　以上为鄂东北传统建筑大门的基本形式，在此基础上，部分传统建筑用门罩、门楼、门斗、门廊、门枕石、匾额等形式来增加"门脸"的气势，这些亦是鄂东北传统建筑重点装饰的部位（见表3.5）。

　　门罩即较为简洁的门楼。鄂东北传统建筑的门罩多用于天井式建筑侧面的腰门上，通常在门的上方墙面垒砌小挑檐和几层线脚，顶上覆盖瓦片，形成屋檐形式用以遮风挡雨（序号①）。门楼则多见于宗祠建筑的大门，气势非常，如红安县吴氏祠堂重檐歇式的石牌楼，高约5米，三层飞檐、鱼尾鸥吻、斗拱三重伴有些许彩绘（序号②）。凹入式门斗是鄂东北传统建筑常见的形制，在入口处设置一个缓冲的空间，用以分隔、御寒、挡风等作用，根据门斗的形式变化，可分为

表 3.4　鄂东北传统建筑装饰门的结构特征(图片来源：作者自摄、自绘)

序号	结构部位	实例照片	图例	地点
①	门环门拔			红安县祝家楼
				团风县百丈岩村
				大悟县中秋村蒋家楼子
②	石库门			大悟县九房沟
				红安县石头湾
				红安县祝家楼

续表

序号	结构部位	实例照片	图例	地点
③	排板门			红安县长胜街
				大悟县双桥古镇

双门斗和单门斗(序号③)。门斗的装饰主要在于门上横梁和横梁之下的雀替，与前面所述的门框装饰手法相同。鄂东北传统建筑的门廊，是在建筑前方设置一系列的柱子，由廊柱支撑大出檐，在门前形成室外的一个过渡空间。如孝昌县小河村著名的明清古街，檐廊随整条街长大约1600米，开阔且富有张力(序号④)。门枕石主要是紧挨着墙体，放在大门边框两侧，用来承托门扇使其正常运转。门枕石通常为长方形石条，一头在门槛内，一头在门槛外且门槛外的那部分大于门槛内，这样使其门扇转动时更加稳定。但鄂东北传统建筑的门枕石不做稳定门扇的作用，其装饰性大于功能性。根据其形式可分为两类，一类为我们俗称的抱鼓石，由须弥座和直立圆鼓组合而成，通常出现祠堂门前。如红安县祝家楼祠堂门前的抱鼓石，其鼓面雕刻不同的吉祥图案，在须弥座与圆鼓中间一层雕有花叶托抱的纹样，抱鼓石之上又雕刻狮子形象，有欢迎来客和护门镇宅之意。抱鼓之下的须弥座则采用浅浮雕形式雕刻花草云纹等纹样，寓意吉祥(序号⑤)。另一类为直立方体，一部分正面和侧面均有雕花，一部分无雕饰(序号⑥)。匾额置于宅门之上，端庄典雅，放于厅堂之内，蓬荜生辉。"作为人居环境的符号，匾额

既承载着人生哲学、道德文章、襟怀志向和爱好原由,又折射出户主的社会地位、身份和意趣。"①如红安县吴氏堂门楼上的匾额"延陵世泽","家承赐书"分别是道明宗族流源和纪念先人事迹(序号⑦)。

表3.5　　鄂东北传统建筑装饰门的结构特征(图片来源:作者自摄)

序号	结构部位	实例照片	地点
①	门罩		大悟县九房沟
②	门楼		红安县吴氏祠堂
③	门斗		红安县祝家楼

---

① 刘森林. 中华装饰:传统民居装饰意匠[M]. 上海:上海大学出版社,2004.5.

续表

序号	结构部位	实例照片	地点
④	门廊		孝昌县小河村
⑤	门枕石		红安县祝家楼
⑥	门枕石		大悟县九房沟

续表

序号	结构部位	实例照片	地点
⑦	匾额		红安县陡山村吴氏祠堂

4. 槅扇、窗

槅扇又称长窗,《营造法园》中记载:"长窗为通长落地、装于上槛与下槛之间。较高大的房屋加设横风窗时,长窗则装于中槛之下。"①槅扇既有门的作用,供人出入,也具有窗的作用,通风采光。在鄂东北传统建筑中,以位于厅、堂,面向天井院落的槅扇作为重点装饰(见表3.6),槅扇由外框、格芯、裙板、夹堂板四部分组成。外框即槅扇的外部框架,竖者称为边挺,横者称为横头料(即抹头),一般由木料制成。格芯,兼具实用与美观于一身,不仅有采光和通风的功能,而且是主要的装饰部位,是槅扇的审美中心。裙板,通常以吉祥的动植物为题材进行雕刻,是槅扇中雕刻的重要部位。夹堂板,根据其位置不同可以分为上夹堂板、中夹堂板、下夹堂板。鄂东北槅扇多以五抹头的形式出现,其格芯纹样多为无中心或多个中心,有规律的几何透空形式,其裙板和夹堂板通常素面或是雕刻简单地纹样。

---

① 赵丹革. 中国古代建筑的窗匾文化[D]. 北京:北京服装学院,2003.

表3.6　　　鄂东北传统建筑隔扇装饰（图片来源：作者自摄、自绘）

实例照片	图例	地点
		红安县祝家楼

"古时，在墙上能开阖的是牖，不能开阖的是窗，类如天窗之属。"①也就是说，我们现在称之为的窗，其实是古时的牖，而古时的窗是指现在的天窗。

鄂东北传统建筑中的窗户大致可以分为槛窗、横披窗、小型窗洞、花窗、方窗（见表3.7）。其中横披窗、微型窗洞、方窗多用于建筑的外立面。横披窗处于中槛和上槛之间，多用于大门的正上方或是有外廊的厅堂建筑的步柱间上，除了为高爽宽敞的堂屋采光通风之外，还有装饰"门脸"的作用。大多格芯的图案为简单方格，看起来厚重大气，如要展示自家的特点，会在棂格组合的基础上加入一些花草等简单的纹样（序号①）。小型窗洞多设置在檐口下方，造型大多为圆形、矩形、八边形，出于安全方面的考虑，尺度一般只能容下一个人头通过（序号②）。方窗大部分位于大门两边的檐墙上，小型窗洞的下方，呈对称分布，格芯由横料和直棂组成，部分方窗会在外墙砌砖时留出花样的造型，以拱形为主，可称之为花窗（序号③）。鄂东北传统建筑的侧面和背面通常采用小型窗洞和方窗，数量较少，形式较为简单。在满足个别空间的采光通风和安全防盗的情况下，也丰富了建筑立面。

---

①　刘森林. 中华装饰：传统民居装饰意匠[M]. 上海：上海大学出版社，2004.5.

表 3.7　鄂东北传统建筑隔扇、窗装饰（图片来源：作者自摄、自绘）

序号	实例照片	图例	地点
①			孝昌县小河村
			大悟县双桥古镇
②			红安县祝家楼
			大悟县熊畈村九重屋
			红安县长胜街
③			大悟县中原军区旧址
			红安县祝家楼

鄂东北传统建筑中，比较重视厢房面向天井两廊板壁的窗，多为做工精巧细致的槛窗(见表3.8)。槛窗只有隔扇上部分的格芯和绦条板，下半部分为砖墙或木质板壁，因此也称为"半窗"。槛窗的格芯花式繁简不一，有直棂格、卷草纹、冰裂纹、回纹等形式，也有的同时加以植物花草等木雕，绦条板大多无装饰，少数会用透雕或浮雕的手法，雕以简单地吉祥纹样。

表3.8　　　　　　　鄂东北槛窗(图片来源：作者自摄、自绘)

实例照片	图例	地点
		孝昌县小河村
		红安县祝家楼

(三)台基、铺地与柱础装饰

1 台基、铺地

鄂东北传统建筑的台基大多是表面无雕刻的直方式，且由砖石混合而制。带有精心设计的花纹铺地只出现在少数富裕人家的铺地装饰上(见图3.38)。

2. 柱础

柱础又叫礅礅，自清代以来，中国传统建筑大量使用石材柱础，作用在于防水防潮，避免柱脚腐蚀。由于其位置较为引人注目，再加上石材易于雕饰，因此，柱础的形式及装饰样式千姿百态。鄂东北传统建筑柱础形式繁简不一，有方有圆。大致可分为直方式、圆鼓式、复合式(见表3.9)。

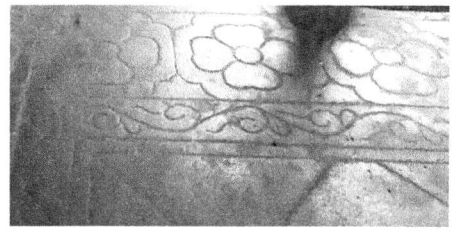

图3.38　鄂东北台基、铺地(图片来源：作者自摄)

表3.9　　鄂东北传统建筑装饰柱础装饰(图片来源：作者自摄、自绘)

序号	实例照片	图例	地点
①		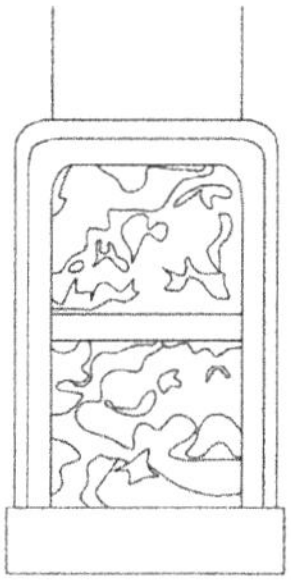	红安县祝家楼

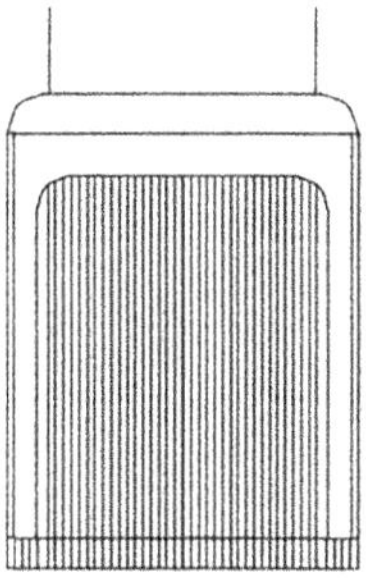

序号	实例照片	图例	地点
②			团风县百丈岩村
③			红安县陡山村吴氏祠堂

直方式，整体装饰较为简单，其装饰样式可以分为两种，一种是石础的每个立面边角均有卷杀，中间雕有植物花草等图案；另一种是仅刻若干道密集平行的弦纹（序号①）。圆鼓式，表面素平没有纹饰，简单朴实。但造型富有趣味性，形似南瓜或是声鼓乐器。复合式，以上圆下方居多，充分体现了中国"天圆地方"的哲学思想。复合式柱础相对比较复杂，从上到下分多个层次，不同造型元素的组合造就其丰富多姿的形式。有多个几何形式组成的，以底层方形、中间的八角形、上层圆鼓形共同组合而成的形式最为常见（序号②）；另外一种是须弥座复合式，造型繁琐，多出现在祠堂最高规格中的宗祠，如吴氏祠中的须弥座复合式柱础，下为方形须弥

座,自束腰上下各有三层,共计七层,四面均刻有不同的装饰图案,主要集中于圭脚和最上层;须弥座顶部连接圆鼓式或方形柱础(序号③)。

鄂东北传统建筑的屋面以硬山式为主,屋脊整体装饰较为简单朴素,瓦当和滴水多呈扇形,并施以花纹作为装饰。墙体颜色单一,多呈青灰色,山墙形式多样,分别为"马头墙"的延伸,前檐墙墀头翘起或前后檐墙墀头双双翘起,三连拱形山墙;檐墙装饰丰富,按自身特点分为抽屉檐、菱角檐、直檐、斗拱檐、灯笼檐。梁柱的装饰集中在梁枋、额枋、雀替等部位,梁枋、额枋常以长方形、月拱形式出现,雀替造型小巧精致。门带有一定的防御性,主要有排版门和石库门两种,部分人家会用门罩、门楼、门斗、门廊、门枕石、匾额等形式装饰"门脸"。窗的造型多样,以厢房面向天井两廊板壁的窗为重点装饰。台基、铺地装饰单一,但柱础形式繁简不一,大致可分为直方式、圆鼓式、复合式,且均雕有不同的图案。

总之,鄂东北传统建筑它既不同于北方建筑的凝重鲜艳,又不同于江南建筑的隽丽秀美,但营造时也追求尽善尽美。

二、鄂东北传统建筑装饰艺术构成分析

本章从物质载体层、形式符号层、形象世界层三个层面对鄂东北传统建筑装饰艺术的构成进行分析。从物质载体层到形式符号层再到形象世界层,这是传统建筑装饰由物理性存在走向精神性存在的一个过程。传统建筑装饰是一个内在统一的有机整体,各个层次相互联系、相互依凭、层层相衔、环环紧扣(见图3.39)。

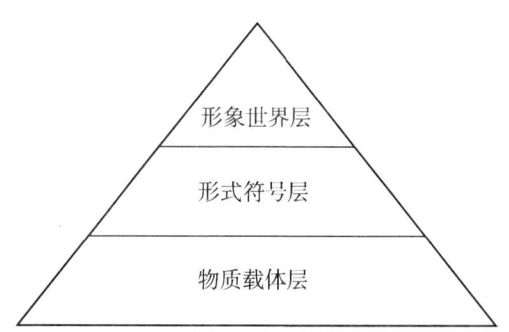

图 3.39 鄂东北传统建筑装饰艺术构成(图片来源:作者自绘)

（一）鄂东北传统建筑装饰的物质载体层

传统建筑装饰的物质载体层是指装饰艺术赖以在时空中存在的物质媒介。即砖、石、木等材料。物质载体层往往是装饰艺术分类的依据，是人们感知传统建筑装饰艺术最直观的层次，对欣赏者的文化素养没有过多的要求，容易为人们感知和把握。戈特弗里德·森佩尔曾说过："任何艺术作品都应该以材质作为它的自然本质，并使观者对其一目了然……这样，我们便能够谈及木建筑风格、砖建筑风格和石建筑风格等。"[①]鄂东北传统建筑装饰在这一层次的特征主要体现在砖、石、木等材料自身的特性上，下面，将从形态、色彩、质感（纹理）三方面来分析不同材质的特性。

1. 砖材的自身特性

就传统建筑砖的形态而言，其特征主要有：尺寸较小、便于手工操作、简单的几何形状、表面规整。其色彩常见的为青灰色，青灰色自古被认为与天同色，诠释着古人天人合一，追求自然的哲学思想，历来给人以素雅宁静、古朴稳重之感，既是文人墨客的喜欢之色，也是名公巨卿之所爱。由于传统手工烧制过程中受黏土金属成分的影响以及砖坯在砖窑中放置的位置不同，生产出来的青砖的色彩会有略微的差别，但总体为青灰色。砖自身颜色的微差及杂质赋予了砖材丰富的细节变化，给人们带来多样的感官体验。砖由天然的土壤制成，由于原料成分的多样性，使其拥有独特的质感，表面粗糙、凹凸不平整，不同大小的颗粒和不规则的空隙，给人一种斑驳但是温暖亲切的感觉。

2. 石材的自身特性

石头，至始至终给人一种纯粹、自然、具有顽强生命力的感觉。由于地质运动、水流冲刷等自然作用力的影响，石头形成了大小各异的形状。在鄂东北传统建筑装饰中，石材主要作为柱础等承重的构件，因此尺寸较大，形态简单，给人感觉稳固坚实。其色彩同砖的色彩一致，呈青灰色。石材的质感，主要体现在其表面的粗细、软硬和光泽程度。鄂东北传统建筑装饰中的石材粗糙无光泽，给人以历史感和沧桑感。

3. 木材的自身特性

[①] 朱小平著. 欣洲建筑与装饰艺术[M]. 天津：天津人民出版社，2002：2.

在鄂东北传统建筑中,木材作为房屋建造的首要材料,不仅是因为方便索取、经济环保,也是由于其作为梁、柱、檩、枋、椽等各种功能构件的同时具有天然的装饰性。木材的自身纹理会给人一种自然、具有生命力的感觉,即使是同一树种,如果切割方式不同,产生的纹理效果也不同。木材根据不同功能部位的需要,总体呈现条状、柱状、块状等形态,颜色多为白、黄、褐、红褐等基本色调。通常像黄檀等明快色调的木材,显得轻巧,使人感到轻松、舒畅和温暖;红豆杉等暗红色调的木材,则给人以豪华、典雅、深沉的感觉。

(二)鄂东北传统建筑装饰的形式符号层

传统建筑装饰的形式符号层是指其物质载体所承载的指向想象中的形象世界的形式与符号这一层次,如传统建筑装饰的图案、纹样、色彩等。在传统建筑装饰的结构中,形式符号层是引导审美主体进入真正艺术殿堂的第一步。没有这一层次,传统建筑装饰就失去了依托,虚拟的形象世界只能成为虚无缥缈的东西。形式符号层自身有时还有相对的独立审美价值,这突出表现在传统建筑装饰的形式美上。鄂东北传统建筑装饰的形式符号层主要体现在两个方面:一是石材、木材、砖材等本身的形式美;二是传统建筑装饰的工艺技法体现出来的形式美。

在传统建筑营造中,工匠们对木结构的各种构件以及砖、石的构件进行了不同程度的美的加工,使其由本身简单的形式美逐渐发展成为一种装饰艺术美。在本节中,主要将鄂东北传统建筑装饰的形式符号层中,工艺技法体现出来的形式美按照工艺类型区分,进而阐述其应用范围和审美特征。

1. 砖雕

砖雕最早出现于我国商周时期,发展至春秋战国时期相对成熟,彼时已作为一种独立的装饰艺术,大量的运用在墓室之中。直到明清时期,社会经济的发展相对稳定,伴随着建筑艺术的繁荣发展,砖雕由墓室装饰转为建筑装饰,砖雕装饰艺术也发展到了顶峰。砖雕是在烧制成型的砖块上,运用透雕、浮雕等不同形式进行雕刻,与木雕相比,不容易腐蚀,可以适应各种天气变化;和石雕相比,其质地更为松软,易于雕刻。此外,砖材比木、石材取材更为便捷,并易于控制大小,且不会受到自然地理环境的制约。因此,在传统建筑装饰中应用较为广泛。

鄂东北传统建筑砖雕制作形制上，是先将泥料通过泥塑或压模工艺定型，然后再入窑高温烧制而成，这类砖雕可以大批量复制生产，常见于屋脊、瓦当滴水、等建筑构件上。它们多反映出细腻生动的造型特点，具有较强的装饰性，起到丰富建筑装饰细节的功能。普通人家的屋脊装饰题材以花卉植物为主，祠堂等建筑会出现动植物相结合的装饰形式，如红安县吴氏祠堂，屋脊采用两组平行立起的卷草形式为主的透瓦，正脊集中放置多层宝瓶砖雕，脊头使用鸱吻，整条屋脊上有序的排列着些许小兽。瓦当和滴水分别雕刻菊花纹、"寿"字纹作为装饰（见图 3.40）。

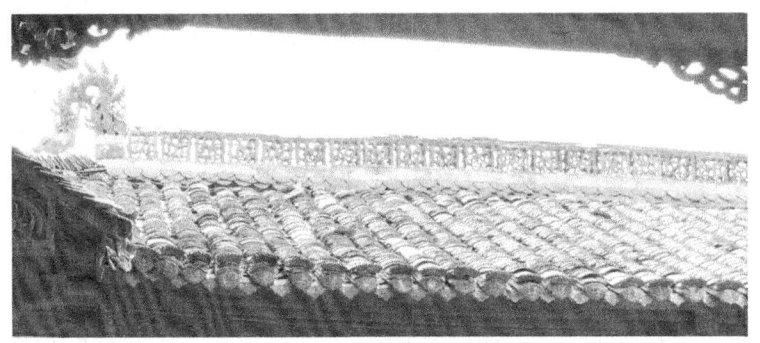

图 3.40　鄂东北红安县吴氏祠堂砖雕（图片来源：作者自摄）

2. 石雕

石雕的历史源流可追溯到旧石器时代中期，当时以石头为材料进行的雕刻就已经出现。至宋代时期，建筑中的石雕装饰形成一定规模，到明清时期，已被广泛使用。石雕最主要的特点就是坚固耐用，是其他装饰材料所无法比拟的。鄂东北传统建筑以木结构为主，出于防水防潮的需要，木构件置于石基之上。因此石材成为主要承重结构的同时，也给石雕装饰创造了条件。鄂东北传统建筑的石雕集中在门框、门槛、台阶、门枕石、柱础等地方，其造型生动，风格简朴（见图 3.41）。

石雕的工艺技法可分为圆雕、透雕、浮雕等多种方式。鄂东北传统建筑的石库门框大多为阴刻直线，有的采用浮雕技法雕以文字或花草、几何纹样；门梁与门柱夹角处的雀替以浮雕的技法常作抽象的雕刻形象。门槛和台阶作为人们的进出要地，由于其位置的特殊性，会经常被踩踏，因此门槛的背面与顶面、台阶的表面一般不作雕饰，只分别在正面和侧面饰以浅线刻条纹；门枕石大多饰以浮雕图案或是线刻条纹，有时采用圆雕做成抱鼓形式，其石雕的处理极大地增添了入口的识别性。柱础的形式比较成熟，常在直方式上作线刻，复合式的圆鼓与基座上作浅浮雕，其造型十分生动。

图 3.41　鄂东北石雕(图片来源：作者自摄)

3. 木雕

中国古代木雕艺术历史悠久，手法多样，木材的材质、肌理与雕刻手法相结合，充分融合了自然美与艺术美。按照其工艺特点主要可分为线雕、圆雕、浮雕（又分浅浮雕与深浮雕）、透雕、镂空雕等。线雕是指在木材上刻阴线，表面处理好后再上色；圆雕，四面八方均需雕刻，是完全立体的，人们可以从任何角度进行欣赏；浮雕是在留出底板木材的基础上，雕刻形象，利用透视来表现效果，根据造型压缩的程度，凹凸形体的厚度高于总体比例二分之一的称为为深浮雕，低于二分之一的则称为浅浮雕，深浮雕比浅浮雕的形象更为突出，但浅浮雕的运用比深浮雕广泛；透雕是在浮雕的基础上，剔除背面多余的木材；镂空雕是将浮雕、圆雕与镂空手法相结合的一种综合雕刻方式，整体上富有很强的体积感和层次感(见表 3.10)。

鄂东北传统建筑注重表达建筑的审美意蕴，精巧细致的木雕设计符合当时人们的审美需求，隔扇门窗、额枋、雀替、撑拱等结构构件做工精细讲究，题材丰富，技巧多变，寓意深刻。雕刻的图案既美化了空间，又活跃了环境氛围。鄂东北木雕的取材并不刻意去追求名贵，几乎所有的木材都可以运用在鄂东北传统建筑木雕装饰上，工匠们可以根据不同的木材的特征，使其呈现特有的艺术特色。

表 3.10　　　　　　　木雕技法类别比较（图片来源：作者自摄）

类型	实例照片	类型	实例照片
线雕		圆雕	
深浮雕		浅浮雕	
透雕		镂空雕	

梁枋类构件的雕刻大多为浅浮雕，其起位一般较低，对形体的压缩较大，平面感较强，运用浅浮雕手法既不会对结构功能造成影响，又起到了装饰美化的作用。雀替大多以透雕的手法将各种动植物形象，如鱼、鼠、龙、凤、花草等雕琢得活灵活现、层层分明，如红安县吴氏祠中，位于中栋拜正殿正中间两根立柱与横梁的雀替，体型硕大，雕刻众多老鼠在葡萄与葡萄藤穿梭的场景，为其更好地灵活表现，工匠运用圆雕、浮雕、镂空雕、线雕等多种雕刻手法相结合，立体感强（见图 3.42）。

隔扇门窗的绦环板、格芯和裙板上通常会采用不同的雕刻方式。格芯是其最主要的雕刻部位，一般使用透雕，但受其外形与功能的影响，雕刻的空间起伏与图案立体感不强，更倾向于利用平面的构图和光线的照射，形成丰富的光影效果。绦环板和裙板的雕刻相对简单,大多使用浅浮雕,雕以简单的植物花草等。

图 3.42　红安县吴氏祠木雕雀替(图片来源:作者自摄)

4. 彩画

梁思成先生曾说过:"建筑彩画不仅能保护木材,亦能籍画以表现建筑物之构成精神。每时代因其结构不同,故其彩画制度亦异。"[1]彩画是随着传统木结构建筑的发展而产生,最初是为保护木材,避免风雨侵蚀损坏,后装饰性逐渐增强。

在鄂东北传统建筑中,彩画并不常见,主要运用在祠堂等建筑的外檐、墀头。宋以前,彩画大多偏暖色调,从宋代开始,彩画的基本色调由暖色调逐步转为冷色调。由于鄂东北传统建筑多为明清时期的建筑,因此彩画的色调总体也偏向冷色(见图 3.43)。

---

[1]　梁思成. 梁思成全集(第一卷)[M]. 北京:中国建筑工业出版社,2001:217.

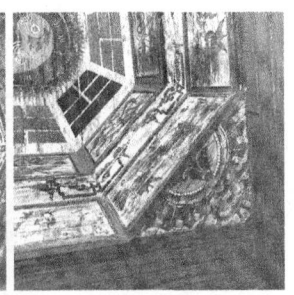

图 3.43　鄂东北彩画(图片来源：作者自摄)

(三)鄂东北传统建筑装饰的形象世界层

传统建筑装饰的形象世界层是指建立在物质载体层和形式符号层基础之上的，并能通过想象转化而出的、感性把握的、具有特定意义内涵的表象世界这一层次。形象世界层是传统建筑装饰结构中的核心层次。传统建筑装饰的形象世界并不是一个客观存在，而是通过想象再造出来的，因而想象力是欣赏传统建筑装饰的重要条件，可以说没有想象就没有形象世界，也就没有现实的传统建筑装饰艺术。就传统建筑装饰而言，其形象世界即指欣赏者在欣赏传统建筑的装饰之后引起的自我确证，使得传统建筑装饰传达的"客观"意义变成了某种"主观"意义，即"图必有意，意必吉祥"。鄂东北传统建筑装饰图案装饰种类繁多，以人物故事、动物神兽、植物花卉、几何纹样以及文字为主，通过这些图案形式来表达人们的世界观、人生观、价值观以及宗教信仰等。

1. 人物故事

在鄂东北传统建筑中，人物故事这一题材多表现为先贤事迹，神话传说以及日常生活情景(见图 3.44)。如红安县吴氏祠中，《郭子仪上朝图》《西厢记》《二十四孝》《暗八仙》《武汉三镇江景图》等。《郭子仪上朝图》体现的是吴氏祖先对子孙后辈们前程的期许以及健康长寿的祝福；《西厢记》和《二十四孝》分别表现了对后世子孙婚姻美满的祝福和恪守孝道，尊师爱祖的教导；《暗八仙》民间通常称"八仙贺寿"，寓意绵绵长寿，在吴氏祠中并未以传说的人物形象刻画而是分别以八位神仙的标志性法器为代表绘制。《武汉三镇江景图》采用长画卷形式，散点式构图，再现光绪初年武汉三镇的繁华景象，这对当时穷乡僻壤的人们来说无疑不是一种震撼，也使得这些人对美好都市生活充满向往之情(见图 3.45)。

这些题材内容所要表现的精神是多样的,是可以稳定当时的现实社会,并且它们的出现是自然而然,无意识的,人们长期以往生活在这样的空间里,会受到潜移默化的感染。

图 3.44　人物故事题材(图片来源:作者自摄)

图 3.45　《武汉三镇江景图》局部(图片来源:作者自摄)

2. 动物神兽

在鄂东北传统建筑中,动物神兽是最为常见的一种题材类别。题材中最为典型的就是龙、凤、狮子、鱼、牛、蝙蝠等。这些形象有时会单独出现,有时也会与植物搭配成各种造型,不同的搭配具有不同的寓意。

龙,既是中华民族的图腾,亦是封建帝王的象征,是权利的代表,是宫廷建筑最主要的装饰。在我国古代民间,龙象征着神圣与吉祥,是造福万物的祥瑞。在鄂东北传统建筑中,龙作为装饰纹样,主要会出现在一些等级较高的祠堂中,为了避免僭越帝王皇室,龙形象大多并不完整,有的只出现部分特征,或是将整条龙的龙身、龙爪、龙尾转化成卷草纹样,也就是我们常称的"草龙",其形象流畅圆滑,气韵生动。

凤,乃百鸟之王,地位仅次于龙,并与龙一同组成中国独有的"龙凤文化",象征着祥瑞、和平美好。鄂东北传统建筑中,红安县吴氏祠堂的乐观楼戏台前檐上的一对凤凰撑拱极为精致,以圆雕形式塑造,细节丰富,形态逼真(见图3.46)。

图3.46 吴氏祠堂凤凰撑拱(图片来源:作者自摄)

狮子,被人们称为百兽之王,是权威和力量的象征,有镇宅驱邪、富贵吉祥之意。另外"狮"与"事"谐音,亦有事事如意,事事平安之意。狮子配缓带寓意"喜事连连","双狮滚绣球"寓意厄运消散,好运即来。在鄂东北传统建筑中,通常将狮子作为雕刻图案出现在门前的抱鼓石上,表示欢迎来客之意。

鱼,与"余"同音,隐喻富裕有余,寓意生活美好幸福。自古人们把鱼看作龙的子孙,两者共生水中,仅以龙门相隔,鱼跃过龙门之后则飞身成为龙,寓意功成名就,福禄俱得。

蝙蝠,与"遍福"谐音,在人们所追求的福禄寿喜中,福占据首位,而且"遍福"是遍地、遍处皆是福的意思,这更是人之所求。蝙蝠的形象经过工匠的艺术加工之后，便成为传统建筑中最具谐音象征效果的装饰题材。

牛，是古代农民耕种最得力的帮手，也是农民的主要财产。牛一直被视为勤奋朴实，诚挚忠厚，忍辱负重，勇武倔强的象征，有大获丰收，五谷丰登，风调雨顺之吉祥寓意。

除以上常见的动物神兽题材之外，猪、狗、马、孔雀、蝴蝶等动物形象也有时在鄂东北传统建筑中见到。并且这些动物往往不是单独出现，而是与其他动植物一同出现。

3. 植物花卉

植物花卉是自然之物，包括花形、草形与植株形等。从植物花卉的寓意上来说，基本可以分为两类，一类是体现主人精神或品气的图案，如梅、兰、竹、菊这类植物，多用于文人墨客的家宅之中。另一类是用于祈福的图案，如石榴、牡丹等，寓意着多子多孙，家族兴旺等，反映了人们对于美好幸福生活的憧憬（见图 3.47）。

图 3.47 植物花卉题材（图片来源：作者自摄）

4. 几何纹样

几何纹样是我国传统建筑中最为简单的一种装饰元素，几乎适用于任何的构件和工艺。在鄂东北传统建筑装饰上，很多部位都涉及几何纹样，其中最主要的装饰部位是在隔扇门窗、栏杆和雀替。常见的几何纹样有格纹、冰裂纹、锦纹、卷草纹等（见表 3.11）。这些几何纹样大多都遵循平面构成原理，并蕴含着的一定的意义。

表 3.11　　　　　　几何纹样题材(**图片来源：作者自摄**)

类型	实例照片	类型	实例照片
格纹		冰裂纹	
锦纹		卷草纹	

5. 文字符号

在鄂东北传统建筑装饰中，文字符号的装饰常出现在门头、瓦当、滴水等部位，大致可以分成两类，一是单个包含美好寓意的文字，表达方式简洁明了，如"福、寿、禄"象征幸福、长寿、吉利；"万"字，通常以多个"卍"联合排列的形式呈现，寓意万福万寿，吉祥连绵不断；"鱼、樵、耕、读"即指中国农耕社会四个比较重要的职业：渔夫、樵夫、农夫与书生，代表中国古代劳动人民的基本生活方式，除了传达人们对田园生活的向往，更多的是想表明人们内心深处对入朝为官、光宗耀祖的一种心理寄托等，这些字体的形式通常被变形、概括或简化（见图 3.48）。二是多字成词出现，传达某种独特而具体的意义。如前面有所提及的红安县吴氏祠堂的匾额"延陵世泽"，"家承赐书"分别是道明宗族流源和纪念先人事迹(见图 3.49)。

图 3.48　文字题材(图片来源：作者自摄)

图 3.49　文字题材(图片来源：作者自摄)

鄂东北地区有着丰富的建筑材料资源，装饰工艺形式多样且精致细腻，砖雕、石雕、木雕、彩画均有各自的特点；装饰题材广泛，无论是人物故事、动物神兽还是植物花卉、几何文字，都源于人们的生产生活方式，寄托着人们的美好的愿望。

第五节　防御体系专题分析

湖北大别山传统聚落中有很多防御性聚落，本节以九房沟古寨堡为例，对湖北大别山传统聚落中的防御性聚落展开分析。

堡寨聚落作为古代典型的"住防合一"的防御性聚落形式,在传统建筑文化中具有一定的代表性。随着经济的发展与社会环境的不断变迁,越来越多的具有防御体系的传统聚落空间在逐步衰落与瓦解,堡寨防御空间体系遭到严重破坏。因此,对传统堡寨聚落的防御性空间展开解析与保护必要且紧迫。本节选取湖北大别山九房沟古寨堡进行具体研究,通过实地考察走访、测绘调研以及搜集相关的历史文献,从九房沟古寨堡防御体系的形成原因、整体防御环境、层级防御建构、精神防御系统以及建筑细部防御思想等几方面进行理论分析和探讨,旨在为传统堡寨聚落价值研究和保护提供基础信息,并为现代建筑设计安全因素考虑提供一定的思路。

九房沟古寨堡始建于明朝后期,为颜氏五世祖所建,据今已三百多年历史。古寨堡坐北朝南,东西长,南北宽,占地面积超过一万平方米(见图3.50)。古寨堡由中堂、青龙台、古桥古井、晒谷场、颜氏古民居与颜氏祠堂组成。现今基本保持了原有格局的多院落建筑群,有主街、巷道、民居与明清以来的古墓葬等各类丰富物质文化遗产。在2010年开展的全国第三次文物普查中被列入湖北省文物保护单位。2014年申报成为国家历史文化名村。

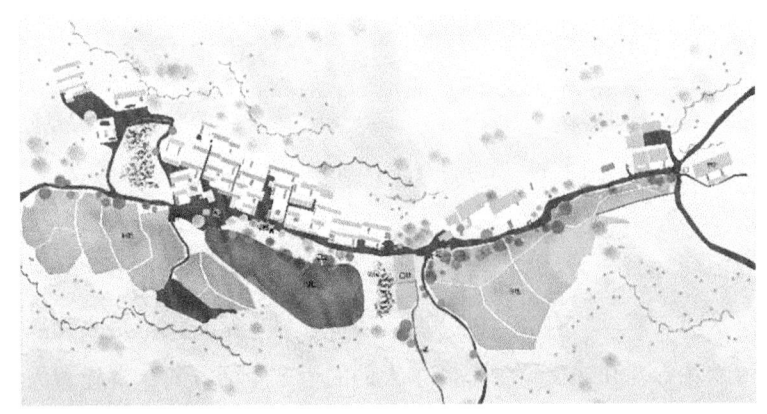

图3.50 九房沟整体平面图(作者自绘)

一、古寨堡防御意识的源起

九房沟古寨堡原名涂家冲,系几十户涂姓人居住。明朝时期,受朝代更换、战乱匪祸与兵马交戎的影响,颜氏祖先之全公携家人从金鸡岭翻越寨基山迁居至此,开始开荒种田,繁衍生息(见图3.51)。明朝后期,古寨堡商业经济发达,商人来来往往,互通有无。清朝中期经济达到繁荣鼎盛局面,有"方圆数十里良田三千担"之说法,使得九房沟具备足够的经济基础和物质能力来建造如此庞大的建筑群。

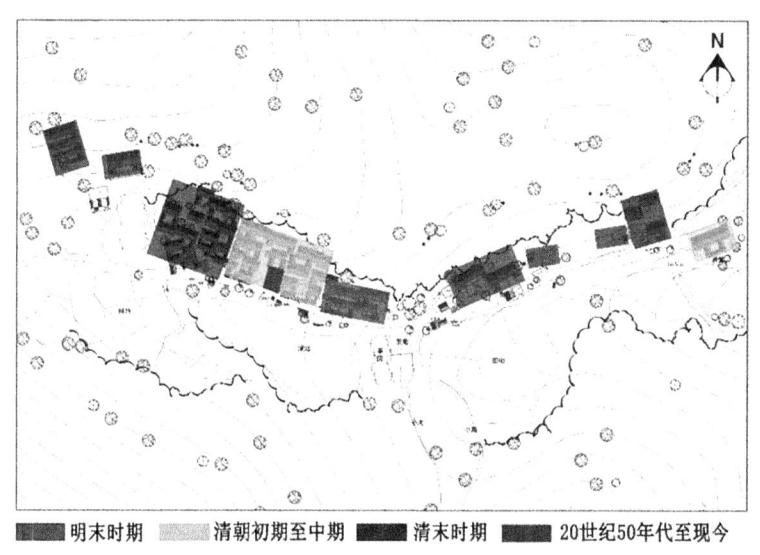

■ 明末时期　　清朝初期至中期　　■ 清末时期　　■ 20世纪50年代至今

图3.51　九房沟历史演变图(作者自绘)

九房沟古寨堡内部空间布局可同时满足生产生活、防灾避难、战斗防御等诸多功能需求。其防御体系主要针对两个方面:一是抵制洪水侵扰。九房沟古寨堡地处凹地,位于洪灾频发区,受暴雨影响以及此处多条河流与南面淮河流域与长江流域的分水岭相汇合,容易引发洪涝灾害。九房沟古寨堡选取其"凹岸"侧并与河道平行布置,凹岸侧稳定不易发生泥沙沉降与河道堆积,在暴雨天气河道涨水时,一旦洪水暴发,水流会避开堡寨方向,防止其冲刷,利于抵制洪灾。同时,九房沟古寨堡具备天然排水体系,周边两山耸立、两脊环合,雨水由山脊两侧流下,顺沿山谷流向山下的平地,最后汇入池塘和渗入农田,减轻了暴雨对古寨堡的直接威胁。二是防御外来土匪掠抢。清朝中晚期,九房沟古寨堡富甲一方。该地土匪倭寇频繁出没,掠抢猖獗,对颜氏宗族的人身安全和财产安全产生了极大的威胁。因经常受到洪水侵扰、豺狼猛兽、兵荒马乱与匪祸掠抢的威胁，滋生了居民强烈的忧患、戒备与防御意识。

二、因地制宜的天然防御环境

依山就势，是古寨堡防御性选址的先决条件和物质基础。依靠优越的地理位置作为天然防御的基础是九房沟古寨堡防御体系最为明显的特点。九房沟古寨堡建筑沿等高线布置，掩映于大山之中，呈现出与自然融合的状态（见图3.52）。古寨堡内溪水长流，以山为障，以水为阻，形成了与外界明显的分界线。九房沟古寨堡地域偏远，交通空间单一，仅有一条"羊肠小道"（堡寨主干道）由宣悟线蜿蜒接入（见图3.53），犹如与世隔绝的世外桃源，也体现出九房沟古寨堡先祖定居于此与世无争的心态。

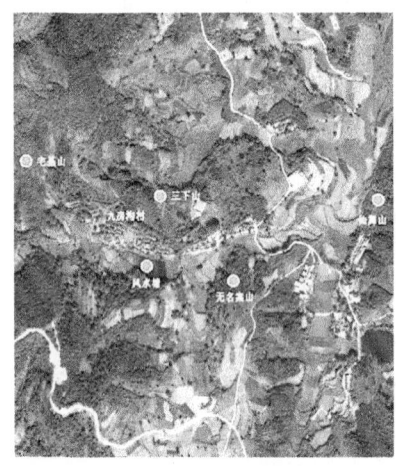
图3.52 九房沟地理位置图
（来源：谷歌卫星地图）

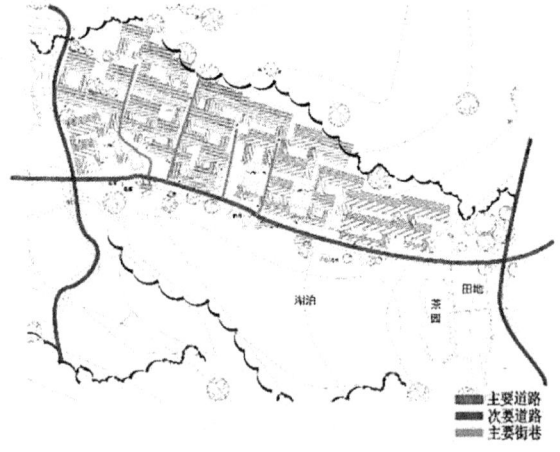
图3.53 九房沟道路示意图（作者自绘）

三、坚如磐石的层级"硬"防御建构

（一）外围整体防御

传统堡寨聚落的外围整体防御空间主要通过其选址体现，一般多选取通道数量有限、易守难攻、便于控制和防御的地带，作为其外围整体防御的基底（见图 3.54）。九房沟古寨堡周边围建有堡墙与碉楼，结合堡门与家丁驻守的设置，使古寨堡成为了一个自然与人工相联合的防御性聚落。在抗日战争时期，九房沟古寨堡西面山顶有新四军部队驻守。

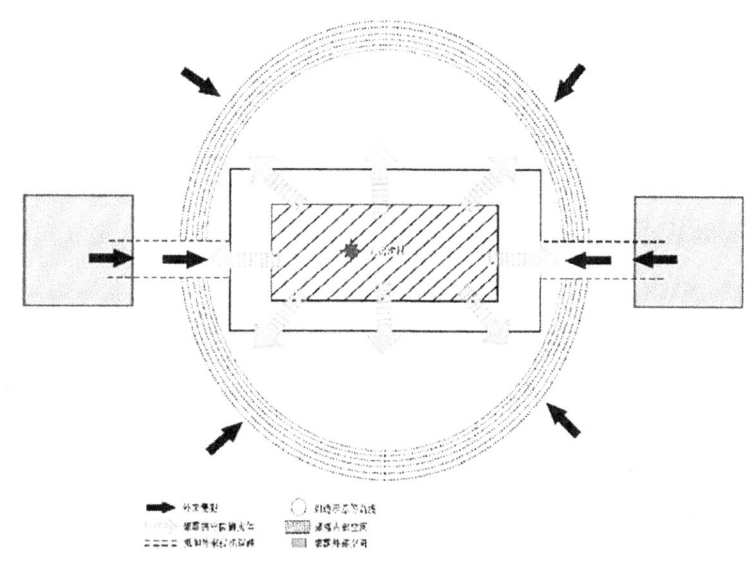

图 3.54　外围整体防御示意图（作者自绘）

1. 石垒寨墙与碉楼

九房沟古寨堡的石垒寨墙与碉楼是其外围整体防御空间中最直观的组成部分，与周边天然屏障相结合，使得堡寨对外具备防御性，对内体现安全感。

古寨堡顺应地势高差，西面与北面高地筑石墙顺势蜿蜒插入山梁，与东面山坡共同形成一个坚固型"C"形半包围空间。在古寨堡南面面向聚落关隘处，用坚硬的毛石与青砖砌成三丈高寨墙与外隔绝，并修筑桥梁与之连接。寨墙上堆放有大小不一的顽石，方便用来对付外来敌人。现已被人为破坏拆除，但仍可以从北面山上及堡寨前部寻找到其残存的夯土城墙的痕迹，看出当时九房沟古寨堡城墙规模的弘大。此外在北面山上东西方向分别建有坚固的石砌碉楼两座，有守寨人昼夜轮班值守，戒备森严。碉楼分别设置有大钟，如遇外来入侵等紧急情况，三钟齐鸣，以便立即进入防守状态。

2. 堡门

对堡寨而言，堡门（又称作门楼）掌控着进出寨落的关键道路，是防御体系中最为薄弱的所在，也是其堡寨的"门面"。具有最为直接和重要的象征意义。

九房沟古寨堡在东西两侧分别设有堡门两座（见图3.55），与南面堡墙紧密联系，共同发挥其防御功能。清朝战乱时期，堡门上日夜有人把守盘查，守备森严，日出开门，日落关门。堡门上设置瞭望孔和射击孔并存放刀枪弓箭等兵器，遇危急情况时，可供守寨人瞭望和攻击。九房沟古寨堡堡门厚实，在一侧安装有门轴，由两块木质门板组成，门洞呈长圆拱形，在地面铺设有平整的石块。堡门门洞的地面中间布置有一块"将军石"以阻止在开关堡门门板外旋时超过适当的位置，同时起到"把门"作用。

图3.55 东部堡门遗迹示意图（作者自摄）

3. 住、商、防三合一

商业物资集散之地,经济发达,因而"商"与"住"是古寨堡的根本。由于其复杂的社会文化背景,为有效地保障颜氏家族的人身与财产安全,古寨堡的防御性被加强。古寨堡南面建造有一条商业街区,对内商品流通,对外商业经济往来,并修筑有提供佣人、家丁居住的住宅,方便驻守与对内连通,因此形成了一套有效的住、商、防三者融合的防御体系。

(二) 内部街巷院落防御

1. 街巷组织

(1) 地面路网防御系统。堡寨的内部街巷组织是堡寨空间形态的骨架与支撑,如人体的毛细血管一般。九房沟古寨堡路网体系错综复杂,具有"一街十一巷"的街巷结构特色(见图 3.56)。一条主干道贯穿整个堡寨,既对外交通又对内联系。沿主干道分布有十一个门巷,用来联系主街建筑和河道溪流。"宽窄不一"与"无标志性"是其特色所在。古寨堡内部街巷狭窄,尺度空间大小不一,通常为一米左右不等(见图 3.57)。进入堡寨之后,内部街巷仿若有始无终,无任何标志物。由于缺乏其标志物的指向性,街巷产生迷惑作用,这使得以劫掠为目的外来土匪倭寇在进入堡寨之后迷失方向,无法全身而退。此外,堡寨内部设有众多丁字路,在其两侧还延伸出多条带状路网,形状迥异,达到诱敌深入,包围敌军的目的。

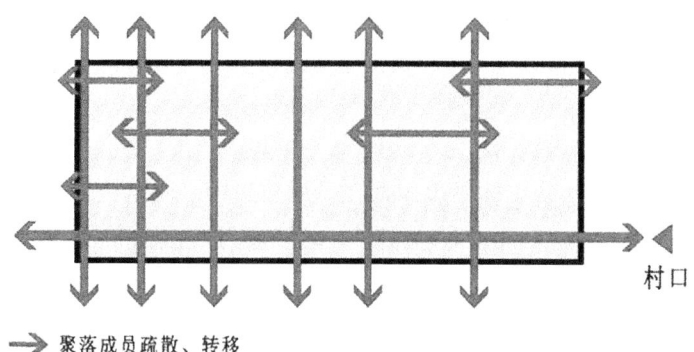

图 3.56 内部街巷示意图(作者自绘)

图 3.57　次要街巷示意图(作者自摄)

(2)地下水系防御系统。九房沟古寨堡地下水系错落有致。前有寨基山溪流缓缓流经，古寨堡位于溪流北面，筑坝截流成为古寨堡南面水塘。内部修建明沟暗渠，设有水井。其水网体系不仅提供寨内生活饮用、农田灌溉与安全消防，同时可储备大量水资源，以备敌人断水或使用火攻，起到防御作用。

(3)空中交通防御系统。空中防御体系观察视野悠然旷达，与地面路网防御系统形成强烈对比。九房沟古寨堡内部空间密集，建筑二层之间户户相连通(见图3.58)，作战时将军力配置于各个重要的位置，通过瞭望孔观察外部情况，射击孔射击，居高临下的进攻外来入侵者(见图3.59)。其次，考虑到作战时的相互增援和方便隐蔽，通过屋顶晒台，独木梯、跳板等将寨内屋顶联系在一起，形成高低不一、错落有序的空中防御作战平台。

2. 住宅院落

九房沟古寨堡内部防御体系也体现在民居建设中。院落内部组团式营造为单体建筑之间协通防御体系的形成提供了可能，具有明确的目的性和强烈的防御性。古寨堡民居院落布局多以三进至五进为主，其院落的外墙起重要防御作用。建筑庭院具有较好的封闭性，各院落间院院相通，联系紧密，具有暗门，增强了院落内部的私密性和防御性。在作战时既便于人员疏散撤离，又利于保存防御实力。

第五节　防御体系专题分析

图3.58　二层相通示意图(作者自摄)

图3.59　瞭望孔示意图(作者自摄)

（1）面布局与入口。九房沟古寨堡民居建设楼层划分固定且统一，一般为两到三层，底层提供人为主要活动与圈养牲畜，二层为家庭居住层，部分三层为露台和罩楼，功能分区较为明确。九房沟古寨堡的平面布局是其特色所在，建筑平面多呈矩形(见图3.60)。一方面建筑结合山地高差布局，巧妙借用台阶、连廊与巷道等设置防御空间。另一方面，在一层通过厚重墙体围合有稳定封闭的避难空间。避难空间通常采用与楼板一样的木质材料掩盖，可通过内部木梯抵达二层，二层设有直接通向北面山上的逃生通道，如遇外来入侵，可供人员疏散撤离。

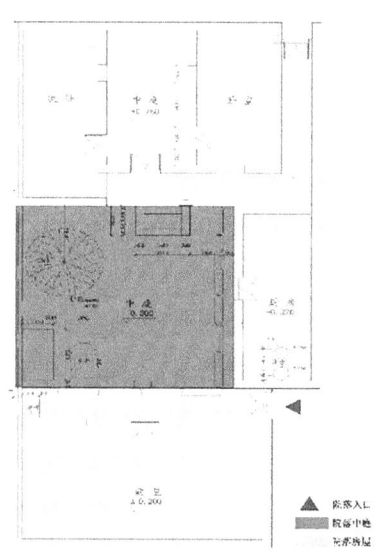
图3.60　平面布局与入口示意图(作者自绘)

九房沟古寨堡入口的设立并未受建筑朝向的影响，通常根据其周边环境与内部街巷状况而设立，大部分建筑院落的入口设立在较为隐蔽的街巷上。如有的建筑入口前还存在有与街巷形成的较小前导空间；有的与街巷之间存在地势高差，需要通过台阶与连廊引导；还有些入口设立于暗道内部，极具隐蔽性（见图3.61）。

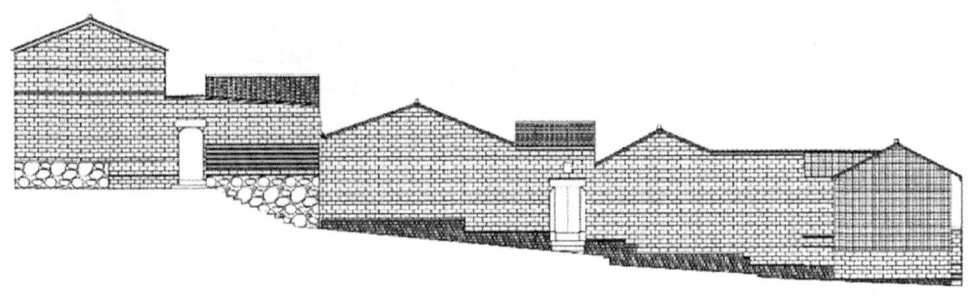

图3.61　街巷立面与入口示意图（作者自绘）

（2）院墙与内部夹墙。九房沟古寨堡院落外墙高大且宽厚，从下至上逐渐向内收拢，底层厚度大约为八十厘米，有的墙体甚至达到一米厚，顶层厚薄程度大约为五十厘米，产生强烈的上小下大的视觉感。不仅增加了外墙结构的向心力，还便于减轻墙体上部分承重，因而使得整体重心下沉，增加建筑的坚固性和防御性。此外，在砌筑方面由下而上使用材料均不相同，墙体下部基底选用整齐宽大的青石块，交错砌筑（见图3.62）。在转角位置使用较大的石块承当墙体支撑的角柱，充分把握石块坚硬难破的肌理性能，厚重且粗犷，起承重抗压的作用。住宅院落墙体与堡门相结合形成"双门"防御结构体系，宛如双层保险，增强了住宅院落的整体防御性。

内部夹墙一般是沿建筑院落隔墙所平行砌筑，形成隐秘而狭长的隐藏空间。主要是用来躲避灾难和防御外敌，还可藏匿贵重物品。将贵重物品藏于夹墙后，再将通道口砌上，形成一面非常完整的墙体，很难发现位置所在。九房沟古寨堡第五房后面的大户人家设置有夹墙，遇到危险时可以暂时藏身与避难（见图3.63）。

（3）门窗。九房沟古寨堡建筑外墙立面上基本只开小窗或不开窗，院落出入的大门通常只设置一道。大门结构为木制，建筑底层开有尺寸大小不一的低矮门洞，有方有圆，起拴门防御作用，同时可用于牲畜圈透风。门洞整体外高内低，内大外小（见图3.64）。建筑二层居住空间主要使用斗窗，形状精细小巧，分为上下两部分，一半呈倒漏斗形，另一半则用来通风采光，便于观察敌情（见图3.65）。

图3.62 院墙示意图（作者自摄）

图3.63 夹墙示意图（作者自摄）

图3.64 门洞示意图（作者自摄）

图3.65 窗户示意图（作者自摄）

（三）建筑细部空间防御

1. 建筑"东南缺"

沿主干道走进九房沟古寨堡，可以明显的发现：堡寨临主街外立面墙体均不在同一条直线上，宛若有意设立缺角，所缺墙角皆为东南朝向。据现场采访得知，这是老一辈先祖传承下来的风俗习惯叫做"有钱难买东南缺"（见图3.66和图3.67）。在建造民居时，遵从此习俗，如遇外来入侵，这些东南"缺陷"的墙角可形成供射击的掩盖空间。此外，根据历史记载，这种东南缺角的建筑形式历史源于《八卦》当中的"巽"，《八卦》中的"巽"表东南方向，也用来表示风位，有顺入平安之意。

2. "碉楼耳房"

九房沟古寨堡建筑细部另一特色便是"碉楼"的建立，临主街街面建筑顶部二层统一带有瞭望孔和射击孔，被称作"碉楼耳房"。部分楼顶屋脊为圆弧扣瓦式，顶上的左右两侧还放置有瓦兽或龙首鸱。从碉楼上透过瞭望孔往外看，一旦发现外来入侵者，在攻击敌人的同时还便于居民快速撤离和转移，以此庇护寨民们的人身安全，减少作战时的伤亡率。

图3.66　建筑"东南缺"（作者自摄）

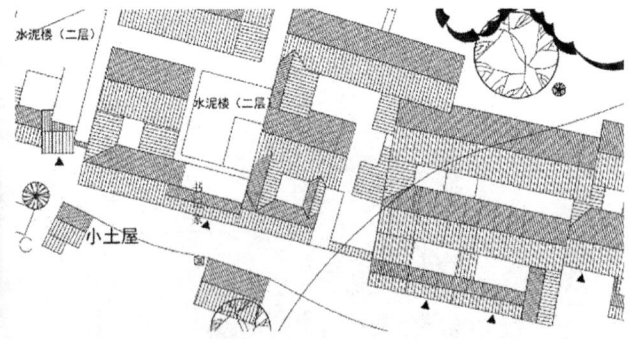

图3.67　建筑"东南缺"（自绘）

3. 临街立面

九房沟古寨堡的临街墙面开设的小窗或小洞都特别狭窄且精小。外部有任何风吹草动，在建筑院落内部不动声色便可洞悉外部所有，用坚硬青砖和毛石砌筑成的院落外墙高达二层或三层。以上两方面可有效阻止外来入侵者通过墙体进入到院落内部。通过细微的建筑细部空间营造，足见古寨堡极其浓重的防御思想。（见图3.68）。

图 3.68　临街立面示意图（作者自摄）

四、安心镇气的精神"软"防御体系

（一）风水经营

和物质"硬"防御建构相对应的是精神"软"防御系统，即支配居民心理以及在精神范畴上获得更多安全感的防御体系和重要手段。九房沟古寨堡选址受"江西派"影响，其风水布局讲究形式宗（见图3.69）。古寨堡选于西南部寨基山（又名金鸡岭）延伸的山脊金鸡尾，坐落于卧虎山、仙舞山与金鸡尾环合处的低洼地段。靠岭朝山，水流交汇，是利子孙昌盛与财富聚集的风水宝地。选址注重传统风水理论，坐北朝南，后有靠山，前有案山名堂，水塘环抱。符合"背山面水、负阴抱阳"的基本风水理念（见图3.70）。

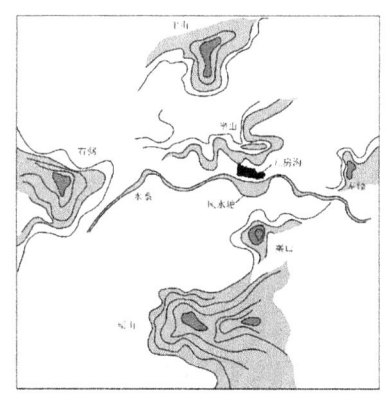

图 3.69　风水格局图（作者自绘）

图 3.70　背山面水示意图（作者自摄）

(二) 宗族血缘

九房沟古寨堡聚族而居，颜姓同宗，拥有相同的先祖，彼此皆为亲戚关系，是以血缘和宗族关系为纽带建立的家族型聚落。堡寨内部以祠堂为核心，设立族长管辖内部大小事宜。每逢清明等民俗活动日，颜氏族人齐聚祠堂，总结历史过往，执行族权，惩恶扬善，供奉祭祀先祖，共同商讨族内事情，进一步强化古寨堡的宗族观念。族内建立有宗族法治和族纪族规，对族人的生活秩序与行为规范进行教化，以此维系寨民之间的关系，使得内部团结一心，增强凝聚力，共同抵御外来入侵。

(三) 宗教信仰与宗教文化

明清时期，佛教与道教广泛传播。九房沟古寨堡形成佛教与道教共存的信仰体系，广修庙宇。有财神庙、福神庙、五道庙、观音庙等。这些庙宇的建立完善了堡寨的精神"软"防御系统，赋予了一种超乎自然的防御意义。体现了当时居民们对天灾人祸的畏惧和强烈的求安心理，更见证了古寨堡经济文化的繁荣昌盛。每到民俗节日，居民们会去祠堂和庙宇进行祭祀祈福，以求生活幸福安康，来年风调雨顺。

九房沟古寨堡的宗教文化是"后土文化"，即供奉土地之神，居民祈求大地丰收而告祭后土，涉及有土地庙与颜家古墓葬，以向天地神灵和神灵祈求庇佑以获得心灵慰藉。在建造时曾立下对土地神的祭祀碑刻、寨门的门神神龛和每户人家都设有的天地神神龛。这些都是对于战乱产生的求安心理在精神领域的强烈表达，重点突出了古寨堡的心理防御特征。

(四) 细部精神构件

九房沟古寨堡细部精神构件指寄托着居民美好祈求的装饰构件和吉祥纹样，丰富了堡寨精神防御体系的内涵。古寨堡采用了大量的建筑雕饰，内容题材极为丰富，有历史传说故事、动植物花纹等。如民居的屋脊、木门、斗拱、瓦当以及家具上的吉祥雕饰；门楣与门枕石上的砖雕石刻纹样；窗户上吉祥如意样式的雕花；建筑照壁上的题字绘画；正壁上的神龛；门上贴的门神与财神等。这些细部精神构件都体现出寨民们对未来生活的美好祈求与向往(见图3.71和图3.72)。

图3.71　细部构建示意图(作者自摄)　　图3.72　细部构建示意图(作者自摄)

　　在悠长的历史岁月长河中，九房沟古寨堡在饱经战火和社会动荡的社会背景条件下依然能较为完整的遗存下来，与其严密的防御系统分不开。古寨堡的防御系统由坚如磐石的层级"硬"防御和安心镇气的精神"软"防御结合而成，同时满足生产生活、防备战斗等需求。其物质硬防御系统在外围整体防御、内部街巷防御、住宅院落防御与建筑细部防御四个层次上逐层递进。其精神软防御系统则通过增强内部凝聚力和追求心安的精神思想来营建防御氛围，给居民创造情感寄托。九房沟古寨堡物质硬防御与精神软防御双重防御系统相得益彰，在防御空间的整体营造，街巷和节点空间的布局等方面有着重要的研究价值。对于现代城市的城镇聚落规划和建筑设计有着十分重大的现实意义，也给现代住宅小区安全防卫探索，降低住宅小区犯罪率等方面产生了一定的启迪。

第四章　湖北大别山传统聚落价值评估

第一节　历史文化价值

一、历史文化浓厚

湖北大别山拥有丰富的历史文化资源，现将本项目重点调研地的历史文化资源予以梳理。

（一）英山县的历史文化资源

英山县历史名人众多：刑典之祖皋陶、贤相傅说、淮南王英布、大学士沈全期、活字印刷发明家毕昇、知县段朝立、御史张禧、刑部尚书金光悌、知府李士彬、文学智者闻筱辑等。①

英山是湖北省文化先进县和"作家县"。很多著名的作家都诞生此地，例如熊召政、姜天民、刘醒龙。熊召政著的《张居正》荣获了第六届茅盾文学奖，姜天民写下了《白门楼印象》，刘醒龙的中篇小说《挑担茶叶上北京》、长篇小说《天行者》分别荣获第一届鲁迅文学奖及第八届茅盾文学奖。英山境内小说、散文、诗歌创作的引领作家还有段仲谋、张保良、田海、胡涂、郑烨、陈丽娟、刘平海、盛莉、何维顺、汪印潭、阮宏、郑烈煌、游平、陈秀丽、高旭洲、胡天堂、伍理松等30多人；戏剧、故事创作的代表作者有涂耀坤、夏则安、方祖新、肖崇乐、陈必武、张保良等10余人，夏则安、涂耀坤、肖崇东、方祖新创作的戏剧不但进京汇演，还多次获湖北省"五个一"工程奖、创作奖；旧体诗词创作的

---

① 刘汉成，夏亚华. 大别山旅游扶贫开发研究[M]. 北京：中国经济出版社，2014.

代表作者有夏中雄、陈凯文、萧浪平、万军、田海、陈丽娟、饶慧熙、邓耘、王德生、胡维弟、舒先震、马民权、冯伯乾、石中瑞等近30人，且这些旧体诗词创作的阵容庞大，实力雄厚，各具特色，在全国诗词报刊发表作品数以万计，在旧体诗词创作领域产生过不小的影响；曲艺、民歌创作的代表作者有张竹轩、段灿华、马民权、涂耀坤、马大泉、芮世久、王中生、王文华、熊汉清等30多人，马民权创作的民歌歌曲曾获湖北省"五个一工程奖"。（摘自《湖北文史》二零一八第二辑）

(二) 罗田县的历史文化资源

罗田县建县历史悠久，是有名的"千年古县"。三里畈庙山岗遗址、北丰李家楼考古发现的青铜兵器、匡河汪家桥发现的十二生肖青瓷俑都在述说着罗田的悠久历史。罗田名人辈出，有元末农民起义军领袖徐寿辉，明代医圣万密斋，国学大师王葆心，京剧艺术家余三胜等。

(三) 麻城市的历史文化资源

麻城历史悠久，公元6000年前已有人群在此生活。夏商时期境内属于商王朝控制的小方国"举国"，公元前11世纪以后，成为黄国的属地。春秋战国时期隶属楚地。秦灭六国，兴郡县，先属南郡，后隶衡山郡。两汉时期为"西陵辖地"，隶属江夏郡。三国鼎立，先属魏弋阳郡，后属吴国蕲春郡，三国归晋，复归弋阳郡，后划归西阳郡。晋永嘉年间发生内乱，北方少数民族入主中原。公元338年，后赵部将麻秋奉命在今阎河古城畈筑城以守，遂称该城为麻城。南北朝时，境内建置更迭频繁，有建宁左郡、长风、赤亭、阳城、彭城、齐安、信安、北西阳、歧亭、梁丰、衡州等名称。周大象元年（公元579年），北周攻下长江以北大片地区，境内设立"麻城县"。隋初，罢诸郡为州，境内为信安县，属黄州。开皇十八年（公元598年），改信安县为麻城县，仍属黄州府。自此，麻城作为县一级行政区划延续至今，有1400余年历史。

麻城市有历史"名村"杏花村，位于麻城市歧亭古镇。杏花村建于唐朝，重修于清朝，这里风光秀丽，山清水秀。唐代著名诗人杜牧曾到杏花村觅酒，写下千古名诗《清明》。

(四)红安县的历史文化资源

红安是"中国第一将军县",在这里诞生了董必武、李先念两位国家领导人和陈锡联、韩先楚、秦基伟等223位将军。大革命时期,这里打响了黄麻起义第一枪,诞生了红四方面军、红二十五军、红二十八军三支红军主力。革命战争时期,红安牺牲了14万英雄儿女,登记在册的革命烈士就有22552人,牺牲之重、贡献之大,全国罕见。红安人杰地灵,北宋哲学家程颢、程颐,明代思想家李贽,现代著名的翻译家、文学家叶君健,历史学家冯天瑜,经济学家张培刚均来自红安。

(五)蕲春县的历史文化资源

蕲春县是明代医圣李时珍的故乡,是中国传统中医药文化之乡。蕲春历史悠久,早在公元前201年(西汉高祖六年)建县,其远古文明可上溯到新石器时代。蕲春地灵人杰。宋代有参与编写《太平御览》等大型"类书"的文学巨擘吴淑;明代有医药学家李时珍,著名战将康茂才;清代有文史学家顾景星、陈诗,首创中国海运的陈銮;近代有辛亥革命先驱詹大悲和田桐,国学大师黄侃,文学理论家胡风和"一二·九"运动组织者、华北抗日联军司令员董毓华等。从蕲春这块土地上走出了4300多位专家教授,故有"教授县"美誉。

(六)团风县的历史文化资源

团风历史悠久,人杰地灵。始于唐代,至宋代形成集市。历史上古镇团风历来是兵家必争之地,曹操曾屯兵乌林,朱元璋曾在这里战败陈友谅;素来商业繁盛,明、清年间商贾云集,集市繁荣,是长江沿岸的商业重埠之一。团风文化底蕴深厚,孕育了党的"一大代表"包惠僧,革命家林育英、林育南,现代地质科学巨人李四光,《资本论》中译者王亚南,哲学家熊十力,文学家秦兆阳,思想家殷海光,书法家张荆野、军事家林彪等一大批名人名家。

(七)大悟县的历史文化资源

大悟县人文资源丰富,古关隘、古驿站、古都城、古集镇、古寺庙、古民居、古文物甚多，新石器、西周、春秋战国、屈家岭、南北朝等文物门类齐全。有 2000 年历史的双桥古镇曾靠环河行船，码头兴运，商贸繁荣。八字沟有全县保存完好的清代古民居。大悟也是全国著名的革命老区和十大将军县之一，大悟先后有 15 万人参加革命，7 万英雄儿女献出了宝贵生命，涌现出了徐海东、程世才、聂凤智、周志坚等 37 位开国将军，走出了刘华清、钱运录等一大批党政军高级领导人，周恩来、董必武、李先念等老一辈无产阶级革命家也在这里留下了战斗史诗和光辉足迹。"中华民国"大总统黎元洪也诞生在这里。

(八) 孝昌县的历史文化资源

孝昌始建于南朝刘宋时期，至今已有 1550 多年的建制史。孝昌风光秀丽，孕育了无数风流人物：著名的三国大将军费祎，以孝闻名古今的孝子孟宗，清代杰出画家程正揆，曾向光绪帝上书力荐康有为的晚清大臣高燮曾；纺织工业巨子、民族工业先驱石凤翔，著名的现代文学家、翻译家丽尼等。在新民主主义革命时期，孝昌早期知名的共产党员有卫祖圣、李洞章、阳协陶等。《中国人民解放军将帅名录》收录的 1955—1965 年授衔将帅中，孝昌籍将军 6 人，其中上将 1 人（刘震），少将 5 人（石忠汉、卢南樵、刘振国、杨焕民、胡定千）。

二、红色资源丰富

大别山革命历史悠久，与井冈山、韶山一起，并称为中国革命三大策源地，留下了丰富的革命历史遗存，形成了以革命遗迹、旧址、纪念建筑、名人故居为主体，以红色歌谣、革命文献、革命事迹、红军标语等为辅的立体红色资源结构，内涵极其丰富。① 现将本项目重点调研地的红色资源予以梳理。

(一) 英山县的红色资源

英山是鄂豫皖革命根据地的重要组成部分，是红二十七军的组建地，红四方面军从这里开始西征，红十二五军从这里北上长征，刘邓大军千里挺进大别山，在这里浴血奋战。先后有 3 万余名英山儿女参军参战，7400 多人壮烈牺牲，为中

---

① 程水源，王庆. 大别山试验区国家战略实现路径研究[M]. 北京：经济科学出版社，2013.

国革命作出了贡献。

(二) 罗田县的红色资源

大革命时期，罗田是共产党人肖方、李梯云率领红二十八军、红三十二师转战鄂豫皖的发源地；解放战争时期，这里是刘邓大军千里跃进大别山的主战场。

(三) 麻城市的红色资源

麻城是"黄麻起义"的策源地，诞生了中国工农红军三大主力之一的红四方面军和红二十五军、红二十八军两支红军队伍，走出了许世友、陈再道、王树声、张才千等41位共和国将军和126位省军级以上干部。这里有麻城市烈士陵园、乘马会馆、王树声大将故居、乘马将军故里、麻城县苏维埃政府旧址、红军饭店、可行桥白骨塔、三烈士纪念碑、红四方面军诞生地等。

(四) 红安县的红色资源

红安红色资源非常丰富，是国内有名的"革命传统教育基地""国防教育基地"和"青少年革命传统教育基地"，湖北省内有近百个单位在红安挂牌，设立传统教育基地，每年来红安接受革命传统教育和游览者达60余万人。红安有国家重点文物保护单位黄麻起义和鄂豫皖苏区革命烈士陵园、七里坪革命遗址群，其中七里坪革命遗址群包括黄麻起义遗址、长胜街革命遗址群、鄂豫皖特区苏维埃政府旧址、鄂豫皖特区革命军事委员会旧址、红四方面军诞生地等20处。

(五) 大悟县的红色资源

大悟是全国著名的革命老区和十大将军县之一，自1925年境内成立党组织以来，历经土地革命战争、抗日战争和解放战争，一直是红色政区的腹地和革命斗争的中心，新四军第五师以大悟山为中心创建了纵横千里的鄂豫边区抗日根据地，震惊中外的"中原突围"在宣化店打响了解放战争第一枪。大悟先后有15万人参加革命，7万英雄儿女献出了宝贵生命，涌现出了徐海东、程世才、聂凤智、周志坚等37位开国将军，走出了刘华清、钱运录等一大批党政军高级领导人，周恩来、董必武、李先念等老一辈无产阶级革命家也在这里留下了战斗史诗和光辉足迹。大悟县革命旧址群保存完好,连片集中,革命纪念地49处,伟人故居13处,其中国家级重点文物保护单位2处(新四军五师司令部旧址和中原军区旧址),省级重点文物保护单位4处。

三、移民文化和宗族文化突出

鄂东北地处明清"江西填湖广"移民线路之上,许多江西籍先民移居此地,将其视为"第二故乡"。

鄂东北一般为血缘型宗族聚落,以血缘为纽带的宗族礼制,外化于社会生活秩序的多个方面。在鄂东北传统村落中常见的祠堂建筑承担着礼制与教化的功能,是宗族文化在聚落中的集中体现。[1]

第二节 科学艺术价值

一、科学价值

湖北大别山传统聚落的科学价值表现在多个方面,如科学的规划布局、合理的生态设计和健康有益的人居环境。讲究科学的规划布局是中国传统聚落的基本特点之一。从西安半坡遗址聚落空间布局的严谨有序,到丽江古城聚落空间的有效组织;从湘西龙山古城的完备的功能布局,到湘北张谷英古村排水系统的深奥学问;从高地聚落选址的驱旱特点,到水乡聚落选址的避湿技巧,都深刻地反映出中国传统聚落景观的规划布局所表现出的科学价值。[2] 鄂东北地区多为丘陵,建筑布局灵活,层次丰富。鄂东北传统民居多为合院式,房屋与墙四面围合,中间形成天井,天井有采光、通风、排水等多种功能。为了适应多雨的气候,天井比江汉平原的天井大,而且有四合天井、三合天井、二合天井、一合天井多种形制。鄂东北传统民居的外墙下部勒脚多为青石砌筑,可防止雨雪风霜和地下潮气的侵蚀,增强民居的整体稳定性,上部为加厚的清水砖墙,以增强保温性能。[3]

---

[1] 陈茹,李晓峰.鄂东北传统山地聚落形态特征及其成因探析[J].华中建筑,2016,34(11):168-173.

[2] 张慧.东洞庭湖区域聚落遗产要素与价值评估[D].长沙:中南大学,2012.

[3] 张发懋,李百浩,李晓峰编.湖北传统民居[M].北京:中国建筑工业出版社,2006.

此外，鄂东北传统民居也有起到防火防盗作用类似徽州传统民居的马头墙，既有装饰作用又具实际功能。湖北大别山传统聚落体现出环境生态、空间形态和人文情态三者的有机统一，这对于我们解决现代城市问题和社会矛盾有一定借鉴意义。大悟县九房沟的聚落形态展示了一种传统却逻辑严谨的空间序列结构类型，这种空间结构适宜于山地，一条主干道并连多条门巷，不仅有效的组织了山地地形，而且营造了既密切又不失独立的聚落交往空间，而每个独立空间又通过内部的紧急通道串联贯通在一起，起到了很好的防御作用，这一类型的空间组织形态对于当下山地空间的营造、防御性建筑设计均有参考价值。

二、艺术价值

湖北大别山传统聚落的艺术价值表现在多个方面，如建筑艺术、传统手工艺术、民间音乐等。湖北大别山传统聚落的建筑展示了独特的内部空间、外部装饰、建造结构、防御体系以及材料、工艺等传统营造技法。在建筑装饰方面湖北大别山传统聚落的建筑多为素雅的色调，粉墙黛瓦、栗色梁柱。建筑装饰中门楣上的镂空雕花、屋檐上的神兽、墙壁上的彩绘，都是传统艺术的表现，体现了当地经济发展的水平和人们的艺术审美观念，有着较高的观赏性和研究价值。

大悟县九房沟即是鄂东北传统聚落的典范，聚落结合自身居住和安全的需求，在山地环境中因地制宜，以别具一格的选址营造了优美的景观环境艺术价值。同时在内部空间中，寨堡式的建筑空间结构、交通的线型空间与院落的围合空间的组织成为空间体验序列的核心。从周边山坡远眺古寨聚落，整体上形成了错落有致的景观效果，而聚落的古建筑本身有着丰富的遗存类型以及高超的技术、艺术表现。

第三节　环境生态价值

大别山区是我国中东部最大的一块绿地，是全国重点生态功能区，被誉为"中部生态之肺。湖北大别山区内绿色资源丰富，现将本项目重点调研地的绿色生态资源予以梳理。

英山县拥有大别山主峰、桃花冲两个国家4A级风景区，具有地热温泉，是中国茶叶之乡、丝绸之乡、药材之乡，是湖北省确定的大别山生态旅游县。罗田县动植物品种繁多，是大别山植物多样性的核心区，是华中地区重要的生物基因库，也是国家重要的生态功能保护区。全县森林覆盖率达71%，核心景区森林覆盖率高达96%，空气中负氧离子含量极高，生态环境优越。罗田风景优美，气候宜人，大别山森林公园占地面积300平方公里，是"国家最具影响力国家森林公园"。罗田县水能资源丰富，地热温泉资源和优质矿泉水资源储量丰富，三里畈温泉富含硫、锌等各种矿物元素，品质很高。此外，罗田还是闻名全国的"板栗之乡""蚕桑之乡""甜柿之乡""茯苓之乡""野生兰花之乡"，罗田板栗、罗田甜柿、九资河茯苓被称为罗田"新三宝"。红安县的绿色资源有天台山、九焰山、老君山、五云山等。云台山主峰高817米，奇峰突起，山形似台。九焰山主峰海拔770.5米。老君山是县内第一高山，海拔840.5米。五云山海拔338.7米。麻城市的绿色资源主要有国家4A景区龟峰山风景区，因其地形山势酷似一只昂首吞日的神龟而得名。龟峰山因拥有大面积的古杜鹃群落，而被人誉为"中国杜鹃第一山"。麻城市的五脑山国家森林公园森林覆盖率91%，被誉为"城市中的森林公园"。孝昌县生态资源丰富，有风光旖旎的观音湖，巍峨挺拔的大悟山。大悟县境内森林覆盖率达74%，拥有五岳山、大悟山、三爪山、仙居顶、娘娘顶等奇峰怪石，有芳畈龙潭湖、丰店观音湖、三里界牌湖、彭店人工洪等人工湖泊，还有九女潭、响水潭等幽谷深潭。

第四节　社会经济价值

无论是在高度集中的计划经济时代，还是在以建立市场经济为取向的改革开放时期，乡村对国民经济社会发展都具有重大价值，所不同的是，在这两个时期，乡村价值及建设与发展的结果不同。[①] 大别山区是我国贯通南北、承东启西的中部腹地，处在中部和东部两大区域经济板块的结合部，是实现区域经济优势互补、战略协作的重要地区，有着广阔的发展空间、巨大的发展潜能，在我国区域经济发展格局中占有重要的地位。

在国家政策的引领下，在社会经济发展的潮流中，湖北大别山传统聚落把传

---

① 张军. 乡村价值定位与乡村振兴[J]. 社会科学文摘，2018(7)：9-12.

统村落的保护与当前美丽乡村建设工作结合起来；把传统聚落的文化传承与旅游开发结合起来，实现社会效益和经济效益双赢。对于当今社会来说，传统聚落独特的建筑空间结构和景观资源，是重要的文化休闲场地，九房沟传统聚落三面环山一面面水，周边有丰店镇水库、宣化店周恩来故居等红色历史文化资源，加之九房沟建筑群以其独特的寨堡形式，在建筑形式和空间布局的独特魅力，为渴望远离都市生活，追求乡野情趣的城市人提供了理想的文化休闲场所，充分合理地利用该特色，能够提高知名度，实现九房沟社会价值和经济效益的最大化。

第五节　精神情感价值

一、大别山精神

"大别山精神，指的是从1921年中国共产党诞生至1949年新中国成立这一特定历史时期，大别山区这一特定范围的共产党人和人民群众在大别山地区的共产党领导下，为了民族解放、人民独立在推翻封建主义、帝国主义和官僚资本主义的长期革命斗争中用鲜血和生命铸就的革命信仰、革命行动、革命品质的革命精神总和。"[①]具体包括：信念坚定，对党忠诚；英勇顽强，敢打善战；甘于奉献，敢于牺牲；一心为民，军民团结；实事求是，善于创新。

"信念坚定"指的是大别山区的革命军民坚信马克思主义，坚信中国共产党的领导，坚信为之奋斗的革命理想必定实现。"对党忠诚"指的是自觉接受党的领导，坚决听从党的指挥，不折不扣地完成党的任务，为实现党的奋斗目标而顽强斗争。信念坚定、对党忠诚是大别山红色文化的灵魂。"英勇顽强，敢打善战"是大别山区军民20多年革命斗争中充满血性胆魄和智慧的生动写照，是大别山红色文化的关键要素。"甘于奉献，敢于牺牲"体现出革命战争年代大别山军民在极端艰苦的环境下不屈不挠的革命斗志，是大别山红色文化的鲜明特征和品格特质。"一心为民，军民团结"是大别山革命斗争持续不断的力量源泉，是大

---

① 刘国胜. 大别山精神综述[J]. 党史天地，2007(12).

别山红色文化的价值追求。"实事求是,善于创新"是大别山红色文化的内驱动力。①

大别山精神对于当下实现中国梦和强国梦具有极为重要的现实价值。在战胜新冠疫情,应对复杂多变的国际环境的过程中,大别山精神一直在发挥着它强大持久的作用。

二、乡愁认同

2013年12月的全国新型城镇化工作会议指出,新型城镇化一定要"让居民望得见山、看得见水、记得住乡愁"。2015年中央一号文件《中共中央国务院关于加大改革创新力度加快农业现代化建设的若干意见》明确指出,要"扶持建设一批具有历史、地域、民族特点的特色景观旅游村镇"。无论是要"记得住乡愁",还是要建设有历史文化特色的景观旅游村镇,都是强调对历史文脉的延续和对乡土文化及乡土记忆的传承,其根本任务就是要挖掘和彰显各地建筑和聚落的乡土文化基因,打造独具地方特色及具有明显"地方感"的"可识别性"强的聚落景观即家园景观,这是新型城镇化建设必须重视和解决的根本难题。②

湖北大别山传统聚落是乡愁的载体,如冯骥才所言:"乡村不是一个人的家园,而是整个中华民族的精神家园,因此,传统村落留住的不仅是个人的乡愁,而是民族的乡愁。"③区别于"城市乡愁",传统聚落所承载的是一种"田园乡愁",不仅是城市乡民对故土的依恋情怀,也是都市人群对山水田园的精神向往、心灵归属和文化认同。④

---

① 崔卫兵,李国亮,杨家余.新时代大别山红色文化传承研究[M].合肥:合肥工业大学出版社,2018:12.
② 霍耀中.挖掘乡土文化基因就是为了"记住乡愁"——读刘沛林《家园的景观与基因》有感[J].人文地理,2015,30(4):158.
③ 张春燕,冯骥才.乡愁的载体是历史传承[N].中国环境报,2014-01-29(004).
④ 张智惠,吴敏."乡愁景观"载体元素体系研究[J].中国园林,2019,35(11):97-101.

第五章　湖北大别山传统聚落价值活化利用探索

第一节　湖北大别山传统聚落发展现状及问题

传统聚落是中华民族珍贵的文化财富，是由我国物质文化遗产与非物质文化遗产有机结合的共同产物，也是人类物质文明和精神文明的见证。然而，随着我国城镇化及工业化进程的日益加快，许多传统聚落遭到了一定程度的破坏，甚至一些聚落在"现代化"的潮流中慢慢消逝。相较于逐渐衰落的聚落，有一些聚落由于具有较高的历史文化价值，国家对其实施了严格的保护措施，并对开发加以限制，以一种静态的不作为形式对传统聚落的物质进行保护。但由于过分强调其原生态，导致一些必要的修缮不能按时进行从而导致建筑、景观的损毁，在这个过程中对传统聚落造成的破坏我们定义为"保护性破坏"。部分传统聚落在市场主体的竞相角逐下过度开发，破坏其原始传统肌理文脉和社会环境，造成不可逆的损失，则被称为"商业性破坏"。保护性破坏、商业性破坏与年久性损坏使得我国传统聚落的发展形式日愈严峻，而湖北大别山传统聚落的发展正遭受着这些破坏，使其聚落处于一种要么极速衰败消失要么原始肌理风貌被改造得面目全非的矛盾中。

另一方面，在传统聚落内部也存在着发展不匹配的现实问题：（1）村落人居环境较差，环境问题较为突出。基础设施、服务设施不完善；无垃圾处理、无污水处理，旱厕环境污染严重；优良的自然景观及功能价值未能得到体现。（2）空心村问题，老龄化问题严重。湖北大别山传统村落大部分存在着"空心村"的问题，"说村不是村，说院没有人，说地不是地，草有半人深"[①]的情况十分常见。

---

① 贾颖虹."空心村"问题及对策浅析[J].赤峰学院学报，2014：62-63.

(3)产业发展落后。大部分聚落依然保留着传统人力畜力耕作方式,资源分散,经济效益低下。(4)传统文化断层严重。虽然宗族文化、特色民俗文化遗存较多,但除了代代自然相传,其文化依托较少,难再传承。

第二节　湖北大别山传统聚落价值活化利用途径

通过对湖北大别山传统聚落的历史文化价值、科学艺术价值、环境生态价值、社会经济价值以及精神情感价值五个方面进行评估,在契合当下国情及市场导向前提下,湖北大别山传统聚落可通过乡村休闲旅游度假区开发、新型养老社区建设、大学生科研教育基地建设、发展特色产业、教育培训以及创建数字博物馆等活化利用途径带动发展,以自然生态环境为基础,以人文历史背景为依托,以价值特色为导向,以保护作为发展的出发点和落脚点,创造传统聚落的内生力量,促进村落自身的良性循环,实现可持续发展。

一、旅游开发

湖北大别山不仅是红色圣地,同时又是绿色宝库,还有深厚的历史文化资源。因此,对湖北大别山传统聚落的活化,其首要的途径就是旅游开发,通过对第三产业的发展使其价值最大化发挥,破除单一的经济模式,带动当地社会发展。自2011年以来,湖北省政府就大别山革命区的经济社会建设发展出台了多项扶持政策,为大别山区的发展创造了良好的社会环境,也为地区的旅游发展提供了有力的政治保证。湖北大别山南依武汉城市圈两型社会建设区和长江经济带,北靠中原经济区和皖江城市带,东接沿海发达地区,西邻中西部内陆省份,是连接皖江城市群、中原城市群和武汉城市圈的重要桥梁和纽带。湖北大别山沟通我国东西南北经济联系,区位条件优越,在全国区域经济协调发展中具有重要的战略地位,从而也为地区依托旅游产业提供了便利条件。首先,湖北大别山传统聚落的旅游开发可以走"乡村旅游+精准扶贫"的新路线,以极强的综合性和关联性,为当地居民提供更多就业机会,增加居民收入,带动经济发展;其次,湖北大别山传统聚落的旅游开发可以极大改善其物质条件,完善基础服务设施,提高当地居民的生活质量;最后,湖北大别山传统聚落的旅游开发有利于引进新的思想理念，给当地居民带来新的文化冲击。

在开发模式上，可以按照各地旅游资源类型挖掘不同的旅游扶贫开发模式。对于红色旅游资源丰富的聚落，要深度挖掘红色资源内涵，突出红色旅游的参与性和体验性，优化红色旅游资源，加大宣传力度，塑造红色旅游品牌，并加强红色旅游区域合作，鄂豫皖三省联合推进大别山红色旅游的发展，形成"点—线—面"三位一体的红色旅游品牌，实现共赢发展。对于绿色生态旅游资源丰富的聚落，则要以生态经济发展为视角，做好生态旅游规划，明确大别山生态旅游的功能定位，通过发展生态旅游推动地区经济的发展。对于交通区域优势明显的近郊聚落，可以大力发展乡村旅游业，充分发挥农民群众的主体作用，依托农村自然生态、田园景观、民俗文化和农林牧渔特色资源优势，打破"农家乐"的单一产品结构，努力形成不同档次、不同形式、能够满足不同消费需求的农村旅游业态，以旅富农，加快湖北大别山集中连片扶贫开发。

二、养老建设

如今中国已经开始步入老龄化社会，养老需求空前加大，因此湖北大别山传统聚落可依靠自身价值资源优势，统筹规划，强化保障，创新机制，走一条传统聚落养老服务体系建设的新路。

建设湖北大别山传统聚落养老服务体系，第一，要利用政策资源，做好统筹规划，集中打造康养特色小镇、区域性养老服务中心、康养聚落、幸福大院等，把养老产业项目与传统聚落建设统筹规划和推进，培育养老服务产业新的增长极，推出集养老养生与红色教育为一体的养老产业品牌，推动"红色传承、绿色康养"同步发展。第二，要完善投入保障机制，破解聚落养老服务体系发展难题，整合传统聚落危旧建筑改造；完善制度管理机制，成立养老院服务质量建设专项组，定期不定期开展联合检查或专项检查；完善养老力量集聚机制，联合医疗机构免费开展养老护理员培训，利用聚落内部人力资源，解决养老岗位要求，同时实现就业保障。第三，要创新模式，提升湖北大别山传统聚落养老服务体系发展质量，创建集休闲娱乐、日间托养与户外种（养）植体验于一体的区域性养老服务中心，创造"医养融合+生态旅养""基层老协+居家养老"的新模式，形成社会养老服务新格局。

三、科研基地

湖北大别山传统聚落文化资源丰富，具有极高的科学艺术价值。其自然风光的独特性与地域环境的多样性能满足科学教育研究基地创立的环境需求，大别山传统聚落内部历史悠久的建筑、独特的风俗文化也能为研究提供广泛的课题。另一方面，在湖北大别山建设科学教育研究基地有利于对其传统文化的深入研究和传承发扬，挖掘其内涵价值，对推进传统聚落及相关学科研究的不断完善与发展作出贡献。

四、教育培训

传统聚落是中华民族历史与文化的结晶，具有非凡的历史文化价值。大力发展湖北大别山传统聚落，应深入挖掘传统内涵，结合节气、民俗、赛事等活动，策划并组织特色乡村举办旅游节庆活动，使旅游者充分体验和感受湖北大别山聚落所具有的深厚文化底蕴和鲜亮的文化形象。开设如重阳民俗文化节、特色中秋节活动等，营造"季季有主题、月月有活动、处处有精彩"的乡村发展氛围。

依托其特殊的文化历史环境，发展教育培训，与大中小学校进行合作，定期开展传统文化、民俗等教育体验活动。培养学生爱国情怀，增强其对传统文化的理解的同时带动传统聚落的发展，促进其历史文化价值的实现。

基于湖北大别山区丰富的红色资源，在湖北大别山区开展红色研学旅行及相关教育培训具有先天优势。红色研学旅行，不但能够进一步推动红色旅游的发展，更重要的是对传承红色基因有着不可忽视的重要作用。[1] 红色研学旅行和培训是活化湖北大别山区红色资源，激活红色基因，推进社会主义核心价值观的教育培育的重要途径。

五、特色产业

传统特色产业具有地域性强、延续性高的特点。发展特色产业既能在一定程度上传承悠久的传统特色技艺、习俗，也能促进当地经济的提高，实现聚落的长

---

[1] 崔卫兵，李国亮，杨家余. 新时代大别山红色文化传承研究[M]. 合肥：合肥工业大学出版社，2018.

足发展，是传统聚落活化与利用的有效途径。

独特性强是传统产业的特征之一，特殊的生产环境孕育出当地独有的产品，其他地区难以模仿。湖北大别山传统聚落是典型的山地气候，四季分明、雨热同期，特殊的山地气候使当地具有高山茶、野生蜂蜜、小土豆等特色产品。山林土地肥沃，污染较少。良好的自然环境，是培育精品果蔬的摇篮，种植出的果蔬营养价值高、美味可口，深受高端消费群体喜爱。针对大别山的独特产业，应大力发展网络营销，依托互联网宣传形成自己的品牌，改变原本单一的销售方式，通过产品营销促进当地经济的发展。

与此同时，大力保护当地的自然生态环境、水网系统等，制定严格的制度限制污水乱排、乱砍滥伐等行为，保证传统产业具有良好的发展环境。

六、数字博物馆

在湖北大别山传统聚落活化利用研究的过程中，可以积极探索建设传统聚落数字博物馆这一方式。在"互联网+"时代大背景下，充分利用快速发展的网络技术、多媒体技术等，在收集当地传统建筑、民俗文化的基础上还原聚落的原真面貌。将聚落中遗存的古树、古井、古建筑等贴上属于自身独特的多媒体标签，挖掘文化的深度，制作文创产品，吸引更多的年轻人了解与宣传传统聚落以增强居民的归属感与文化认知感的同时扩大湖北大别山聚落知名度与影响力，从而建立一种针对湖北大别山传统聚落价值活化利用的新途径。

第三节 湖北大别山传统聚落价值活化利用实现的方法

要实现对传统聚落的活化利用，不能仅仅停留在物质层面，更要寻求村落的长远发展，利用村落自身的价值优势，吸引外来资金，带动村民积极性，谋求村落新的机遇。在这一过程中，我们要树立四个层面的目标：（1）物质保护：着力保护传统聚落的建筑、景观、空间环境以及特色的乡村设施，物质层面的保护是传统聚落活化利用的基础。（2）文化传承：通过对物质载体的保护和空间环境的修复，保留传统文化习俗，延续传统聚落的历史文脉，在传承历史文化价值的基础上发扬创新，赋予当地村民及外来访客归属感和认同感。（3）生活改善：将改善村民居住环境和生活条件放在首位。(4)经济活化：利用传统聚落的价值特色，充分发挥其价值吸引力，在保护的基础上对其进行活化利用，激发经济活力，为传统聚落带来新的发展机遇。

对于湖北大别山传统聚落活化利用的实现方法，以下通过途径分析法，从政府扶持、外资引进、村民自主以及村集体统筹四种方式进行分析，以最大程度实现传统聚落的活化利用。

一、政府扶持

一个地区的政府是推动该地区可持续发展的第一力量。只有提高当地政府管理者的自主意识，他们才会区分聚落发展和旅游开发，将居民生活、传统文化、农耕文明放在首位，而不是在政绩和利益的驱使下违背初衷。

较为成熟、完善、全面的法律法规及制度，是传统村落活化利用与发展的基础和关键。只有建立立法、资金、管理、居民参与等完整法律法规机制体系，而且这套体系必须随着时间和空间的发展改变，进行相应的修改和完善，才能形成完整的法律框架，为传统聚落活化利用提供法律保障。[①]

湖北大别山传统聚落目前现状能带来的经济效益十分有限，所以只有让传统聚落融入"大生态"发展，政府加大并主导投入，才能以资金为引导，将传统聚落活化利用的主旨落实。成立专门的管理机构，制定相对完善的活化条例，构建区域层面发展格局，策划长远的有效可行的规划方案。由于政府自上而下的特殊体制，其实施带有一定强制性，在编制发展规划的过程中，更要深入了解村民的合理诉求，不可一味从政府自身对利益的追求和实施途径进行单一理解。

二、外资引进

一方面政府需要加大活化利用专项资金的投入，追踪资金使用路径，提高使用效率；另一方面要召集社会各方力量，创立湖北大别山传统聚落活化基金，集村民、社会企业和传统聚落发展组织的共同力量，估算所需经费，协同解决资金短缺问题，尽量避免由于资金问题而对活化发展工作做出不恰当的妥协。

---

① 赵亚琛. 新型城镇化背景下传统村落保护与更新研究——以莱芜市南文字村为例[D]. 青岛：青岛理工大学，2015(32).

三、村民自主

聚落的发展历程，其实是聚落居民生活方式的选择。村民的参与是湖北大别山传统聚落可持续发展的群众基础。要实现湖北大别山传统聚落的可持续发展，归根到底需要当地居民能够主动参与，并具备相关意识与知识技能。村民自身对他们所拥有的传统聚落的价值认识和自主的保护意识的提高是我们真正实现传统聚落持续发展的关键所在。只有提高了村民对传统聚落价值的认识，让村民有了自主意识，他们才会做传统聚落真正的守护者，不会随意破坏他们生活的物质载体，不会轻易抛弃从祖辈那里沿袭下来的传统生活方式。

通过充分的沟通和参与形成的合作行动，是消除各方对立，实现和谐更新的重要途径。并且，合作行动也是培育居民的主动性、责任感以及公民意识的良好机制。[1] 因此，我们要提高村民对传统聚落价值的认识，强化村民的责任感和使命感，将湖北大别山传统聚落的活化利用与发展视为己任；改善村民的"臣民心态"，不再做保护工作的"旁观者"，等待国家"包办"，而是全村集体自发创新，监督政府，与政府联合起来共同努力；完善国家对传统聚落的发展政策，从村民需求角度出发，实现传统聚落的活态传承，让当地村民成为聚落活化的受益者，从而发挥村民自身的创造性力量。

四、村集体统筹

村集体统筹，是指以村落为单位进行统一规划，按照集体所有、农民持股、长期受益的发展思路，探索集约利用集体经营性的新途径，优化提升集体经济发展水平。村集体在一定意义上能充分反映村民意志，统筹管理既解决了建设资金不足的问题又能充分体现村民心声，实现村民的当家做主。

于湖北大别山传统聚落中大力推进村集体统筹，有利于解决"家家各自为战"的问题，发挥村集体的优势，筹集资金，将村落内部的优势条件统一规划调整，实现产业和土地空间优化布局，集体资源价值更大化。形成村落内部产业的明确分工，促进各村落经济的发展。

---

[1] 徐琴. 有机更新：历史文化名城走出保护性衰败与建设性破坏困境之路[J]. 城市观察，2011，3(68).

第六章　湖北大别山红色聚落调研典型实例

本研究以田野调查为基础，对湖北省大别山区域内8个国家和省扶贫开发工作重点县(市)：红安县、麻城市、英山县、蕲春县、罗田县、团风县、大悟县、孝昌县进行实地调研，并对具有典型性和特色的个案进行了抽样测绘，结合访谈等更深层次了解村落的起源与变迁的历史、生活习俗、生产方式等。

因湖北大别山红色聚落所处的区域位置受外来文化和周边地区的影响较为深刻，故采取对比研究的方法将其与安徽、河南两省大别山区域的传统村落进行了比较，实地调研了鄂豫皖大别山"红三角"地区(湖北麻城市、安徽金寨县及河南商城县)的中国传统村落，采取对比研究的方法找出它们之间的共性与个性关系。

第一节　九房沟古寨堡建筑群调研报告

一、研究背景及现状勘测

(一)九房沟传统聚落的现状概括

湖北省孝感市大悟县丰店镇的九房沟为此次古民居建筑群的研究对象。据现存资料考证，该村于明朝末年由颜氏宗族从西面的金鸡岭迁移至丰店桃岭的一处沟壑里。始建于明朝中晚期，为颜氏五世祖之全公所建，据今已400多年，坐北朝南，东西长，南北宽，大部分建筑为砖木结构，部分辅以土坯，墙基多为规整的石条，屋顶盖以小布瓦。

整个九房沟古寨堡占地面积一万余平方米。建筑群包括中堂，青龙台，古桥，建筑主体等组成，是一个由多座独立建筑组成的多院落建筑群。九房沟基本保持了原有格局,以及古寨堡现有主街、巷道、民居等丰富的传统文化遗存,同时还存有祠堂和明清以来的墓地(见图6.1)。

图6.1 九房沟全貌(图片来源:作者自摄)

我们此次通过实地测绘,搜集相关历史文献,分析发展现状中存在的问题,为保护发展性的规划研究提供基础调研理论。现实生活中由于自然因素导致的古建筑的坍塌及破坏、村民自主改建搭建现象较严重,古民居的历史风貌处于加速化破坏当中。但村中的水系、街巷以及自然的空间形态得到了保留,拥有着形态相近、特色鲜明的明清传统古民居形式。

(二)九房沟传统聚落研究的内容及意义

(1)通过了解九房沟的发展历程、历史沿革,以及九房沟的原始村落风貌与建筑特征,深入思考传统古村落的保护与发展规划问题。

(2)改革开放以来,随着城市的扩张、村落的转型、撤并和农民的异地脱贫,村落数量极剧下降。与此同时,旅游业的过度开发忽视了对文化产业的同步发展也对传统村落造成了冲击与破坏。传统村落正以"平均3天1个"的速度消亡，其中包含了一些颇具文化价值的传统村落，九房沟就是其中之一。大力发展文化产业，是全面落实科学发展观、加快转变经济发展方式的重要战略，是促进文化大发展大繁荣、提高文化软实力的重要推动力量。

古民居作为祖先留下的宝贵物质及精神财富，具有很大的价值和作用。近年来文化产业的进程不断加快，国家对于古村落及各种村落历史遗留产物开始进行发展与弘扬，并在逐步扩大保护范围，强调加快实现城乡一体化，建设美丽乡村，对于古村落要做好保护工作。近几年不断有古村落走进人们的视野，成为真正意义上的美丽乡村，从被人们忽略的状态走向了人们心目中的传统古村落，更多的历史文化遗产被保留与传承。这更加增强了人们对自身民族文化的认知和感情，有利于大力传承与发扬传统文化。提升国家民众的民族自豪感与归属感，同时提升国家的文化软实力和国际综合实力与地位。

(三) 九房沟的遗存构成

九房沟文物遗产包括物质文化遗存本体和非物质文化遗产两类，如表 6.1 所示。

1. 物质文化遗存本体

九房沟文物遗存本体包括颜氏古寨堡、祠堂、颜氏墓地及其他附属文物。颜氏古寨堡属遗存主体，其向东为青龙台，向西为晒谷场，以巨大碾子镇压西面寨基山延伸下来的蛇头状山岭。

(1) 颜氏古寨堡。九房沟颜氏古寨堡是一个封闭的空间格局，原有东、中、西三个寨门，由主街相连，主街南面利用地势，做成石垒的寨墙，从溪沟上望，寨墙超过一丈多高，但已不复存在。沿主街原本分布有 12 条巷道，一个巷道居住着一个地主家庭，进入巷道后才能够进入两侧的偏房或院落。旧时主人住在北部靠上的院落，仆人们住在南面靠下的院落，但土改分田地后，各家自成体系。至今巷道留存 9 条，依地势渐行渐上，其中 5 条巷道存有完整的门楼，这些门楼大约高 6 米，宽 2.5 米，青砖砌墙，屋顶盖小布瓦，屋檐依马头墙弧线起翘，部分屋脊还保有精致的装饰。门楼两侧都有方形砖洞，用于栓门，上下两层的设计，使战时可以通过门楼两旁的房间进入门楼，在瞭望口观察敌情。在巷道串联的多重院落格局中，各家规模不一，越往东，可能由于地势原因或是财力不足，规模逐渐减小，中部规模最大的家庭原有5进院落，现存4进完整院落，最北一进墙基尚存，建筑形制较为统一，外墙多为砖石，内墙以木雕进行隔断。在空间轴线关系上，就现状而言，西部民居轴线关系较弱，向东院落轴线关系逐渐明朗，并且形成了多重院落格局。位于古寨堡中部偏西的是古寨堡的中堂遗址。

古寨堡具有完善的内部防御通道，主街、巷道以及各个院落建筑之间的内部通道构成了古寨堡的防御和交通体系。为了及时了解敌情，在古寨堡北部地势最高处甚至建有碉堡，但现今仅剩遗址。

古寨堡的选址及营造是在堪舆思想的指导下进行的，在选址方面，古寨堡所在的九房沟处在北有三爪山，南有清明山，东有仙舞山，西有寨基山的大格局中，具有良好的地理位置优势。就古寨堡周边小环境来说，溪流从寨堡前穿过，周边是原始森林，具有得天独厚的环境优势。

(2) 颜氏祠堂。祠堂在旧时是维系家族的重要精神中心，颜氏家族原在古寨堡中部设立了中堂，但由于某些原因，中堂被迁至东部距离古寨堡大约120米的地方。颜氏宗祠占地约380平方米，是四合院式的建筑。打开厚实的木质大门，可以看到北部正堂与东西厢房和南部耳房有大约1米的高差。大门门梁上方有石匾，上书文字已经模糊。屋檐使用蓝色涂料进行过细致的雕花装饰，突出的房梁构造也得到很好的修饰，马头墙、砖石瓦之间的装饰转换让祠堂的屋顶更加丰富。祠堂原本用于供奉祖先灵位，在战争时期被开明的地主们提供给共产党人进行办公，解放后又作为村里的小学，目前，祠堂内部已经不再供奉祖先灵位，只是作为村里的榨油、或粮食加工的一些事务开展使用，多数时候被闲置。

(3) 颜氏墓葬。颜氏祖先墓葬主要分布在祠堂北部的山坡上，坐北朝南，共21座，明清时期的古墓靠北，辈分越小的后代越靠南，多为夫妻合葬。就目前保存状况而言，年代久远的墓葬保存状况较差，但总体来说，保存情况较好。

(4) 其他附属文物。九房沟内遗存本体中其他附属文物主要是古树名木、青龙台、晒谷场和古井。目前九房沟共有两棵名木古树：一是位于古寨堡北端最长院落最后一进后花园中的桂花树，树龄超过300年；二是位于东门遗址旁，寨墙遗址南面的银杏树，树龄大约300年。青龙台是九房沟整体格局的重要组成部分，坐落于古寨堡东部大约10米处，原有一个40×60厘米的石质神龛设于其内，面朝南面案山，但在"文革破四旧时期"被毁。目前青龙台上植物生长混乱，急需整治。晒谷场坐落于九房沟古寨堡西侧的高地上，上置碾子镇压西面寨基山延伸下来的蛇头状山岭，目前晒谷场主要被村民用来堆放薪柴，较为混乱。在古寨堡东南面的农田里有一口古井，村民通自来水后，较少使用古井，周边较为杂乱。

(四)非物质文化遗产

九房沟是颜姓家族，据访谈结果表均是颜回的后裔，所以具有很强烈的儒家传统文化，他们遵守礼仪，崇文重教，培养出很多秀才和举人，并且从婚嫁到丧葬的各种习俗都有保留。

表6.1 遗产构成表

类别	遗产构成要素		数量	历史信息要点/核心价值
物质文化遗存本体	颜氏古寨堡	寨门	3个	古寨堡总体格局重要组成部分
		寨墙	1条	古寨堡总体格局重要组成部分
		巷道	9条	古寨堡总体格局重要组成部分
		巷道门楼	5个	古寨堡总体格局重要组成部分
		古民居	多处	古寨堡总体格局重要组成部分
		民居遗址	多处	古寨堡总体格局重要组成部分
	颜氏祠堂		1处	古寨堡总体格局重要组成部分
	古墓葬		21座	古寨堡总体格局重要组成部分
	其他附属文物	古树名木	1桂树 1银杏	九房沟总体格局重要组成部分
		青龙台	1个	九房沟总体格局重要组成部分
		晒谷场	1个	九房沟总体格局重要组成部分
		古井	1个	九房沟总体格局重要组成部分
历史环境				是研究九房沟选址，自然环境变迁的实物资源
非物质文化遗产				记录颜氏家族人文、社会、军事、经济活动的重要载体

二、九房沟历史变迁及传统聚落发展

(一)历史演变痕迹

1. 历史沿革

九房沟位于长江流域与淮河流域交界处,现属孝感市大悟县丰店镇桃岭村下辖村民小组。原属河南省罗山县,1933年与罗山县并入湖北省礼山县。九房沟原名叫涂家冲,系涂姓人居住,原有几十户涂姓人家。明末,颜氏祖先之全公(颜氏第九子)携家人从金鸡岭(即现九房沟西面和西南面)翻越寨基山迁居至此,此时,涂姓已经开始败落,族人陆续前往外地。于是,颜氏先祖便在此建房起屋隐居起来,又其地形位于低山之间,状如沟壑,故名九房沟。随着家族繁衍壮大,逐渐形成如今恢弘的九房沟古寨堡,距今已有400多年。

2. 空间演变

九房沟至今仍然是一个几乎与外界隔绝的自然村落。从明末开始,九房沟经历了一由衰而盛,再由盛而衰的发展过程。由于不同时期盛衰的历史叠痕,所以我们很难找到某个时期的纯粹遗存,几乎所有的民居都经历了衰退时期简陋的处理。考究各方面资料,具体来说,古寨堡从兴起、发展、繁盛再到衰退的四个阶段里,大体从古寨堡中堂开始,依次向两侧展开,接着向东延伸,达到鼎盛后,又由于土改,房产分割,佃农入住,导致整体衰退。

3. 聚落的定居阶段

据《颜氏族谱》记载,九房沟曾经是有50多户300多人的古老村落,全村户主大多姓颜,是由颜氏第66代,也就是大悟县颜氏第5代兄弟9九人中排行老九的人,传承至今。他名叫颜之全,在明朝末年,因躲避战火,带着妻儿离开家乡,从西面的金鸡岭向东翻过寨基山,先是逃到大别山区深处,在丰店寨基山下一个叫大鼓店的地方栖身,后又转至丰店桃岭的一处沟壑里隐居,故起名为"九房沟"。

4. 聚落的兴盛阶段

九房沟建于明末,曾形成过占地上万平方米的寨堡,在清朝中期更是兴旺,方圆数十里有良田三千担,直到中华人民共和国土地改革划分农民成分时,整个九房沟的颜氏住户全部是地主成分，连一个富农都没有，就更不用说有中农和贫农的住户，可见九房沟的辉煌和富有非同一般。其中，九房沟还有一个叫颜德六（外号颜屯万）的大地主，为逃避惩罚弃家人而不顾，独自随国民党跑到台湾，并在台湾又娶妻成家，再没有回来过，其老家的儿孙至今还住在九房沟。其兄颜德五（外号颜贯千）是当地名震一方的大队长，解放初期被镇压，一代富豪的故事就这样结束了。

在九房沟的极盛时期，曾居住过15个富有之家，他们辛苦的经营带来了九房沟的繁荣，积累了惊人的财富。据说最勤奋努力的一家，曾拥有一千多公顷的土地。虽富裕但地处荒山野岭，防御和抵抗土匪的掠抢成了九房沟颜氏族人极其重要的大事。在那个兵荒马乱的年代里，颜氏家族开始建寨筑堡，形成了九房沟颜氏寨堡。

5. 聚落的衰落阶段

九房沟因聚积有大量财富且地处荒山野岭，在那个社会动荡且战火纷飞的年代，防御及抵抗外敌成为重中之重。因而九房沟开始建寨筑堡。寨堡有东中西三个寨门，一条主街，沿主街左右西侧分布12个门巷。由门巷可进入到各家中堂及相关房间，整个寨堡形制独特，防卫性极强，各家院落有通廊贯通。

解放前后，大地主们都陆续迁至外地甚至与国民党迁往台湾。土地改革打土豪分田地，使佃农们对房屋有了极大的改造权，他们根据使用的需要，进行建筑的改造、重建或再分割，对原有完整空间格局造成了极大的破坏。"大跃进"时期，大量林木被砍伐，古寨堡寨墙外的古树也没能够幸免。"文革时期"的破四旧行动对古寨堡无疑又是一次灭顶之灾，大量建筑装饰被破坏，古建之间的内部空间格局被打散，寨堡之间的联系被打断，土地与植被也遭受到了破坏，现今多处只能看见残迹。20世纪90年代初是村里新修房屋的高峰期，寨墙被拆除，大量古建筑被拆除、重建，虽然绝大部分村民采用的是原址、原料建设，但是仍然对古寨堡造成很大的影响，自来水管道的修建、机动车的使用以及村道的建设使原本的主街铺面受到了极大的破坏。现如今，年轻人都走出大山去城市发展，九房沟由最初的200多户人家变成如今的二十几户人家，且大多数人为留守的老人及儿童，九房沟昔日的辉煌渐渐远去。

6. 聚落的现状

改革开放后，大多数青壮年为了求生存走出大别山去城市里发展，九房沟日渐衰落。截至2010年年底，九房沟农户全部居住在砖木结构房屋内。近年少数经济条件相对宽裕的村民在古寨堡内新建砖混结构房屋，这些新房采用新的结构和形式，原来的水系和巷道基本没有被改变。古堡年代久远，房屋损坏严重，但一些村民祖祖辈辈居住在这里，对村落及古建筑有深厚的情感，不愿搬出居住多年的房子，几乎每年都会在不破坏建筑原型的基础上，花费财力、物力、人力对房屋进行修补。村子近两年来开始意识到古村落的保护问题。村里在县规划局和文物局指导下，开始在离此处不远的山坡下建造新房，不再在古村落里新建房子，以免破坏古村落风貌。

在2007年开展的全国第三次文物普查中，九房沟古民居被列入湖北省文物保护单位，申报国家历史文化名村。2008年前后，人们对九房沟的关注度逐渐加强。由于2010年底之前该地道路、通信、网络等设施严重缺失，前来考察的包括研究古建筑的学者、附近地区高校内从事相关专业的导师及同学以及游客在内的人员在近几年才逐渐增多。

近年来外出务工人员较多，村内人口流失严重，这些建筑群得不到较好的保护，并未吸引大量游客。但如今在国家的文化保护及扶贫政策的支持下，古村落开发保护已经形成共识，流淌在时空里的百年老屋正吸引越来越多地关注。

(二) 九房沟传统聚落物质景观空间的发展和变迁

1. 总体布局和院落特征

从村口的祠堂开始，沿主街由东向西，整个村落大致分为三块区域，第一块和第二块区域面积较小，大多为中华人民共和国成立后新建民居(就目前考察情况来看，完整程度已经不复从前，大部分民居或古堡类型建筑都已毁坏)。从现实意义上讲并不具备历史保护的意义。青龙台(现已不存在)位于第一房院落的东边，在一类似圆形的小山坡上，地势顺山而上越来越高，青龙台标志着九房沟古村落的核心部分。九进房屋依次排列，除了已经焚毁坍塌的第七房之外，其余八进以前都存在(大多数为清朝中晚期建成)，后期有一定程度的补建和翻修，九间房之间相互独立，曾经有过巷子连接村落中各个房屋以抵御外敌。

2. 民居现有特征

从平面布局上可以分为三类：第一类是最简单最直接的单院落式；第二类是多个院落混杂的形式，以巷道为主轴，依地势而建，阶梯式分布，曾经院落互有贯通，现都已封闭起来；第三类是一路几进式，以中轴线对称分布，随着地势逐渐抬高，有的主轴线采用的是公用廊道，有的只是空间中的一条轴线，现实中并不存在。从立体布局上构造大多是砖木结构，多采用空斗砖砌法，墙内夯土，墙外形为整石条墙基，青砖黑瓦，黑屋顶多为歇山双坡屋顶，前后出檐、柱础、门框、门券、台阶等均为石材，整体风格端庄清雅，门楼以中国古典比例对称做饰面和雕花，样式较为复杂，有的还刻有文字，第二房的门楣上写有诗书门第（见图 6.2）。

图 6.2　写有诗书门第的门楣（图片来源：作者自摄）

3. 建筑街道空间形态

通过对现场的整理和调研发现，整个村落格局基本上没有多大变动。在经历了鼎盛时期后，现在逐渐走向衰落，经过解放战争土地改革和"文革"后，各建筑已遭受不同程度的破坏，除了重新翻修装修的少许村户，大多数青壮年都已经移居至城市之中，村落剩下少许的老人。曾经的村落布局因存在于战火纷飞的年代，建造了各式寨堡，有东中西三个寨门，一条主街，沿主街分有12房门巷，由门巷可以进入两侧各家的中堂以及相关房间，防卫性能强，各家院落由通廊贯通。几十年后经历了各种政治改革，寨门墙都被拆除，寨堡内部空间格局被分割改造，大量精美装饰都被损毁，直到全国第三次文物普查，这个古民居群才得以被发现，被列入湖北省文物保护单位，申报了国家历史文化名村。

4. 水系空间形态

寨基岭上汇集的溪流是九房沟的主要水系，在九房沟古寨堡南侧向东连通丰店水库，之后汇入竿河，最终进入淮河。南部无名案山就是淮河流域和长江流域的分水岭，向南为长江流域，向北则为淮河流域。古寨堡位于溪流北面，依山而建，南面溪流2005年筑坝截流成塘。

九房沟村民的主要用水都是山上自然留下来的泉水，是村中主要的灌溉用水和生活用水。中间节点前的池塘是由平时雨水堆积或山泉汇入，村民们在此养鱼。由于降雨量少和人口稀少，村里主要的排水就是靠自主随意排水，有的渗透到农田里，有部分则汇入池塘，并没有完整的一套排水系统来组织整个雨水污水的排放。

5. 节点空间形态

村落节点空间主要分为三种：东西两个村口、中心活动区域、住宅入口

顺着水坝一直向前来到九房沟的东入口，能看到一个十字路口横在面前，向东是九房沟的村委会，向西直走则是途经村落的主路。这个节点周围主要由三户人家和一座祠堂围成，村落的人流量并不大，但这一节点是主要的道路，通向各个村落。向西走则是途经整个村落，越往里走，村落的建筑虽然被保护得越好，但被破坏的程度也越来越严重，靠中间的节点则是村民们活动休憩较多的区域，人们在此相互来往、聊天等，整个村落只有一家小商店。靠北面则是一片水塘。再往西便来到了整个村落的末端，大片的稻子等农作物呈现在我们的面前，在收

割的季节，你能看到许多农民们挥洒汗水的身影。如今整个村落人口很少，所以节点的作用体现并不明显，主要用来引导交通。

6. 公共空间形态

通过考察，由于九房沟的村民很少，主要的活动空间就是主路中段的节点区域，这个区域面积较大，村民们活动的频率较多，可以在此聊天散步，但并没有丰富的娱乐活动。此处还有一片池塘，供村民们养鱼，在一定程度上也丰富了九房沟的景观。

7. 九房沟自然景观

九房沟属大别山脉南段，属于亚热带季风气候，遍布着丘陵河流小溪穿插在起伏的山峦间，形成冬天干冷、夏天湿热的气候特征。九房沟自然植被较为完整，类型多种多样，垂直分布明显。除耕作地带外，地带性植被为常绿阔叶林、针叶混交林，次生落叶林及灌木丛、草丛等。主要的植被是禾本植物，其次是豆科和菊科，还有白杨树、樟树、银杏树、金桂树等名木，主要的农作物有小麦，四季豆，花生，玉米，板栗，油菜籽等供村名们自给自足，多余的售出，在一定程度上提高了村民收入水平。

七个案例分别如表 6.2 至表 6.8 所示。

案例一（表 6.2）

受访者：<u>颜善康(男)</u>　　年龄：<u>52 岁</u>　　职业：<u>农民</u>

时期 变量	原有住宅 （建于 <u>1985</u> 年）	住宅现状 （建于 ___ 年）
人口住宅	两口人	
家庭结构	夫妻俩，一儿一女	
就业情况	农民+务工	
家庭收入来源	庄稼收入+外出务工收入	
房间数量	4 间	
占地面积	/	
建筑层数	1 层	

续表

时期＼变量	原有住宅（建于 1985 年）	住宅现状（建于___年）
建筑朝向	坐北朝南	
外立面材料	砖瓦+泥土	
家用能源	电	
雨水排理方式	天井、单池	
污水粪便处理	建筑外的厕所	
住宅舒适度的自我评价	冬暖夏凉	

案例二（表 6.3）

受访者：　颜友生(男)　　　　年龄：　59 岁　　　　职业：小学教师

时期＼变量	原有住宅（建于 1985 年）	住宅现状（建于___年）
人口住宅	两口人	
家庭结构	夫妻俩，三个儿子	
就业情况	小学教师	
家庭收入来源	退休工资+政府补助	
房间数量	4 间	
占地面积	/	
建筑层数	1 层	
建筑朝向	坐北朝南	
外立面材料	砖瓦+泥土	
家用能源	电、太阳能	
雨水排理方式	天井、单池	
污水粪便处理	建筑外的厕所	
住宅舒适度的自我评价	舒适习惯	

案例三（表6.4）

受访者：__颜山付(男)__　　　年龄：__67岁__　　　职业：__农民__

时期 变量	原有住宅 （建于1900年左右）	住宅现状 （建于＿＿年）
人口住宅	独居	
家庭结构	单身	
就业情况	农民	
家庭收入来源	庄稼收入	
房间数量	2间	
占地面积	/	
建筑层数	1层	
建筑朝向	坐北朝南	
外立面材料	砖瓦+泥土	
家用能源	电	
雨水排理方式	天井、单池	
污水粪便处理	建筑外的厕所	
住宅舒适度的自我评价	冬暖夏凉、阴暗潮湿	

案例四（表6.5）

受访者：__颜善云(男)__　　　年龄：__54岁__　　　职业：__农民__

时期 变量	原有住宅 （建于1900年左右）	住宅现状 （建于＿＿年）
人口住宅	独居	
家庭结构	离异	
就业情况	农民	
家庭收入来源	务农+兔子养殖	
房间数量	6间	
占地面积	/	
建筑层数	1层	

续表

时期 变量	原有住宅（建于1900年左右）	住宅现状（建于___年）
建筑朝向	坐北朝南	
外立面材料	砖瓦+泥土	
家用能源	电	
雨水排理方式	天井、单池	
污水粪便处理	建筑外的厕所	
住宅舒适度的自我评价	冬暖夏凉、阴暗潮湿	

案例五（表6.6）

受访者： 陈世群(女)　　　　年龄： 45 岁　　　　职业：村干部

时期 变量	原有住宅（建于1900年左右）	住宅现状（建于___年）
人口住宅	夫妻二人	
家庭结构	夫妻、两个孩子	
就业情况	农民+村干部	
家庭收入来源	务农+农家乐式招待	
房间数量	/间	
占地面积	/	
建筑层数	1层	
建筑朝向	坐北朝南	
外立面材料	砖瓦+泥土	
家用能源	电、太阳能	
雨水排理方式	天井、单池	
污水粪便处理	建筑外的厕所	
住宅舒适度的自我评价	冬暖夏凉、阴暗潮湿	

案例六（表6.7）

受访者：__颜善谟(男)__　　　　年龄：__71 岁__　　　　职业：__留守老人__

时期 变量	原有住宅 （建于1900年左右）	住宅现状 （建于___年）
人口住宅	夫妻二人	
家庭结构	夫妻、三女一儿、孙子孙女	
就业情况	留守老人	
家庭收入来源	儿女赡养+自产蜂蜜售卖(50/斤)	
房间数量	3 间	
占地面积	/	
建筑层数	1 层	
建筑朝向	坐北朝南	
外立面材料	砖瓦+泥土	
家用能源	电、煤炭	
雨水排理方式	天井、单池	
污水粪便处理	建筑外的厕所	
住宅舒适度的自我评价	冬暖夏凉、阴暗潮湿	

案例七（表6.8）

受访者：__李道德(男)__　　　　年龄：__57 岁__　　　　职业：__村干部__

时期 变量	原有住宅 （建于1900年左右）	住宅现状 （建于___年）
人口住宅	夫妻二人	
家庭结构	夫妻、两儿一女	
就业情况	村委会担任要职	
家庭收入来源	村干部工资、务农	
房间数量	/间	

续表

时期 变量	原有住宅 （建于 1900 年左右）	住宅现状 （建于___年）
占地面积	/	
建筑层数	1 层	
建筑朝向	坐北朝南	
外立面材料	砖瓦+泥土	
家用能源	电、煤炭	
雨水排理方式	天井、单池	
污水粪便处理	建筑外的厕所	
住宅舒适度的自我评价	冬暖夏凉、阴暗潮湿	

三、九房沟基础地理景观要素

(一) 行政区划

九房沟古寨堡位于大悟县丰店镇桃岭村，在大悟县城区东北方向，九房沟位于桃岭村西南边缘，大别山南部相对封闭的地方。九房沟为清代建筑群，景点级别为湖北省文物保护单位。

(二) 交通运输

九房沟距离大悟县城约 40 公里，车程半小时可达，距离孝感市 127 公里，从孝感北站乘车 1 小时可到达。由于村落历史悠久和文物保护的原因，九房沟的道路交通并不便利，只是在八九十年代的时候，为了方便村民出入村落，扩修了一条主路，这条主路至今仍是连接整个九房沟和其他村落的唯一通道，是村民以及外来人员主要的进出通道。寨堡内则是靠遗留的传统巷道来连接，因为整个村落建于高低不一的丘陵地带，所以村民们往来沟通都以小道为主。

(三)村落平面图(见图6.3)

图 6.3　村落航拍平面图(图片来源：作者自摄)

(四)自然条件及气候

1. 地形地貌

九房沟位于大别山南部相对封闭的地区；主要遗存处于南部案山和北部卧虎山之间的狭长平坦地带，总体地势为南北高中间低；中间分为两层，池塘向北抬高约5米到建筑群，九房沟古民居依山面塘而建，整个狭长地带西高东低，最低处位于最东边祠堂附近的农田与对外村道交汇处，标高为141.1；最高处位于西南的无名案山，标高为215.6；相对高差74.5米。

2. 气候水文

(1)气候特征。九房沟属大别山脉南段，此地山峦起伏，丘陵密布，河溪穿插其间。属亚热带季风气候，冬季盛行偏北风，夏季盛行偏南风，严寒酷暑时间短，春、秋、初夏气候温和时间长。冬季受西北冷气团的影响，夏季受东南、西南季风控制，形成冬冷、夏热、冬干、夏湿，雨量充沛、光照充足、四季分明、无霜期较长，严寒酷暑短的气候特征。

年内的气温在春秋两季上升和下降较剧烈,夏、冬变化则较平稳。跨越长江、淮河两大流域,兼有南北气候之特点,寨基岭上汇集溪流是九房沟的主要水系,在九房沟古寨堡南侧向东连通丰店水库,之后汇入竿河,最终进入淮河,南部无名案山就是淮河流域和长江流域的分水岭,向南为长江流域,向北则为淮河流域。

(2)水文特征。古寨堡位于溪流北面,依山而建,南面溪流 2005 年筑坝截流成塘。九房沟现有文物资源主要为大悟县文物局确立的九房沟古建筑群和颜氏祠堂两处,另外,根据政府相关部门文物勘察结果表明,颜氏墓葬、古井亦属重要的文物资源,九房沟古建筑群应为古寨堡。

四、九房沟传统聚落的建筑景观要素特征及影响

(一)古建介绍

该村于明朝末年由颜氏宗族从西面的金鸡岭迁移至丰店桃岭的一处沟壑里隐居。始建于明朝中晚期,为颜氏五世祖之全公所建,据今已四百多年,坐北朝南,东西长,南北宽,大部分建筑为砖木结构,部分辅以土坯,墙基多为规整的石条,屋顶盖以小布瓦。

(二)建筑类型分析

建筑外形为整石条墙基,青砖黑瓦;石质门礅门楣,门楼前有石条台阶。建筑群包括明堂、青龙台、颜氏老宅、颜氏祠堂等,是一个由多座独立建筑组成的多院落建筑群。九房沟的每座古民居古建筑,都分门楼、中央通道、天井、小院等。原有建筑群共 5 进、31 个天井、165 间,为砖木结构,总体保存较好,建筑面积约 10000 平方米。如此规模宏大,气势恢弘的建筑群,鲜为人见,可称得上现存为数不多的寨堡式古建筑群落。

建筑主体颜氏老宅,为小青瓦屋面,外墙青砖到顶,正屋前廊卷棚,室内方砖墁地,多间立柱梁架,雕刻花石柱础;部分二层为砖木结构,上房明间上下为鼓皮,雕花装饰,有的造型别致;外墙顶沿彩绘花纹,色泽鲜艳,砖雕双龙雄居屋顶,遇风时叮当作响。

(三)建筑单元标志因素分析(表6.9~表6.13)

表6.9　　　　　　建筑材料(图片来源:作者自摄)

第一类: 用石头砌成的墙面以及园子的围墙	
第二类: 用土砖砌成墙面	
第三类: 用青石砖砌成墙面	

续表

第四类：用水泥砖砌成的新建筑	

表6.10　　　　　　　　　各类建筑材料优缺点

材料的类型	石头	土砖	青石砖	水泥
优点	所盖的房子比较坚固	材料易取，自建容易，材料纯天然，房间冬暖夏凉	样式新，一改古建筑的传统风格，耐久性长，物美价廉，房间冬暖夏凉	可塑性强，抗冻性好，耐磨性好
缺点	石材大小不一，建造的墙壁不平整，房子里透风	房子容易倾斜垮塌，安全系数差，保存时间短，需要经常修缮		耐腐蚀性差，耐热性差

表6.11　　　　　　　门洞（图片来源：作者自摄）

第一类：拱形门	

续表

第二类：方形门	
第三类：带有装饰的门	
第四类：因风水原因(门前有树木或者建筑物)有朝向斜开的门	

表 6.12　　　　　　　　　窗子(图片来源：作者自摄)

第一类：木头框	
第二类：木头框+纱窗	
第三类：木头框+玻璃	

续表

第四类：带有装饰的窗	

表 6.13　　　　　　屋檐(图片来源：作者自摄)

第一类：挑出式	
第二类：马头式	

（四）古建案例

单体 52 号房如图 6.4 所示：

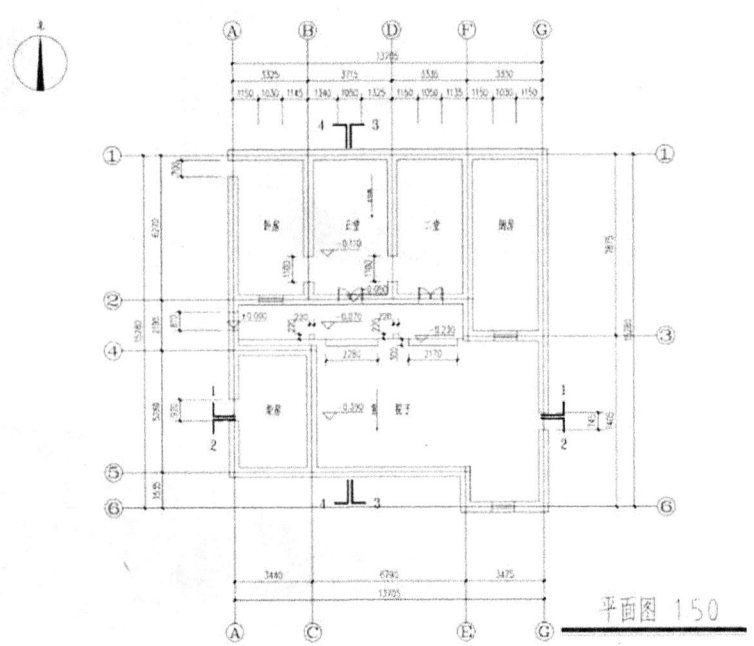

图 6.4① 单体 52 号房 平面图

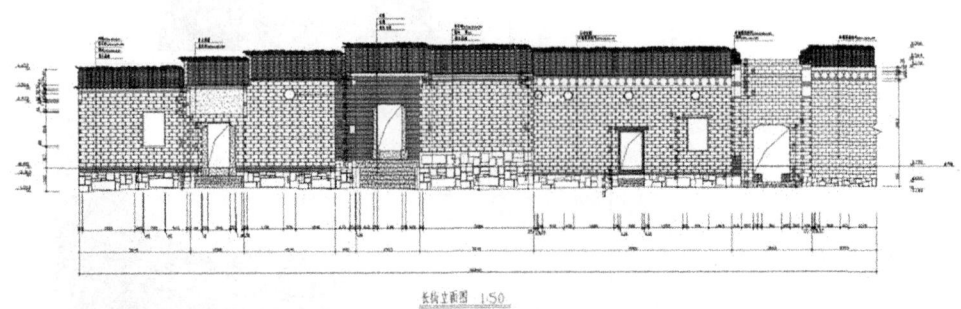

图 6.4② 单体 52 号房 立面图

单体 2 号房如图 6.5 所示：

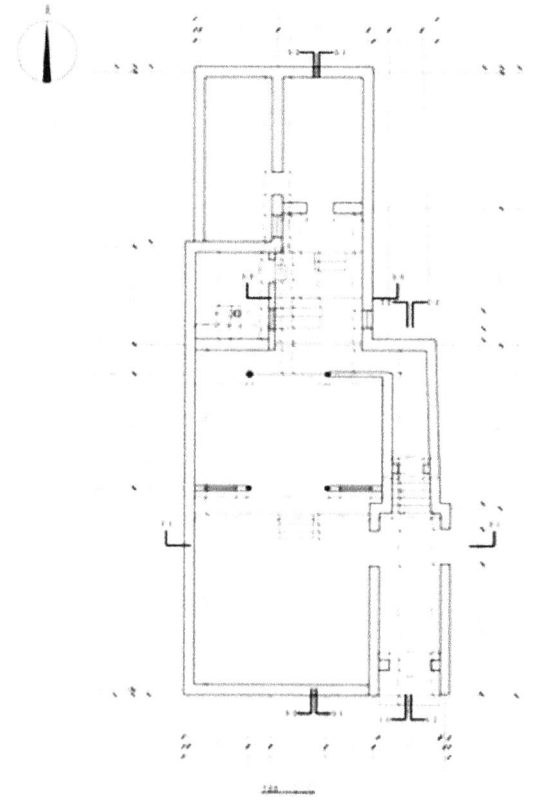

图 6.5① 单体 2 号房 平面图

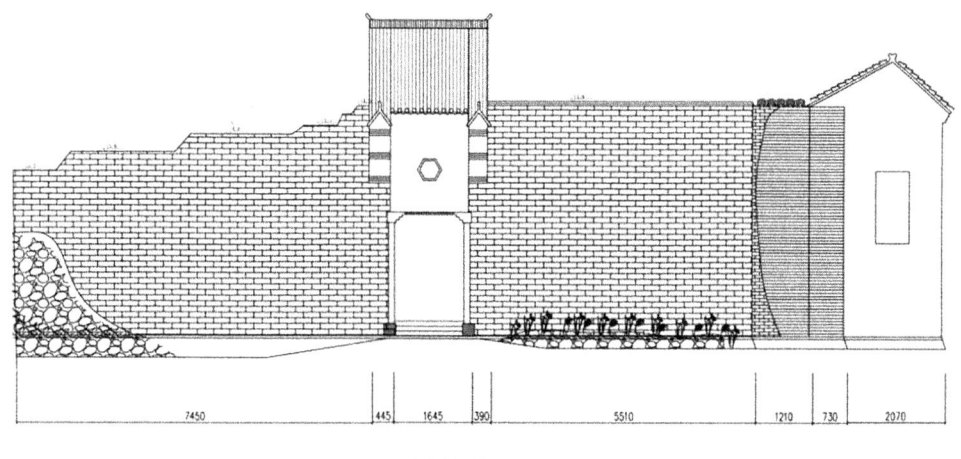

图 6.5② 单体 2 号房 立面图

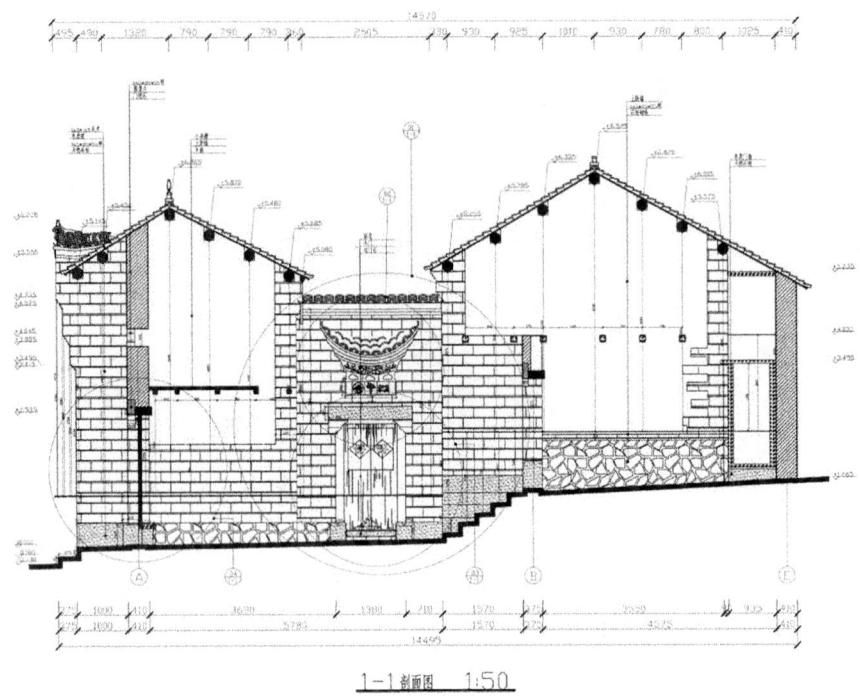

图 6.5③　单体 2 号房　剖面图 1-1

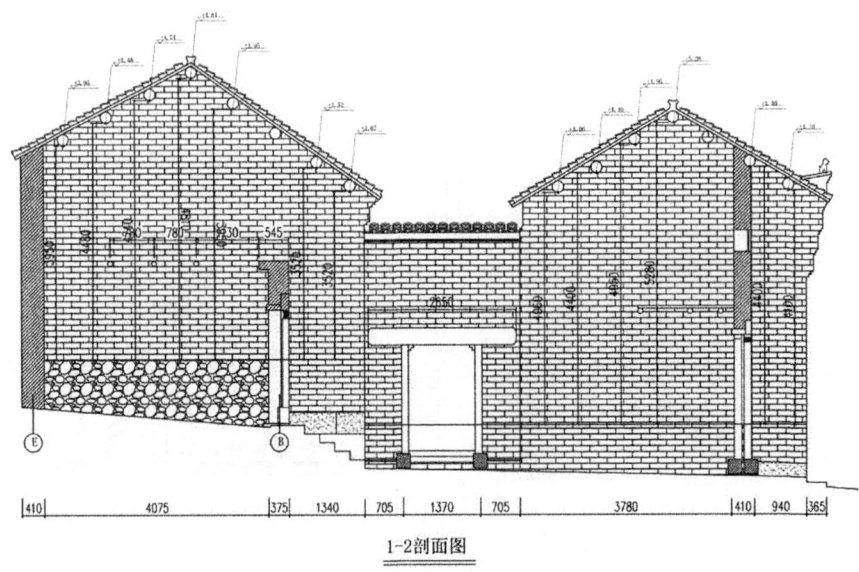

图 6.5④　单体 2 号房　剖面图 1-2

图 6.5⑤ 单体 2 号房 剖面图 1-2

单体 3 号房如图 6.6 所示：

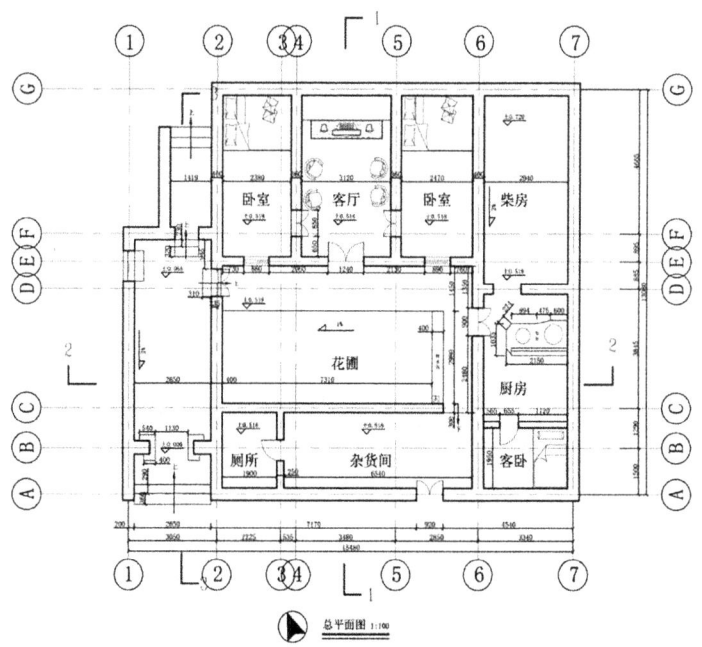

图 6.6① 单体 3 号房 平面图

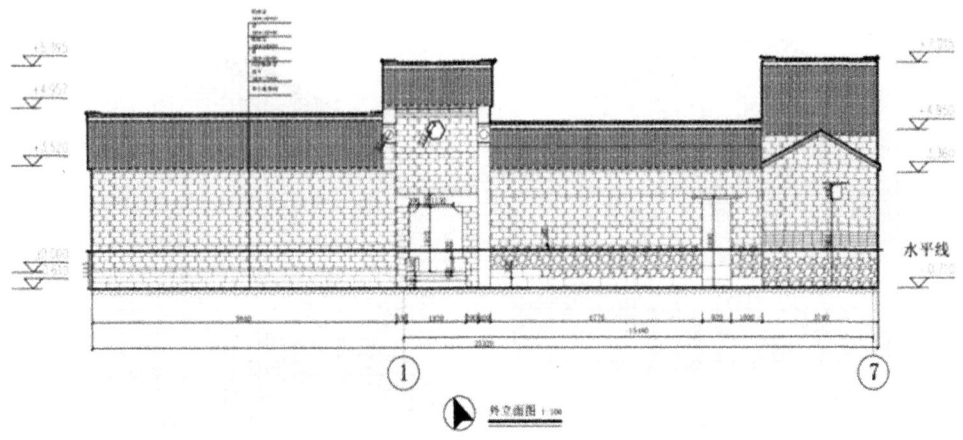

图 6.6② 单体 3 号房 立面图

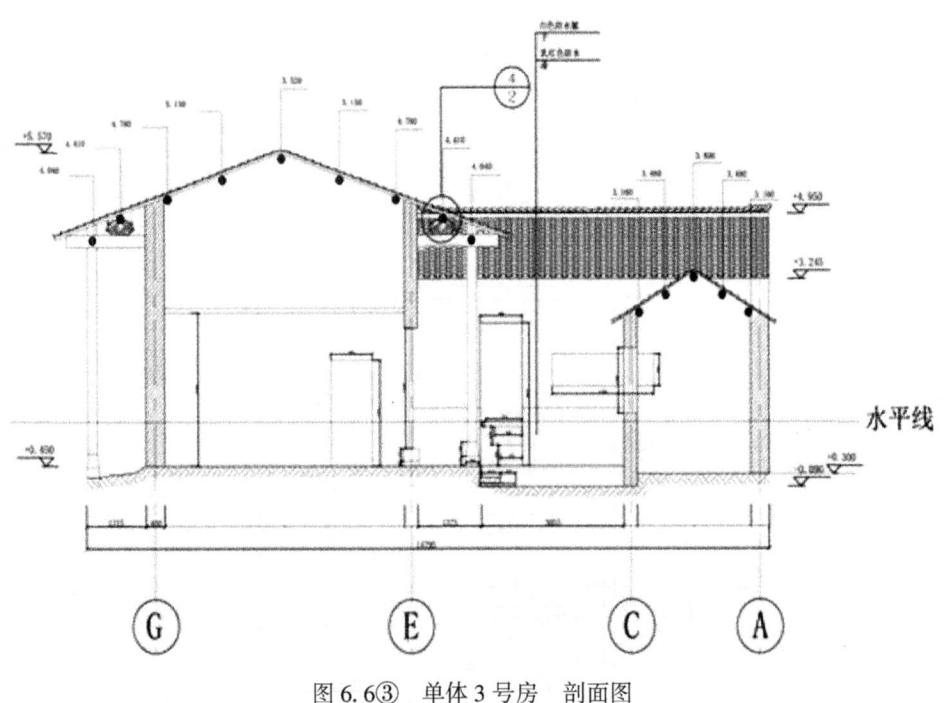

图 6.6③ 单体 3 号房 剖面图

单体 4 号房如图 6.7 所示:

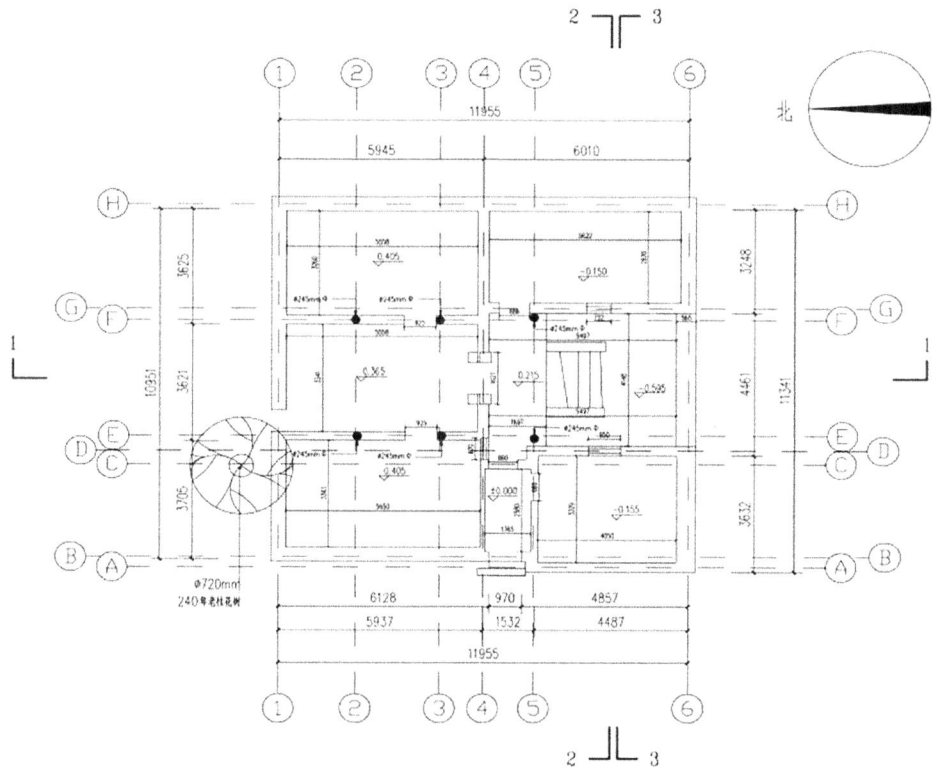

图 6.7① 单体 4 号房 平面图

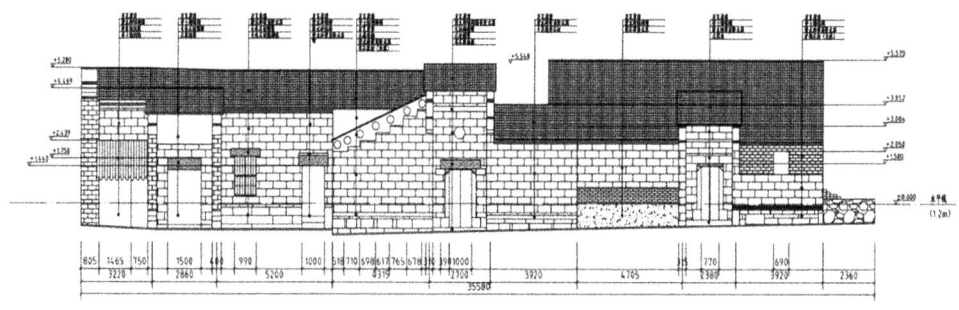

图 6.7② 单体 4 号房 立面图

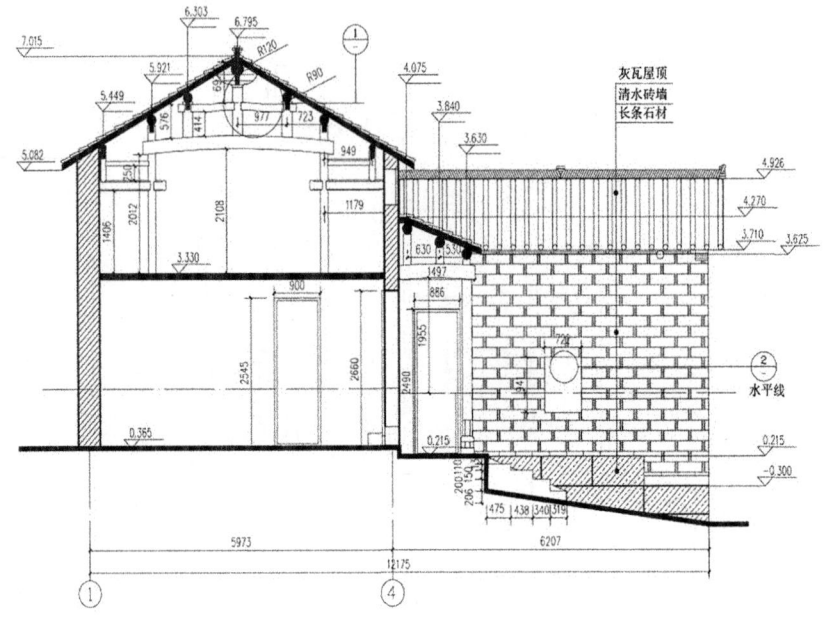

图6.7③ 单体4号房 剖面图

五、九房沟保护及发展策略探讨

(一)附近相关村落建设情况概述

在讨论九房沟保护方式及发展措施前,先了解附近相关村落建设情况。

金陵村位于湖北省孝感市大悟县新城镇,距九房沟车程约半小时,同为鄂北古民居建筑群。金岭村是大悟县精准扶贫的重点村。近年来,在中共湖北省委组织部精准扶贫活动驻点工作组的帮助下,利用该村的古民居、山水风光等旅游资源进行乡村旅游产业的开发,打造美丽乡村,引导村民介入旅游观光、住宿餐饮、民俗表演等产业,参与开发,从而脱贫致富。经过几年的建设,目前该村已建成鄂北古民居展示区、农业观光示范园、休闲步道健身区等景观区,该村初步成为美丽乡村新景点。

以产业为中心发展壮大金陵村集体经济是首要任务。优质产业引领致富,立足资源发展油茶、青茶、山桐子、光伏等优势产业。精心打造小张湾颜回书院、黄金沟传统美食园、磨子沟汽车露营地,大力发展乡村旅游业。启动明清古居、非物质文化遗产展示和旅游露营谷三大工程,把美丽乡村建设作为旅游产业的扶贫项目，使沉睡的金岭奇迹般地涅槃重生。彰显"山为脉、水作根、古置景、文铸魂"旅游特色。

小张湾是金岭颜氏家族发源地。秉承先祖颜回安贫乐道、勤奋坚毅的精神品格，金岭颜氏家族自明代世祖乐书公以来严治家风、耕读传世，成为本地旺族。颜回书院以"颜回精神"为内核，设置初心堂、周艺堂、厚德堂、居陋堂、静思堂、仰俯亭等，打造讲学论道、传习技艺、静学自省、交流抒发和陋室简居的空间。同时，建有书院酒店、艺术家工作区、农家厨房等休闲区，是感受鄂北传统建筑文化、体验乡土清新旅居生活的理想之所（见图6.8）。

图6.8① 同心楼

图6.8② 小张湾一角

走进小张湾,五口池塘似五颗银珠串连在门前,人称五福临门。村口蜿蜒南流的河水与门前相连的五颗银珠形成洁白的玉带,环绕小张湾生生不息,天光云影与古村落妩媚多姿。涓涓溪水深深地滋养着富饶的土地,泾流的瀑泉如滴落玉盘的大珠小珠,弹奏出如诗如画的乐章。这里,汇集亭台水榭园林的设计元素,展示民清徽派建筑风格,让人体味大别山地域风情和长江流域人文胜景,见证人世间400多年的沧海桑田和变幻风云。今天的小张湾依然保存着古门楼、古天井、古照壁、古水井、古青桐、古拐枣、古皂角、古银杏依然繁茂,雕梁画栋的古建筑,枝繁叶茂的古树群,带着祖先的希望,世代庇佑守护着这里的子子孙孙。古朴宁静的山村,今天又给人们提供一条寻访历史根脉的路径,诠释耕读人家这部厚重的乡村文化书卷。

黄金沟喜宴世界隐于金岭东山谷,按照功能可分为传统婚礼展示区和民间美食体验区。传统婚礼展示区由同心院、同心厅(见图6.9①)、同喜厅、同贺厅、同心楼(图6.9②)等组成。民间美食体验区采取前店后厂的布置格局,包括憨豆坊、酿酒坊、干菜坊等。喜宴世界是集金岭传统婚礼展示、民间美食品尝、传统工艺互动体验于一体,将大悟高腔皮影、钢镰大鼓等非遗展演镶嵌其中,打造具有当地特色的传统婚礼、民间美食文化体验空间(见图6.10)。

观星谷汽车露营地依山傍水,环境优美,以山地传统村落露营旅游为特点,充分利用山水自然条件。建有房车花园酒店、山谷日间帐篷、轮胎乐园、山地拓展区、乡村KTV、自助烧烤、篝火广场及磨子山居酒店等特色项目,是青年群体和家族群体的娱乐休闲空间(见图6.11)。

图6.9① 同心厅

图6.9② 黄金洞

图6.10 喜宴世界水仓

图6.11 观星谷汽车露营地

（二）九房沟保护内容

1. 村落建设及基础设施概况

（1）村落用地。当前建设用地主要为文物古迹用地，其中古寨堡用地面积约 11823m²，建筑面积 10895.76m²，颜氏宗祠用地面积约 283m²，建筑面积 231.95m²。村庄西侧、东部以及祠堂周围为农村居民点集中建设用地，用地面积约 10670m²，建筑面积共计 3382.04m²。九房沟属于低山丘陵地带，七山一水两分田格局较为清晰。建设用地主要集中在山体衔接处较平坦的狭长沟壑地带，故称为沟。可利用的建设用地较少，易守难攻，是九房沟古寨堡的形成和保存完好的天然优势。

（2）公共设施。除大悟县已划定的文物保护单位、文物古迹用地以外，九房沟没有其他较大型的公共服务设施，也没有形成服务体系，公共设施严重不足。

（3）道路交通。外部交通：九房沟通往外界目前只有一条，是 2007 年大悟县人民政府拨款修通的村道，为环山水泥路，宽 4 米，路面情况较好，由东面经桃岭村委到丰店镇区，联通此路向东北方向行进，可到达丰店水库，路宽约 3.5 米，部分路面已经完全硬化，向南沿山的水泥路可到达南部的八房沟，西边道路通向金鸡岭，为土质山路，路面状况极差。

内部交通：古寨堡内基本保持主街+巷道的道路系统，通过巷道可以进入两侧住户的内部空间。

道路主要存在以下问题：

第一点：与外界通路单一。

目前只有一条村道连接九房沟寨堡与外界（丰店镇），从地理位置上来看，九房沟寨堡距离孝感北站相比丰店镇至孝感北站更近，但实际上，必须经由北部绕过丰店水库，再通过丰店镇才能进入九房沟寨堡，所以九房沟寨堡的可达性不高。

第二点：道路形式不满足使用需求。

目前九房沟与外界相通的道路路幅较窄，近期使用尚可，但如果该道路要承载大量游客来往车辆，那么对道路的路宽、承载力、隔离方式等需要提出更高的要求。

第三点：道路安全措施缺乏，安全等级低。

目前道路为环山道路，靠山一侧山体土质松散滑落可能性较大，另一侧高差悬殊，护栏等安全措施缺失，弯道较多，对行车人员的人身安全有较大的安全隐患。

第四点：寨堡主街及部分巷道路面破坏情况极其严重，原本的铺砖铺面不复存在。

(4)景观系统现状如下：

①自然景观。山脚平缓地带大片层叠的梯田构成的田园风光、九房沟依托的山林以及寨堡前的水系是九房沟自然景观要素的重要组成部分。

②人文景观。古寨堡建筑群落构成了九房沟人文景观的核心，青龙台、古井、晒谷场以及颜氏宗祠墓葬群与寨堡串联形成九房沟独具特色的人文景观。

③存在问题。九房沟自然景观由于山林砍伐，植被破坏，局部的水系不连通，水质较差等原因，无法形成很好的自然地理环境。古建筑群总体保存完整，但有局部破损，还有部分新建的现代住宅夹杂其中，使其建筑整体风貌受损，寨墙、东、中、西寨门、碉堡等损坏严重甚至消失，并不能展现其人文景观的完整性。景观之间联系疏松，无法形成完备的系统。

(5)生态环境：

①生态环境现状。除部分人工开垦地段外，基本没有人工改造痕迹，全村有耕地约245亩，分布在山脚下较平坦的地方和山顶平缓处，呈不规则梯田状分布，主要种植水稻、马铃薯、大豆等作物；拥有林地约200亩，主要在九房沟周边，种植各种经济作物，包括栗子、茶树等，大部分山体被开垦，原有森林植被破坏严重。水体主要是寨基岭上汇集的溪流，在寨堡前形成池塘，从其前方流过，向东流向丰店水库。

②存在问题。山体植被破坏较为严重，主要植被是一些杂草灌木和经济果木，很多山体都处于裸露状态，植树育林状况极差。枯水期水系通而不畅，易出现局部断流，古寨堡前池塘因生产生活需要有轻度污染。

(6)市政公用设施：

①给水设施。生活用水主要是地下水，从20世纪90年代开始，村里自挖自建的地下水给水管道供给到各家各户。农田灌溉用水主要依靠和九房沟建筑群南

边的湖泊引流灌溉。

②排水设施。九房沟内原有完整的排水系统，但由于土地改革以及自建给水管道的破坏，排水通道已难成系统。如今寨堡中，雨水和人畜排污均由院落排出后，自然排放至建筑群南边的池塘，严重影响卫生和水文环境。

③环卫设施。九房沟内环境卫生状况较差，无垃圾堆放点，垃圾随地乱扔现象严重，既无专人专职运送垃圾，也无垃圾运输处理设备。牲畜养殖产生的粪便也对寨堡内的环境卫生造成一定的影响。

④电力设施。九房沟现有一处 10 千伏开闭所，可满足九房沟村民近期的生活需求。但长远来看，总体供电容量较小，无法满足寨堡内保护和发展的要求。此外，居民毫无规划的拉设线路，严重影响古寨堡的整体形象观感，同时也容易对将来的发展埋下隐患。

⑤通讯及信息网络设施。古寨堡内移动通讯网络 100% 覆盖，无线网络部分覆盖。

(7)消防设施。目前主要存在两种火灾隐患：

第一种：民居建筑火灾隐患。

首先，当地的民居大多为传统砖木结构，因为年久失修，均存在一定隐患；其次，当地村民习惯将干柴、秸秆等易燃物堆放在院落四周，且当地村民存在屋内熏制腊肉、炒茶等风俗习惯，这些都会对砖木民居带来严重的火灾隐患。目前古寨堡内并无相关消防措施来应对。

第二种：森林火灾隐患。

九房沟古寨堡四面环山，多年来，地表堆积了数十公分腐殖层，极易燃烧，而北面的山体更是紧邻建筑群，但目前并未制定相关的消防措施应对，且寨堡内没有消防设施和消防水源，存在较大的安全隐患。

2. 保护与管理现状

(1)具体保护内容如下：

第一点：保护自然环境。

鄂北大悟九房沟

深藏山壑名不露

古香古色古民居

盛极辉煌历史久

九房沟古民居建筑群像一个阅尽沧桑的老人，散发着岁月深处的魅力。九房沟建筑群面向溪流，依山而筑，天人合一。古村落与山水相呼应，或清新或艳丽。从古村落可以摸索到山水的脉络，从山水中可以看出古村落的特点。山水与古村落一脉相承，保护自然环境是古村落保护中不可或缺的因素。

第二点：保护传统建筑。

九房沟古建筑群规模宏大、气势恢宏，青墙黛瓦、卷角张檐，诉说着历史给予她的独有性格和特点，体现着一个时代、一个民族甚至一个国家的建筑特点和文化意蕴。传统建筑是古村落的价值体现，保护传统建筑是保护古村落的重中之重。

第三点：保护传统格局。

九房沟的布局形式、框架、街巷方向和水系流向等基本传统格局是村民与周边自然环境逐渐融合的结果。保护它的基本骨架结构，就是保护了前人建村落的的思想内涵，为今后的保护与发展规划做好前期工作。

第四点：保护传统文化。

九房沟是颜氏家族，据考究家谱颜氏家族为颜回的后裔，具有强烈的儒家传统文化，他们遵守礼仪，崇文重教，培养了很多秀才和举人。九房沟的各种习俗，包括婚丧嫁娶，正月十五在每家每户门前都会经过的舞狮子、村里的老辈人非常喜欢的高腔皮影戏以及清明祭扫等。在清明祭扫时，村民们依据传统首先给坟墓上丛生的杂草祛除，然后在表面补上新土，而后为祖先供上祭品、烧猪、燃香和莫酒以及焚烧冥钱从而表达对祖先的怀念。这些都是九房沟居民宝贵的非物质文化财产，是维系九房沟居民生活的精神支柱。

（2）利用潜力。九房沟古寨堡是鄂北现存规模较大、遗迹丰富、格局明确、保存较为完整的寨堡形式建筑群遗存，具有较高的历史价值、艺术价值与科学研究价值。其富有特色的历史文化资源，具有较大的开发潜力。

周边自然景观资源与历史文化资源丰富，存在协同开发的潜力。九房沟所在地周边分布着丰富的自然资源。九房沟古民居建筑群，三面环山一面朝水。九房沟古民居周边有丰店镇水库、宣化店周恩来故居等文化资源。通过与这些资源的协同利用和开发，能够实现九房沟价值与效益的最大化。

具有独特的建筑空间结构与景观资源，是重要的文化休闲场所。九房沟建筑群以其独特的寨堡形式，在建筑形式和空间布局上独具魅力。加之周边丰富的自然资源，为渴望远离都市生活，追求乡野情趣的城市人提供了一个理想的文化娱乐休闲场所。充分、合理地利用这一特色，能够吸引大量的游客前来游玩。

(3)保护工作现状。2009年12月15日，大悟县人民政府公布九房沟古民居建筑群为大悟县文物保护单位。

保护区划：大悟县人民政府悟政办发〔2009〕91号《县人民政府办公室关于公布文物保护单位范围和建设控制地带的通知》确定九房沟民居保护范围为：东面以青龙台为界，西、北三面以九房沟民居建筑群为界，南面以池塘为界。建设控制地带：保护范围东西两面外扩100米，南面外扩50米，包含整个池塘。同时，九房沟设有保护标志碑(见图6.12)，保护标志碑为青石打制，共两块，分别嵌于古寨堡东侧入口建筑侧墙以及祠堂西面侧墙上。

图6.12 寨堡东入口建筑侧墙保护标志碑

古寨堡内各类遗存众多，加之对遗存的破坏因素较为复杂，古居民建筑群内遗存的保存状况正逐渐恶化，总体上看，村民保护意识较高，但保护工作还未系统展开，制定和开展科学、系统、全面的遗存保护工作是目前的当务之急。

一直以来，村民们自发自觉地保护着自己的祖坟、宗祠、居住的房屋等。2009年，九房沟古民居建筑群被确定为县级文物保护单位后，明确设立管理机构。

3. 具体保护规划

（1）规划目标。依据文物保护法和相关条例，以九房沟古寨堡整体格局和历史环境风景的保护和利用为核心，以保护九房沟古寨堡的真实性、完整性、延续性为目标，提升九房沟景观品质并体现其历史、文化、教育价值，使九房沟古寨堡成为鄂北古民居建筑的标志，使九房沟成为鄂北地区重要的生态环境优化区和区域文化功能区，实现文物保护与区域社会、经济协调发展。

（2）具体规划原则。坚持保护为主，抢救第一，合理利用，加强管理的文物保护方针作为保护规划的根本原则。

坚持全面性、整体性保护的原则，保护九房沟古寨堡及其环境与非物质文化遗存的真实性、完整性、延续性。根据国内外文化遗产保护的理念，结合九房沟的现实情况，对各类遗存及其环境进行调查分析，确定保护对象和保护策略，真实、完整地保存并延续九房沟所包含的全部历史信息。

坚持科学保护的原则，提升保护工作的科学性，确保九房沟这一重要的文化遗产得到正确合理的保护。

坚持合理利用，可持续发展的原则。逐步改善居民生活质量，适当保护与利用历史建筑，在发展中保护历史村镇的活力，确保九房沟的社会效益、经济效益与环境效益的协调发展。

以环境保护与改善为主，重点落实古寨堡遗存保护与开发利用、村落环境整治、基础设施建设、村民生活质量提升，重视实效。

4. 规划布局及土地利用

整合现状文物资源，结合未来发展需要，规划形成一轴四区的功能结构。

一轴：利用主要水系，结合重点步道，串联核心节点、商业街、服务设施、古寨堡和颜氏宗祠等，形成整个九房沟的主轴线。

四区：由西到东依次为颜氏古寨堡核心保护区、生态田园区、游客管理服务区、颜氏宗祠墓地区。

颜氏吉寨堡核心保护区：是本次保护规划的文物保护核心区，也是未来九房沟保护与旅游工作开展的重点区域。

生态田园区：主要通过保留现有农田，积极开展丰富的农耕活动，现有居民点长期退居还耕，建设生态观光农田。

游客管理服务区：是游客管理服务设施集中地点，该地段远离现有文物，主要用于建设游客服务中心、演艺广场、商业风情街等。

颜氏宗祠墓地区：是九房沟另一文物保护工作重点区域，并将颜氏家族古墓葬区域纳入，营造区域氛围肃穆，宗族使命感强烈的区域。

规划以保护文物为大前提，在尽量维持九房沟原有风貌基础上，对文物周边不恰当的用地予以整治。根据未来发展需要，向南修建与八房沟直接相连的道路，适应北部即将提高水位的丰店水库，在祠堂南部扩大现有水域范围，实现与北部丰店水库一体化，促进区域旅游资源整合，在祠堂南部，紧邻入村道路建设演艺广场、游客服务中心和商业街等。

5. 环境治理规划

（1）地形地貌保护：保护现有地形，退耕退居还林，逐步修复被破坏的森林地貌。

（2）植被养护：局部山体退耕还林，防治水土流失，进行历史植被研究及保育，逐步恢复主街南部的绿树环绕之景。

（3）历史水系保护：提高现有水位，进行水系疏通，保护水质，防治污染，营造良好的水景观。

（4）恢复原有寨堡格局：恢复主街原有路面铺装及南面寨墙和绿树，逐步恢复青龙台和晒谷场历史格局。

（5）自然景观风貌保护：保护古寨周边青山、绿水、农田所形成的富有层次的自然景观风貌。

6. 寨堡建筑规划

针对建筑风貌与保护古建筑及村落整体景观风貌相协调，并且保留较为完整，破损较小建筑质量较好的建(构)筑物。

针对古建筑破损、翻新、改造，根据建筑功能及外观需要从建筑结构、建筑外观材料、屋面形式、内部格局等方面进行整饰，主要方式有：立面整饰，刷去石灰水泥，恢复墙面石砖材质及色彩，恢复门窗形式等。立面改造修复传统木门窗、木栏杆等传统元素，清除外立面红砖、水泥、瓷砖等现代建筑材料。建筑内部整饰，修复内部格局，梁柱结构，及二层阁楼。除建筑外，还有一些废置的遗存构成物需要整饰，恢复其本来面貌，例如青龙台、晒谷场、颜氏宗祠、墓葬群等。

需整仿的建筑风格、形式应以保护古民居为参照，以恢复九房沟地方建筑特色为重点，使改造设计能起到突出和烘托九房沟独特的民居风情的作用。

拆除影响整体景观风貌的美观、卫生及随意搭建的非保护性设施及临时性建(构)筑物。拆除建筑质量较差，影响居民及游客安全的建(构)筑物。清理拆除后的废墟。

恢复已经不存在的古遗存，例如建筑遗址上恢复原来的建筑，参照其他同期建筑形式，使九房沟整体布局完整，恢复寨墙、寨门、碉堡等。

7. 空间环境整治保护

保护九房沟的地形地貌、带状形态的村寨布局及体现当时防御功能的寨墙，维持现有自然景观的峡谷风貌和人文景观的寨楼寨墙及巷道格局。对寨内划定展示区、管理区和服务区，做到各有分区，互不干扰。

对九房沟景区内的山地进行山体护坡和植被护理，在植被稀疏、水土流失严重的地段大力进行植树造林工程，增加植被覆盖率，彻底改变山体裸露、植被景观单一的状况，使山体郁郁葱葱，视觉效果美观自然。对不合理的山体开挖和滥砍滥伐行为要协调林业部门严厉制止。对暴雨等可能造成的滑坡等危害及早采取预防措施。

8. 颜氏墓群保护措施

(1)对封土缺失严重的墓葬进行覆土加固保护。

(2)墓葬覆土表面种植绿化，防止水土流失。

(3)墓葬周围排水，设置排水沟渠与疏通的水系相连通，及时排除墓葬周围的积水。

9. 对附属文物进行相关保护

(1)青龙台：对青龙台上植被进行整理清楚，恢复青龙台原有地标功能。

(2)晒谷场：对晒谷场上堆放的农作物等进行清理，恢复晒谷场原有使用和地标功能。

(3)古井：对古井进行清理，设立保护范围线。

10. 对古树名木保护

(1)建立完善的古树名木档案，明确古树位置、树龄，配以照片、定期检查，更新档案资料，实施动态管理。

(2)对寨堡内现存的古树名木进行标牌标识，设定保护区域。禁止在此区域进行任何影响其根系及生长的建设活动。在此范围内对古树名木有影响的建筑物予以清理。

(3)开展古树名木防雷防火工作，对衰老古树名木在林业部门配合下进行专项养护。

11. 对非物质文化遗产保护

(1)在不影响古寨堡总体格局、民居建筑结构的前提下通过基础设施的改造来改善居民居住条件，并通过制定相关优惠政策鼓励原有居民继续居住在古民居内，以保留传统居住模式。

(2)对寨堡内各种民俗活动，民间技艺进行归纳整理，建立文字档案。

(3)保护寨堡内非物质文化遗产继承人，给予相关政策补助，鼓励其进行保护技艺活动。

(4)按照族谱规定程序举行各种传统公共活动(祭祀、嫁娶、节庆等)。

(5)通过各种宣传手段，对寨堡内民俗活动、民间技艺进行传播、提高居民的文化认知，使保护非物质文化遗产成为居民自觉自愿的行为。

(三)九房沟展示规划

1. 展示目标

(1)通过展示九房沟古寨堡的整体规模、空间尺度和总体布局关系，结合九房沟的地理位置、历史沿革、历史生活场景等方面的文字、图片资料展示，让人们充分了解九房沟古寨堡的历史地位与文化价值。

(2)通过遗存环境、氛围中所包含的历史、地理、环境、建筑艺术等各方面信息，使人在漫步于九房沟古寨堡时，能领略时空、感受沧桑、享受自然、体味人生；同时增长知识、陶冶情操、净化心境。

(3)通过不断提高保护与展示的管理水平，研究九房沟古寨堡的历史价值，扩大影响面，使九房沟古寨堡成为重要文化遗存和游览胜地。

(4)通过九房沟古寨堡的开放展示，推动当地的旅游业进一步发展，促进社会效益与经济效益的共同增长。

2. 展示主题

以九房沟古寨堡建筑群为展示载体，诉说古寨堡的发展及颜姓家族的文化传承，主要包括以下主题：

(1)九房沟古寨堡演变史。通过对九房沟寨堡从明清到现代的历史形态进行梳理展示，向游客介绍九房沟古寨堡的历史发展，帮助游客初步了解九房沟古寨堡。

(2)鄂北传统古民居建筑空间的地位化与功能化。引导游客参观九房沟古寨堡建筑内部，对其空间格局及使用功能具体展示，鼓励游客对其中特色功能进行体验，介绍建筑空间及位置在封建社会中的主要意义。

(3)颜氏家族变迁足迹。以音像及图片形式介绍颜姓的起源、变迁，重点讲述九房沟古寨堡内颜氏家族的变迁足迹及历史传承，对颜氏中有代表意义的家族活动进行舞台化后对游客演出。

(4)传统农耕体验。依托九房沟古寨堡周边的山林农田，建立现代化的农业示范体古建筑群体验区，让游客在欣赏九房沟古寨堡宏伟古建筑群的同时投入大自然的怀抱，参与农家农耕生活，体验不同的人生乐趣。

3. 展示内容

(1)遗存本体：构成九房沟古寨堡的各要素。包括古寨堡遗存、古民居、颜氏宗祠、颜氏墓葬、附属文物和古树名木组成。

(2)遗存环境：历史环境艺术特色与自然环境要素。历史环境艺术特色包括鄂北山区传统农业村落景观特色和独特的古寨堡空间艺术特征。

自然环境要素主要指与古寨选址、历史演变、价值构成直接关联的重要环境因素，包括：周边山体、植被、农田。

(3)历史文化内涵。九房沟历史文化内涵主要指颜氏大家族发展文化，以及通过选址、材料、工艺、结构、装饰、风格、形制等反映出的建筑和寨堡空间文化。九房沟的展示对象除了遗存以外也有非物质文化遗产，如农事劳作、民间节庆活动、饮食、建筑艺术等传统民俗。

4. 展示分区

根据九房沟古寨堡现状条件及规划目标，将九房沟划分四个展示分区。

(1)古寨堡核心展示区。主要为九房沟古寨堡建筑群，范围从东边青龙台至西边水域，南起寨墙北至后山，总范围约1.3公顷。该展示区以建筑为主要展示内容，以寨堡特色防御与交流空间为核心，结合颜氏家族兴衰史展示古建筑群的形态演变。

(2)颜氏宗祠文化展示区。以规划区东北侧的颜氏宗祠为核心，包括颜氏墓群在内总面积约为8000平方米。该展示区通过恢复颜氏宗祠祭祀功能，修缮颜氏墓群，展现地区性大家族的传统祭祀风俗。

(3)民俗演艺展示区。在九房沟古寨堡景区入口处设置传统民俗展示区，范围为水系东北侧，宗祠西侧，总面积约为3800平方米。在规划区内设置游客中心、戏台、风味街、工艺坊，展示村庄历史、传统节庆、鼓乐、传统工艺、婚丧嫁娶、民居、风俗饮食等传统民俗文化，并为参观者提供服务。

(4)田园观光展示区。通过对现有农田山林进行改造，创造适宜游客体验的现代休闲农业，实现农业的四季兴旺。在规划区内设置休闲度假区，满足游客吃住需求，体验鄂北风情。

第二节　祝楼村调查研究报告

一、祝楼村概况

(一)祝楼村地理位置

祝楼村位于大别山麓，湖北省红安县华家河镇西行约2.7公里处，与龙桥村、山背村、金桥村、张寨村、大悟县相邻，华家河镇政府位于双河村村域内，距县城25公里(见图6.13)。

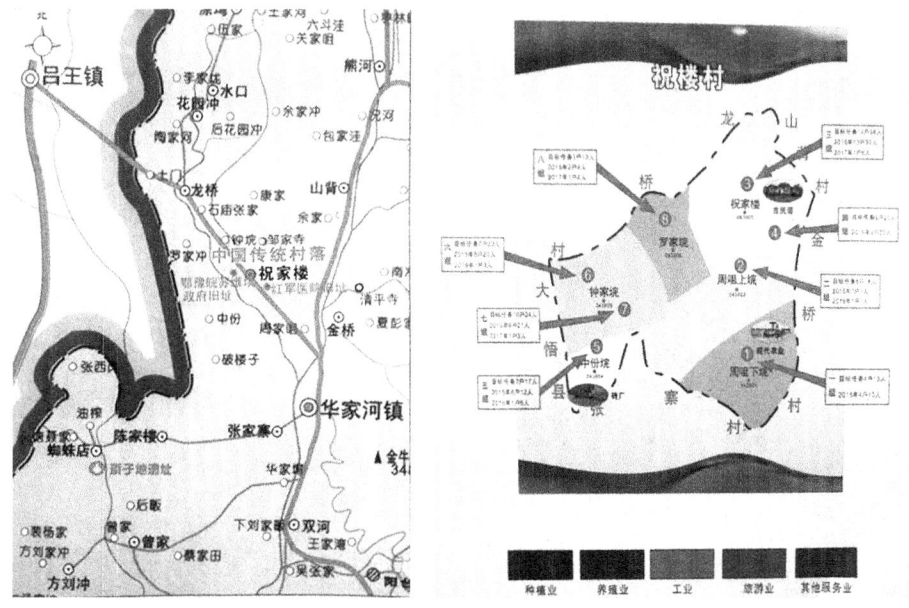

图 6.13　祝楼村地理位置

(二) 地形地貌

祝楼村属大别山南麓低山丘陵地带，地处龙桥河流域，而北山发脉于县境内最高海拔的老君山（840.5 米），逶迤几十里至此，村南的山峦主要包括林岗山，再远处有大林坡等，村境内山体最高海拔有 220.4 米，最低处只有 93.6 米。

本次调查的祝家楼古建筑群位于四山环抱的小片平地上，村落范围内沟壑纵横，地势东南高西北低。村落依山傍水，视野开阔，后有座山——凤凰山，前有案山——栗林岗，南有朝山——荡马岭，并面向汉水支流潴水河。南北群山环抱，山溪流淌，周边茂林修竹，古树参天。

(三) 气象水文

祝楼村具有典型的亚热带季风气候（见图 6.14），其特点为四季分明、光照充足、热量丰富、雨水充沛、雨热同期、无霜期长，适合种植水稻、棉花、麻类、瓜果等农作物，利于发展高产农业作物。常年主导风向为东北偏北风，夏季主导风向为东南偏南风。

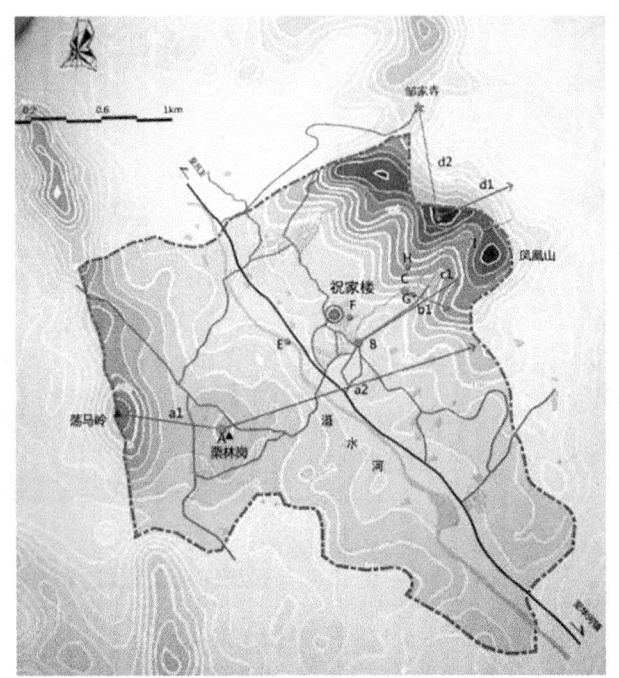

图6.14 气象图

(四)祝楼村的构成

据《红安县志》略考,红安县华家河镇祝家楼战国归楚,秦入南郡。自汉至唐,常分属地二、三县分。至宋,黄陂县建立,隶属黄陂县滠源乡。至明嘉靖42年(1563年)黄安县建立后,时滠源乡华河会从黄陂县划出,自此祝家楼隶属黄安县。大革命时期,黄安县建立苏维埃政府,祝家楼隶属五区(仙居区),1948年隶属金牛区。1952年9月1日,黄安县改名为红安县。1949—1957年,红安县行政区多次变更,直至1958年成立人民公社,祝家楼隶属华河人民公社龙桥管理区。1961年,公社改为区,管理区改为公社。1987年,撤区建乡(镇),华家河镇成立,祝楼村隶属华家河镇。

祝楼村由祝家楼、罗家垸、钟家垸、中份垸、周咀下垸与周咀上垸组成。村距镇区0.5公里,辖8个村民小组,约有村民476户,全村版图面积9300亩,山林2000亩,水面积385亩,耕地面积6000亩,森林覆盖率90%。小型水库4座。2012年,村人均收入4600元。祝家楼自然环境优美,土地肥沃,种植水稻、小麦、花生、青茶、红薯等农作物。尤以花生、青茶闻名。

祝楼村古建筑群位于祝家楼区域内，祝家楼居民均为祝氏族人，现居住者无外来姓氏。

(五) 祝氏的起源

据史料记载，黄帝的后裔主要是姬姓部落，在迁徙和定居过程中，所到之处建立过不少方国部落。氏族的纷争，方国的兴起，集团的形成，促进了奴隶制社会的更替和建立，华夏大地上先后出现了夏朝、商朝和周朝三个奴隶制大国。尤其是周武王、周成王在灭商和建立周室之后，为了巩固周王朝，行大举分封诸侯之措，使奴隶制国家更趋完善。当时除分封周王室世系之后，为了巩固周王朝，还分封了一些远古部落首领的后代，其中封黄帝之后于祝（又称铸，金山东太安西南，另说山东临沂东南），即祝国。后来，国君的子孙就以国名为其姓氏，当可看作是祝姓的起源，此时约是公元前 11 世纪末。

经商代至西周初年，周武王灭商，为尊奉黄帝，便从祝融的远裔中选出一人分封于祝地（今山东长清县东），建立祝国，为周朝的诸侯国之一。至春秋时，祝国被齐国吞并，原祝国公候为纪念故国和远祖祝融，以国名或官名为氏，姓祝。源自祝国的祝融后裔，是当今祝姓的主要支系。

据祝氏族谱记载（见图 6.15），明清时期，祝家楼村第一代祖先延龄公从江西南昌迁到湖北红安，先后经历了明朝的 276 年，清朝的 267 年，中华民国的 38 年，到中华人民共和国成立以后的 60 年，近 700 年历史。生生不息，至今绵延 23 世。分支至河南省新县、光山、固始、罗山、陕西商洛，武汉黄陂，湖北大悟等地，总人口近万人。

根据族谱所载，西周、东周两代祝姓除繁衍于其发源地外，因仕宦等原因，逐渐进入陕西、河南等省。春秋时，周有大夫祝跪，因叛乱未果而逃奔温邑（河南温县）。郑有大夫祝聃、祝款，卫有大夫祝佗，表明郑（河南新郑）、卫（河北南部至河南北部间地）两地已有祝姓人。西汉时有齐（山东）人祝午，汉中南郑（陕西）人祝龟，九江（江西）人祝生，表明此地已有祝姓人徙居江南。东汉时祝氏名人有尚书令祝讽，侍御史祝王晋，九州太守、长沙临湘人祝良，光禄大夫、中山卢奴（河北定州）人祝恬。这些史实说明，此际之祝姓已成为北方名门著姓

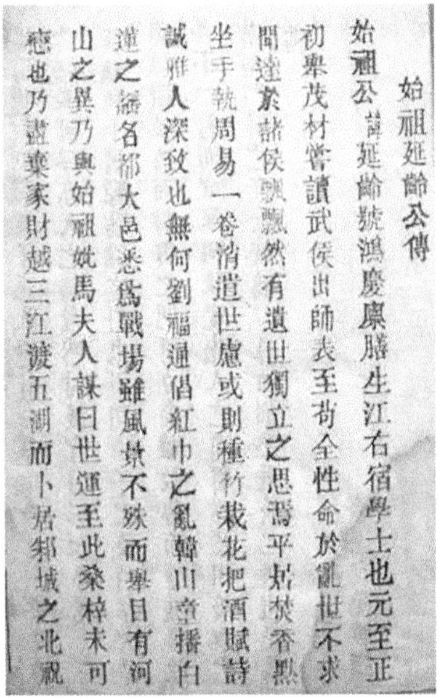
始祖延齡公傳
始祖公諱延齡號鴻慶廩膳生江右宿學士也元至正
初舉茂材嘗讀武侯出師表至苟全性命於亂世不求
聞達於諸侯飄飄然有遺世獨立之思焉平居焚香默
坐手執周易一卷消遣世慮或則種竹栽花把酒賦詩
誠雅人深致也無何劉福通倡紅巾之亂韓山童播白
蓮之謠名都大邑悉為戰場雖風景不殊而舉目有河
山之異乃與始祖妣馬夫人謀曰世運至此桑梓未可
戀也乃盡棄家財越三江渡五湖而卜居邾城之北祝

图 6.15　祝氏族谱

之一，并且已有祝姓落籍湖南。

魏晋南北朝时期，河南、太原两地之祝姓繁衍昌盛，人丁兴旺。故后世祝姓有以河南、太原为其郡望堂号的。当然，当时社会动荡，亦造成大量祝氏族人徙奔今安徽、江苏、浙江、江西等地，此时出了位妇孺皆知的祝英台，她是今浙江上虞人。唐中期以后，特别是安史之乱和黄巢起义之后，造成今中原一带十室九空，祝姓由河南避居湖北，或由陕西越秦岭进入四川。在此际，雍州始平(今陕西兴平)人祝钦明入朝为相，是祝姓历史上唯一一位宰相。

两宋时期，祝姓在北方趋于沉寂，而南方之祝姓却日炽日昌起来，其中祝谘丘由单州城武(今山东成武)徙居滑州韦城(今河南长垣)，祝穆由歙州(今安徽歙县)徙局建宁崇安(今属福建)，祝象器由江陵(今属湖北)迁居歙州。此际之祝姓除落籍福建外，已有定居今广东者。明初，山西祝姓作为明朝洪洞大槐树迁民姓氏之一，被分迁于今山东、陕西、湖北、湖南等地。明中叶以后，有沿海之祝姓赴台谋生。清初，两湖之祝姓伴随湖广填四川的风潮入迁四川。如今，祝姓在全国分布较广，尤以安徽、四川等省多此姓，两省之祝姓约占全国汉族祝姓人口的

43%，祝姓是当今中国姓氏排行第126位的姓氏，人口较多，名人辈出，宗亲和睦。

现阶段祝家楼正在进行祝氏族谱的修缮工作，并且这一修缮工作是全国同步进行的。其原因一是为了将本宗族的族谱完善，另一原因是为了增加祝氏家族之间的经济文化交流，为本村日后的发展奠定基础。

二、祝家楼传统聚落的历史沿革

(一)祝家楼的社会结构

祝家楼是以血脉为联系纽带的自然村落，在祝家楼祠堂中供奉着祝氏家族五代世祖的牌位。宗亲关系如表6.14所示。

表6.14　　　　　　　　　　　　宗亲关系表

始祖	延龄公　马氏夫人
二世祖	仲春公　伯春公
三世祖	言公
四世祖	应隆公
五世祖	思举公、思新公、思述公、思爱公、思细公、思益公、思诚公

(二)祝家楼传统聚落的历史发展

祝家楼村的村落发展大致分为以下四阶段(见图6.16)：

阶段一：定居阶段

关于祝家楼村具体建于何时，尚无确切的资料可考。据祝氏家族家谱中记载，祝氏家族居于祝家楼村应始于三世祖，另据村中老者言，村中迁入前有三姓人家，一为祝姓，占据村北朱家山；二为胡姓，占据村南凤凰山；三为曹姓，占据村中现曹门楼的所在。从现有资料上看，曹、朱、胡三姓在关于该村资料中均未被提及，有可能这三姓是最初落户祝家楼村的居民姓氏，但随着祝氏发展壮大而淡出历史。

阶段二：发展阶段

这一阶段最重要的三个特征是：祠堂建筑的出现，村落中心的转移，村落已成规模。

从历史发展来看，可追溯到四世祖应全公、应隆公，十三世祖继贤公，继论公等。这段时间，祝家楼村崇尚"耕读文化"，经济繁荣昌盛。经商、科举给早期祝家楼村的发展带来了巨大的经济效益，富足后除了斥资修建家宅光宗耀祖，也非常注重修祠、铺路等振兴宗族的公共事业，因此村落形态在这一时期有了飞速发展。

从村落空间形态看，祠堂的出现表明村落开始向外拓展，中心转移。敬宗收族的礼制思想强化了祝氏的家族意识，增强了凝聚力，也为村落后期的鼎盛发展提供了铺垫。

阶段三：鼎盛阶段

十四世祖至十七世祖这一历史阶段，由于土匪猖獗、强盗横行，无论地势或是村内建筑均有较高的防御系数，可抵挡土匪强盗对本村的大肆破坏，但是这并不是长久之计。此时，村民领悟到地处深山唯有走科举致士之路才是巩固现有财富，并将本族发展壮大的唯一途径。自此村内读书风气盛行，族中凭借读书入仕者也逐渐增多，宗族实力随之得到了极大的提升，随着经济的积累，实力的增强，村内开始大兴土木。

从祝氏家谱与现存民居建筑题记中推断，村中祠堂和竹林别墅修建于元末清初，但并未记载具体修建时间。族谱记载，清光绪十一年（1885年）有重修建筑一条，这也是最早的有关民居建筑时间的题记。花园，也即竹林别墅（现已完全废弃）的出现显示着祝氏宗族逐渐步入到鼎盛阶段。在这一阶段，村落规模空前壮大，逐渐富甲一方，村落经济实力也最为雄厚。家族分支也越来越多，族人的物质精神需求使得这时期各种不同功能类型的民居建筑相继产生，村落建设日趋完备，路巷系统也逐渐完善，型制与规模呈现出固定模式。

阶段四：衰落与重新发展阶段

祝家楼建筑群居民曾多为地主，解放战争前后受当时社会形式影响，地主所属钱财土地均被收缴下发，村内经济急剧下滑。文革时对古建筑的破坏、对知识分子的迫害使得村民精神文化生活受到严重影响，自此祝氏家族呈现出经济文化全方面衰落之态。由于交通闭塞，居住地较为偏僻，对外交流沟通较少，居民均为自给自足，也致使本村始终以小农经济模式缓慢发展。

20世纪90年代后，受家庭结构、经济结构与社会结构的变化影响，家族人口增多，对外交流增强，经济文化提升，原有的大家族聚居形式已不足以满足人们的需求，村民开始根据个人意愿与自身经济状况，自祖屋向西边交通主干道附近迁移。除却经济交通发展影响，宗族社会观念逐渐淡化也导致了村落空间形态的变化。所幸祝氏家族文化影响根深蒂固，村民在新建房屋时并未选择推倒重建，而是选择选址另建，于是就形成了以古建筑群为中心，新建住宅呈散落状建于祖屋外围的空间形态。这也体现出新式建筑受风水理论与建筑防御性的影响减小，村民封建迷信思想开始淡化。

现阶段祝家楼建筑群已申请物质文化遗产，国家关注力度加强，政府投入力度加大，村民思想觉悟提高，村落正呈现一种欣欣向荣的发展趋势。

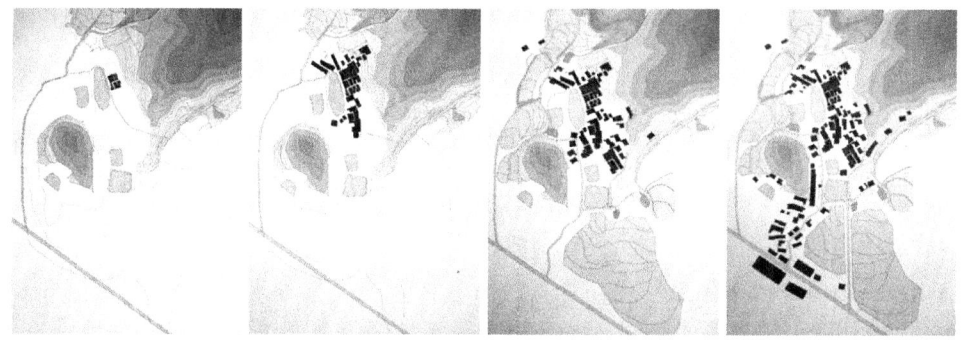

图6.16　祝家楼传统聚落的历史发展

(三) 重要历史人物及事件

(1) 祝庆藩(1777—1853年)今固始城关人。清嘉庆十六年(1811年)进士，十九年(1814年)以殿试一甲二名(榜眼)，授翰林院编修，曾当过道光皇帝教师(太傅)，历任詹事府左、右春坊赞善、翰林院待讲学士、国子监祭酒、光禄寺卿、太常寺卿、通政使司通政使、内阁学士、都察院左副都御史、刑部、兵部、户部左侍郎、吏部左右侍郎、礼部尚书等职。著有《奏疏稿》《蒙求》等。

(2) 在革命战争年代，祝氏家族有一大批热血青年投身到革命的洪流中，许多人献出了宝贵的生命，幸存的祝永茂、祝永兴、祝永年三兄弟有幸成为中国人民解放军的高级将领，也被族人称为"一门三司令"。

祝永茂（1915—1985年12月），1931年参加革命，先后在红四方面军少共国际团当战士，三十一军任副连长、连长、营长，参加了举世闻名的二万五千里长征。1934年8月加入中国共产党，长征胜利后在延安抗大学习。抗日战争时期，先后在抗大一分校、二分校延安军事研究班、晋冀鲁豫司令部任学员、队长、科长等职。解放战争时期，历任华北晋冀鲁豫刘伯承警卫团团长、随营学校大队长，在长期的革命战争中为建立新中国做出突出贡献。

中华人民共和国成立以后，祝永茂先后在川西分校、第八步校、川西军区眉山分区任大队长、校务部副部长、参谋长、副司令员等职。1952年后，祝永茂先后在民生公司重庆机器厂、长江航务工程局、长航航监、交通部第二航务工程局等单位任党委书记兼厂长、党务书记兼经理、副局长、副处长、监督长、党委书记等职。1981年离休享受司局级待遇。

祝永兴（1917年11月7日—1995年3月27日），1929年8月参加红军，同年12月加入中国共产主义青年团。历任黄安独立师政治处干事，通讯班长，副排长、排长。1935年加入中国共产党。抗日战争时期，先后任八路军排长、特务队队长、连长、副营长、营长，抗日义勇军5团团长，太行军分区5团团长。解放战争时期，历任解放军团长、副旅长、副师长。解放后，先后任志愿军补充师师长，河北军区唐山军分区司令员，河北省军区副司令员，河北省军区顾问，1981年正军职离休。

在长期的战争年代，祝永兴参加了无数次战役和战斗。红军时期参加了鄂豫皖历次反围剿战役。抗日战争时期参加了平型关大战、奇袭长治机场、百团大战等战役。解放战争时期，率部参加上党、平汉、定陶等战役。攻克汤阴，活捉孙殿英，参加了千里跃进大别山、淮海战役、渡江战役、成都战役、西昌战役。率部在皖西、四川剿匪。解放了安庆、遵义、泸州、自贡等城市。

祝永兴在1954年被授予大校军衔，多次获得野战军授予的各种荣誉勋章。1955年国家授予其三级八一勋章、二级独立自由勋章、二级解放勋章，1988年其授予二级红星功勋荣誉章。

祝永年（1917年11月20日—1993年4月30日），1930年10月参加革命。

1938年3月加入中国共产党。

土地革命战争时期，历任红四方面军12师（后改编为红9军）34团勤务员、通讯员、通讯班长、指导员等职。参加了长征和著名的百丈关决战、岷洮西战役。

抗日战争时期，历任八路军115师685团班长、苏鲁豫支队排长、山东教导队二中队副指导员、新四军3师7旅21团教导员、营员、盐城独立团团长等职。

解放战争时期，任华东野战军第8纵队86团团长，参加了华东、涟水战役。后任荣誉军人干部教导团团长、中原荣誉军人学校校长、河南省荣誉军人管理局局长、中南荣誉军人管理总局副局长等职。1949年正师级转业。

新中国成立后，历任长江航运管理局航道工程处处长、长江航道局副局长、局长，长江航运管理局副局长、中共交通部天津航道局党委书记。享受国务院副部级待遇。

（四）重要红色事件与传奇故事

祝家楼村古民居展示了厚重的历史文化，在革命战争年代，祝家楼留下了许多革命事件与传奇故事，具有强烈的红色文化内涵。（事件均为现有资料记载，部分故事为祝家楼老人口述后整理而成）

1929年，这里成立了黄安县七乡苏维埃政府。1930年春，鄂豫皖革命根据地形成，鄂豫皖苏维埃政府机关由河南省经扶（现新县）迁至祝家楼村办公。同年夏，红军医院驻扎在祝家楼。原址保存完好，现为湖北省重点文物保护遗址。

据《红安革命史》记载，红军医院接收医治前线伤残战士达200多人次，红安祝氏家族有81人为革命献出了生命，在县"革命烈士墙"上永远铭刻着他们的英名。幸存的祝永年、祝永兴、祝顺鹏等则成为新中国的第一代将军。

抗日战争时期，祝家楼村的人民同仇敌忾，坚持与日寇作斗争，多次配合新四军实施反扫荡。至今，村后山上还留有与日军作战的工事遗迹。

1949年4月5日，中国人民解放军第四野战军第43军127师骑兵排（先遣队）进入黄安县境，同黄安县大队胜利会合。当日，先遣队开进黄安城，黄安县委、县政府亦由王亮村迁入城内。至此，黄安全境获得解放。作为县长兼县大队大队长的马友才同志理所当然的成为新中国诞生后黄安县（红安县）的第一任县长。

解放后,历次大的运动痕迹都刻在古民居的墙头上,人民公社、大食堂、农业学大寨和文革的创伤随处可见。祝家楼不仅仅是古民居,还是一部近代革命的红色史书。

传奇故事:

【巧开通行证】

1934年,国民党对鄂豫皖苏区进行第四次围剿,时任鄂豫皖苏维埃五区七乡特委书记的黄宏儒被国民党追捕,从武汉撤至黄安。黄安境内也是一片白色恐怖,国民党军警十里一岗,五步一哨,通缉捉拿黄宏儒等共党要犯。黄宏儒得知祝家楼郎舅亲祝汉臣任国民党金牛区联保主任,于是冒险闯至祝家楼,以寻求帮助。祝汉臣连夜设一牌局。把管区公所公章的秘书接到家中。牌局进行一半时,汉臣佯称身体不适,借故潜入房里,从秘书公文包中拿出公章,开具到河南信阳的通行证,让黄宏儒经信阳脱险。解放后,黄宏儒作证,祝汉臣属有功人士。

【法场惊魂】

国民党第四次围剿鄂豫皖苏区时,红军家属在祝家楼祝尚连家避难。国民党搜捕时,把祝尚连绑去陪法场,生死关头,祝尚连咬紧牙关,仍未供出家人。枪声响起,尚连也应声倒地。待清醒过来后才知道是国民党军使用的阴谋诡计。解放后,该老红军派秘书专程到祝家楼致谢。村中健在老人仍记忆犹新。

【醉放"共党"】

红军长征后,何耀榜留下打游击,任便衣队队长。被捕后,关押在礼山县(现大悟县)监狱,但未暴露身份。时任礼山县代县长的祝朴全,晚饭后视察监狱,见人满为患,问"怎么这么多人?"狱警回答说:"都是共党。""哪来这么多共党,放人!放人!"下令释放犯人,何耀榜得以出狱。事后上方追咎责任,祝朴全以喝醉酒推衍责任,仍被撤职。解放后,镇压反革命时,何耀榜致专函黄安县政府,说明祝朴全有功,未镇压,活八十而终。

【"你参军，我挨打。"】

黄麻起义前夕，祝永天与熊应堂同在钟家湾当理发学徒，一日，他俩为师傅家收花生，熊应堂邀祝永天参加赤卫队，永天不敢，熊应堂一人去而不归。师傅遂责打祝永天。1959年，时任十五军军长熊应堂，专程看望祝永天。师兄弟相逢，笑谈当年趣事。永天说："好啊，师兄，你参军，我挨打。"在场人捧腹大笑。

【"嗯！给你看的。"】

祝大元在黄麻起义时任赤卫队分队长，起义队伍攻打黄安县城时，祝大元率队伍参加桃花阻击战，成功攻克县城，战功卓著。阻击战进行时，总指挥部派通讯员送来信件，通讯员"啪"地一个立正，把信递到大元手中。大元大字不识几个，抽出信来却把信纸拿倒了，警卫员说："队长，你拿倒了。"大元说："没有，给你看的。"由此可见其机智非常。祝大元在红军长征时落伍，后在"文革"中被污蔑为叛徒，他本人上京找到徐向前才给予平反。

三、祝家楼古建筑群介绍

祝家楼村位于四山环抱的小片平地上，村落范围内沟壑纵横，地势东南高西北低。村落依山傍水，视野开阔，后有座山——凤凰山，前有案山——栗林岗，面有朝山——荡马岭，并面向汉水支流溾水河。南北群山环抱，山溪流淌，周边茂林修竹，古树参天。门前铺就石板古道，门前池塘称之为"月池"。由于村落依山而建，后高前低，雨水自然汇集到"月池"，解决防火、洗涤、灌溉用水，同时丰富了自然景观，充分体现了"山起西北，水归东南，为天地之势也"的传统理念。

古建筑群以"五楼四巷"为主，无论是从选址、空间布局还是建筑细节都展现出了其特有的高防御系数特点。

(一) 祝家楼古建筑群选址因素

第一点：风水因素。

据族谱记载，祝家楼所居祝氏始祖精通《易经》，在选址上按照风水因素想为本族人选择一处风水宝地，在查探了多处地域后认为仅有此处符合条件，但是通过研究发现本地五行缺水，因此建造村落时在建筑群的东面开地储水，取名"月池"。

据村民介绍村子的东北方向有一狮子山，西南方向有一座小山，从俯视图来看犹如狮子追绣球，因此得出"狮子追绣球"这一象征祥瑞的称号。

第二点：防御因素。

村落背靠高山俯视池水，建筑群三面环山，具有较高的隐蔽性。祝家楼村整体为东西走向，古建筑群建造在东面地势较高的平坦地带，在土匪猖獗、强盗四起的动荡年代，此地具有较高的防御系数。

(二)祝家楼古建筑群的整体空间布局

祝家楼古建筑群所在地地势居高临下，建筑呈阶梯状分布。根据地势来看，村落东边是山体，建筑根据山体走势一级一级向上延伸，但是只建造在地势较为平坦的小坡地上，如此建造的原因最主要是为了防御。在古时本地土匪猖狂，村民在发现土匪后将巷道门关上，之后向山上撤退，以躲避土匪的迫害。据宗谱介绍月池是在村落建成后人工建造的，本地祖先研究本地地势后发现本地五行缺水，建造月池以补全五行。

最靠近月池东部的大规模的建筑是先有的，后随人口增多，建筑开始向东延伸，往巷道向东的山坡上扩建，同时建筑规模开始变小，从而形成了建筑的阶梯状分布。再后由于道路的修建和经济水平的提高，村子新房逐渐西移，月池旁原有的老房子区域停止修建新房，现如今新房基本都沿道路两旁修建。

(三)建筑群内部的空间布局形式

巷道：整个建筑群体分别由4条并列巷道构成，巷道分别命名为曹门楼、花门楼、香铺巷、四季巷。巷道幽深，巷巷相连。巷道石板铺成，门户错落有致，门楼呈双吞口形状(见图6.17)。

花门楼　　　　　　　曹门楼　　　　　　　四季巷

花门楼巷道　　　　　香铺巷　　　　　　曹门楼巷道

图6.17　巷道

（注：香铺巷为原来外来商人在此做小生意的巷子，当时商人主要经营的小本生意有豆制品和小吃，小巷经常香气四溢，故命名为香铺巷，流传至今。）

这样建设的原因主要是防御。在现存的建筑中还可以看出每套房子都是相连的（见图6.18），根据族人讲解，在以前这些建筑之间的巷子都是相通的，不仅如此，巷道内房屋的一层二层都是相通的。这种布局的原因是在以前这里的村民大多是地主，方圆百里都有他们的土地，是比较富有的村落，而且村落附近匪患严重，为了抵御外来匪患的侵扰，在房屋的空间布局上采用了"五楼四巷"这种防御系数较高的布局形式，以此来保证族人的安全。

图6.18 外墙

（四）祝家楼传统建筑的结构形式与细节设计（见图6.19）

每条巷道里入住9至11户居民，入室为天井，天井均用石条砌成，步入正室，地面用三合土铺就。房间大多用木质屏风、鼓皮、隔扇分离，支撑屋顶的是大小龙门架、抬梁架、

八字架，架下木阁楼，木楼前后贯通，左右相连。堂屋里摆上旧木家具，透着古色古香。

明清时期，红安麻城两地都是移民之乡，祝家楼村第一代祖先从江西南昌迁到此地，至今已有21代了。从明朝起很长一段时间内祝家楼的子民深受"光宗耀祖""荣归故里"的儒家思想的影响，子孙积累一定财富后定会回乡修房盖屋，一时间积累了大量的财富，因此祝家楼跟其他鄂东民居最大的不同在于村周围修建了一道城墙，用于防御土匪的掠夺。

黑与白是祝家楼古民宅中的两种主色，原始的、去商业化的元素是建筑的主要风格。高耸的马头墙显示出祝家楼人过去的荣耀，古宅中的天井，保证屋内的充足采光与空气流通，并以特色的木雕与石雕点缀在门、墙、窗、椽、宗祠牌坊上，已有上百年的历史，深入村中便能立即感受到其中浓郁的荆楚文化气息。

在建筑细节上，每栋建筑均建有二层阁楼，阁楼上建有瓦窗便于通风与采光，这是其他地区建筑少有的。建筑内天井也分上下两层，房屋上层设有沟槽将屋顶的降水引导至院中池储存，院内天井设有暗槽与月池相连以便多出的水可汇

图 6.19　建筑结构

聚到月池中(见图 6.20)。巷道内青石板下也隐藏着暗槽,这些均展现出了古人的建筑智慧。不仅如此,祝家楼古建筑群的"防盗门"也是一大特色,木质门上设有四道锁,据传若四道锁同时放下,几人粗的树木也无法将门撞开(见图 6.21)。

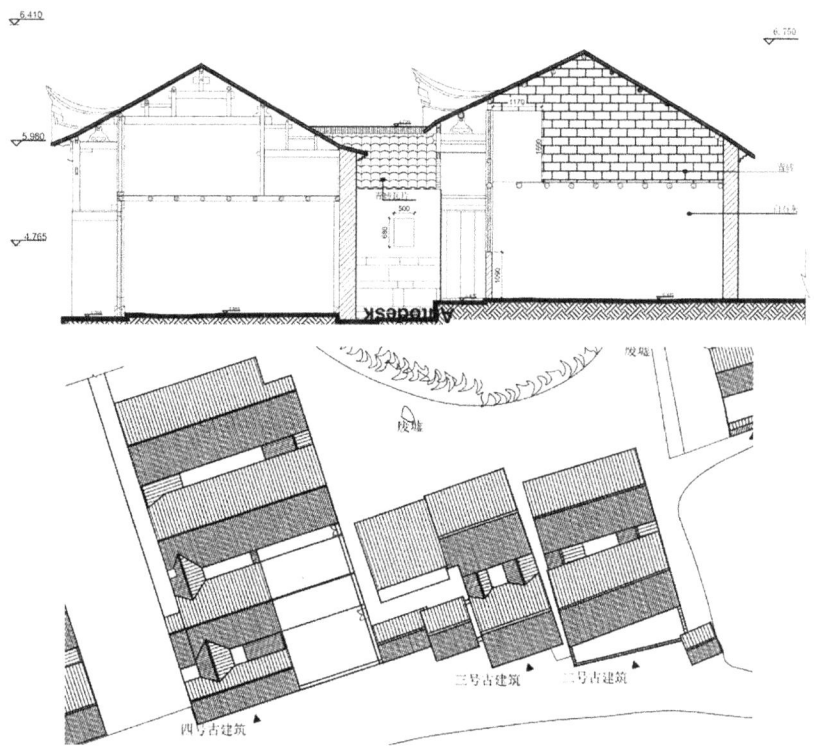

图 6.20　五号房

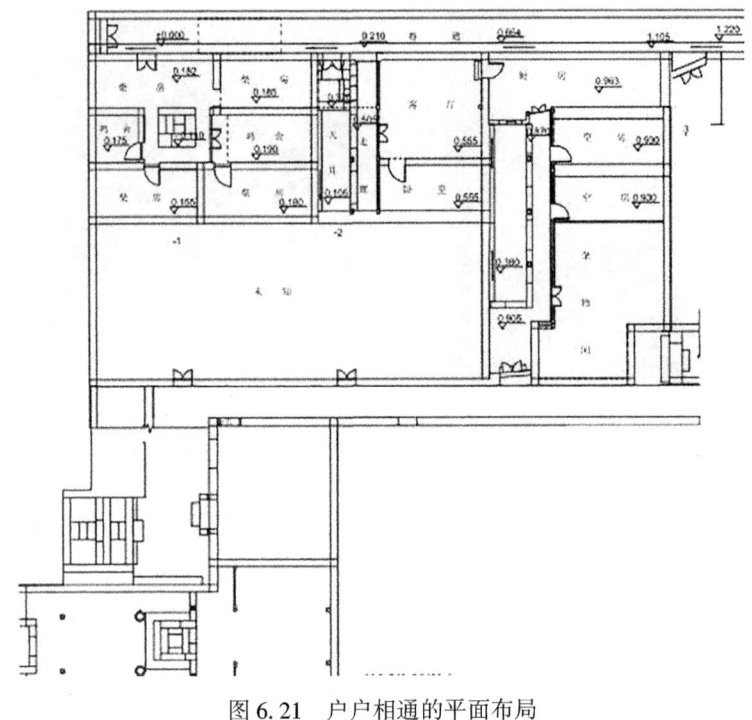

图 6.21　户户相通的平面布局

(五)祝家楼防御特性的重要表现

祝家楼古建筑遗址最大的特点就是其体现的高防御属性,这种属性在村落选址、建筑群空间布局、建筑空间布局与建筑细节方面均有表现。

(1)村落依山而建,入口低平。这种地势让村民可以在高处观望到是否有土匪来袭,三面环山,山坡较为陡峭,植被丰富,具有很高的隐蔽性。

(2)建筑群空间布局自西向东呈阶梯状向上修建。最西边为月池,月池往东为建筑群,建筑群后的山坡上为单体建筑。这种布局方式一是由于地势东南高西北低,二是具有较高的防御性。结合第一点,村民在较高点看到有土匪到来,可立即将巷门关闭,月池在一定程度上也可阻挡土匪前进,村民根据地势向东面山上逃跑躲避,减少土匪对村民的伤害。

(3)建筑空间布局为"五楼四巷",巷道较窄,巷口设置巷门,巷巷相连、户户相通。这种布局形式方便人们躲避与相互通知,不了解本村建筑的人会在建筑内绕晕,这也为村民撤离提供了便利。在巷口设置巷门也是加强防御性的具体表现，巷门由坚固的材料制作，土匪轻易无法攻克。

（4）建筑细节增强整体防御性。在祝家楼建筑群的巷口上方可看到一个阁楼，阁楼的墙壁上设置瞭望口，阁楼与两边的建筑相连。据说以前每天会有村民在阁楼上值班，通过瞭望口观察是否有侵略者。在巷道内抬头便可见将每户二楼相连接的阁楼，给人们提供了多个逃避通道。单体建筑防御性较高的特点还体现在门的设计上，祝氏族人设计出了一种有较高防御性的门，门上有四道锁，据村民介绍，若将门的四道锁全部落下，即便是几人粗的树木也无法轻易将门撞开。

（六）祝家楼传统建筑的材料与装饰应用

1. 镂空雕刻花窗（见图6.22）

祝家楼古建筑的实体墙有江南风格的印记。墙上多装饰有镂空花格，既使得实体墙本身更为美观，也起到了空间造景的作用。这些图案不仅起着装饰美化的作用，还具有采光通风、防尘、分割空间的功能，极力再创虚与实的对比。因祝家始祖相传是从江西一代往北迁移的，所以祝家楼屏风花隔墙这一具有江南风格的装饰应源由于此。

图6.22　镂空雕刻花窗

2. 马头墙（见图6.23）

马头墙又称风火墙、防火墙、封火墙，是中国传统民居建筑流派中江南古典建筑的重要特色。特指高于两山墙屋面的墙垣，也就是山墙的墙顶部分，因形状酷似马头，故称"马头墙"。

祝家楼地处湖北，而建筑群却拥有马头墙是因为祝氏祖先有安徽分支，在迁到湖北祝家楼后沿用了徽派建筑风格，并融合了当地的一些建筑特色。

图 6.23　马头墙

3. 墙云（见图 6.24）

在屋檐下的一种装饰图案。表达人民对吉祥平安的一种向往。

图 6.24　墙云

（注：图中的图腾所在的房子墙角面对月池，在当地人风水学说法中，此地理位置的房子有凶气。在民间传说中，三十六天罡常与七十二地煞联合行动，降妖伏魔，当地人信奉风水学，便绘此图腾代表天罡地煞来镇宅。）

4. 彩绘(见图 6.25)

图为建筑门楼和屋檐下的彩绘图案,其图案纹样多,活泼、自然、不拘泥程式。自然山水、花鸟鱼虫、各式人物一应俱全。

图 6.25 彩绘

5. 石雕、砖雕、木雕

木雕、石雕、砖雕艺术善于处理原材料本色,既能溶化在建筑物整体之中,又能像水墨画一样清新淡雅。雕刻出人物、山水、花卉等图案,是古建筑雕刻中很重要的一种艺术形式,主要用于装饰房屋等建筑物的构件和墙面,表达了人们的一种美好向往。

如图中在雕的花瓶里雕上月季花图案(见图 6.26)则指"四季平安"。

图 6.26

6. 古门楼（图6.27）

祝家楼古民居门楼大都是双吞口门楼，内门门框以条石支撑，横梁石大都刻有祥纹图样。

图6.27　古门楼

（七）祝家楼传统建筑的技艺

1. 瓦片（图6.28）

花门楼北面花格窗上方特殊的五片瓦，与大多数屋顶瓦片不同的是，瓦片尖形朝上，弧形朝下，与屋顶的瓦相互垂直相交成统一结构。瓦片共有两种作用：一是用来装饰，瓦上有蝴蝶、祥云、牡丹、梅花等图样，图样不是雕刻出来的，而是由当地能工巧匠用自制的模板印刻出来的；二是用来遮挡屋顶上的瓦，防止其跌落。祝家楼老房子屋顶瓦的结构都是如此，但后期受"文化大革命"的影响，红卫兵将其几乎毁之殆尽。图6.28中的瓦是近年当地人们在维修房屋时，偶然发现的仅存的一小部分，出于对文化的保护与传承，当地人专门将其从维修的房屋上取下,放置到最外层建筑的花门楼旁的屋檐上,供人们参观。

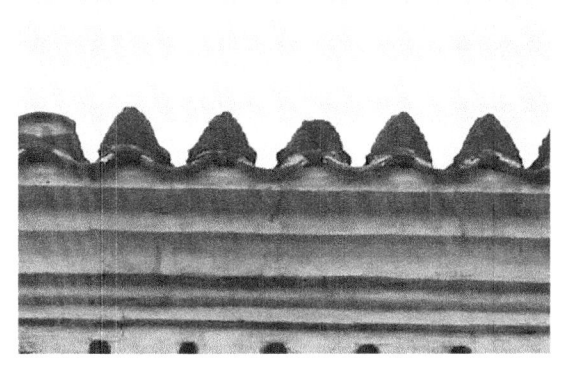 

图 6.28 瓦片

2. 广亮门(防盗门)

保存最完好的广亮门是位于花门楼南面的大门,广亮大门是古代建筑宅门的一种,属于屋宇式大门,在等级上仅次于王府大门,高于金柱大门,为高级官员人家使用。该广亮门为一防盗门,一共有"四关",即四道锁。一关称为为"腰杠",作为大门的大锁使用,一共两个,一道由北向南插,另一道由南向北插入门把手上的空隙中;二关为门底面的机关,手指轻轻拨动机关便可把门锁上、打开;三关称为为"天地插",门口地面上有三个方形小孔,用来插入竖向木桩,木桩用当地最厚重的木头打造,锁门时,把木桩直接垂直插入地面方形小孔中即可;四关为门顶的杠子,锁上前三道锁后,最后用杠子在门顶压住整个大门,锁门流程即完成。广亮们=门防盗系数极高,现代的防盗门技术与此相似(图 6.29)。

3. 天井(图 6.30)

天井是对宅院中房与房之间或房与围墙之间所围成的露天空地的称谓。就是四面有房屋,三面有房屋另一面有围墙,或两面有房屋另两面有围墙时中间的空地。此天井位于曹门楼南边的宅院里,其排水系统尤为特别,兼顾了室内储水和室外储水的功能。

室外排水系统工作原理:天井与屋檐之间有空间储水,天井上一小孔下接空心木桩,联通室外出水口,水从出水口跌落再进入地下水渠通过水渠排到月池当中,有"肥水不流外人田"之意。

图 6.29 广亮门

   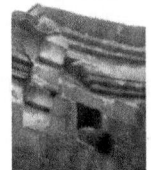 

图 6.30 天井

4. 记事石（图 6.31）

当地村民在修建建筑时，为了记载当时参与的主要工作人员，在砖上刻上他们的名字后再将砖烧制，最终把这些石头镶嵌进建筑物的墙中。文革时期，祝家楼人为了保护这一祖宗遗产，在上面覆盖了一层白色水泥，近年来才将水泥剥落，让砖块上的文字得以面世。村中祝辉先生一直致力于维护、修复这些文化遗产。

图 6.31　记事石

(八) 人的生活方式与建筑的联系

现阶段本地常住居民具有一定的老龄化趋势。据观察，目前本地居民老人居多，其次为中年人，青年与少年人数较少。据了解，本地青壮年多外出务工或赴外地上学，青少年则多去镇上或者红安县上学。

以现阶段村内居住的村民来讲，他们一年中在四月份左右种植花生，九月左右收获，现阶段正是花生收获的季节，收获花生后将种植油菜等。在近段时间，村民们多为早晨五六点起床，早餐后摘晒在家门前的花生，直到下午三四点以后下地做农活，按照各家情况不同作息时间也有所不同。

每户农家门前均有一片空地，以供他们晾晒稻谷或者花生等农作物。古建筑内部有天井，具有通风和蓄水的作用(图 6.32)。

图 6.32

四、历史环境要素调查

(一)构成祝家楼特征的物质要素

1. 菊芳园(现仅存石楠)

祝氏祖先早就懂得人与自然和谐为伴。在风景如画的村落北面,有一块风水宝地——"金线吊葫芦",清道光年间,祝氏的先人在这里建起了规模宏大的花园——"三余别墅",又名"菊芳园"。族谱中有诗曰:"筑起花园傍翠楼,百般红紫豁欢眸。幽情愿与花同住,结座茅庐最上头。"花园占地6亩,园内亭台楼阁、回廊萦绕。"亦快亭"、凝香阁、戏楼、迎宾楼错落有致;园中有金鱼池,遍栽奇花异草、名贵苗木。犹以菊花为最,族谱中有诗赞园中白菊:"东篱素菊最芬芳,不爱铅华爱淡妆。只为五更霸气重,傲霜赢得一身霜。"(图6.33)

图6.33 菊芳园

族谱中有诗曰:"筑起花园傍翠楼,百般红紫豁欢眸。幽情愿与花同住,结座茅庐最上头。"

族谱中有诗赞园中白菊:"东篱素菊最芬芳,不爱铅华爱淡妆。只为五更霸气重,傲霜赢得一身霜。"

花园历百余年,至"文革"毁坏殆尽,现只能从族谱图画上看到她的风采。在花园遗址内,仅存两棵硕大的石兰仍顽强的生长,绿荫如盖,昂首挺立,俯视着芸芸众生,村民把它们视为神树。据村中长老回忆,两棵石兰近几十年只开过两次花。

2. 古城墙(图6.34)

村落的后山有古寨,名"凤凰寨"。据史书记载,元末(公元1350年),元军为阻击南方"红巾军"北上，选择隘口险关，修城住寨。后元灭，明军在此寨屯兵集粮。山寨方圆八九公里，四周用石块筑起厚实的城墙，城墙高数丈。寨内建起百多间石屋，兵荒马乱时男女老幼都可入住山寨以躲兵匪之祸。

图6.34　古城墙

3. 古井（图6.35）

村落"月池"西口有一口古井，井深近十米，井内呈正方形，用长方形石条砌成，井口用一块直径近三米的整块石板中间琢出圆孔而成，合乎外圆内方之道。据村民介绍古井已有数千年历史。天气晴朗，俯视井中，水中井口倒影如一轮满月，井中月，月中井，交相辉映，井水清澈甘甜，遇到百年一遇的大旱之年，井水也从未干涸，号称"龙井"。

村中流传着一关于古井的传奇故事。传说当年祝氏家族鼎盛之际，广置田产，方圆百里置有田庄。"龙井"所在位置原是周姓田地，祝氏家族买下田地，而周氏家族无论如何不卖古井，其意为：你祝家再富有，也仍旧饮我周家井水。

第六章 湖北大别山红色聚落调研典型实例

图 6.35 古井

4. 月池

古建筑群的门前塘称为"月池"。据族谱记录与族人介绍,祝氏始祖精通《易经》,迁移到此地后认为本地五行缺水,因此从山上引水入塘,既补全五行也方便族人日常用水。

月池的水源为山泉与自然降水。由于村落依山就势,后高前低,人们便挖凿了小水渠将山上山泉水引入月池,根据地势原因自然降水也通过水渠汇聚到月池,以此解决了居民防火、洗涤、灌溉等问题。不仅如此,水渠与月池的修建也具有一定的引流作用,一定程度上减轻了大降雨对山体造成的影响,同时丰富了自然景观,也充分体现了"山起西北,水归东南,为天地之势也"的传统理念。

5. 洗衣石(图 6.36)

据《红安革命史》记载,红军医院接受医治前线伤残战士达 200 多人次。村落门前的"月池"边安放着一块 2 米多长,1 米多宽的大石板。老人讲它是一黄姓姑娘嫁到祝楼的陪嫁石,这块大石上曾洗涤过红军伤员带血的绷带、纱布和衣衫;原本青色的石块由于鲜血的浸染而泛出殷红的光。

6. 凤凰山、案山栗林岗、观音石、马鞍石、印子石(图 6.37)

祝家楼村后的凤凰山,其山脉犹如展翅南飞的凤凰而得名。山上森林茂盛,灌木丛生,奇花异草比比皆是。山间溪水潺潺,林中鸟语蝉鸣。每到秋天,层林尽染,枫叶飘红,此时的山,成了火凤凰!

图 6.36 洗衣石

七星石

观音石

祝氏族谱中有《观音石记》"……祝氏竹林别墅其东南有石耸立，高数丈许，围可一席，左右翠松，奇葩佳植，佳致天成……曰：观音石。

图 6.37

村前案山栗林岗，南北走向，长约八百米，北高南低，犹如匍匐前行逆水而上的蚌王。神奇的是，山的西面裸露出一线褐红色石埂，就像蛤蚌张开蚌壳吐出的鲜嫩的蚌肉。于是他有了一个美妙的名字——"蚌王吐肉"。

凤凰山与"蚌王吐肉"隔河相映，连绵十几里，山顶平缓，昔日祝氏家族的主人骑着高头大马在山顶驰骋。山，就成了"荡马岭"，其名沿用至今。

凤凰山上有观音石。村民们对观音石顶礼膜拜，更有传说：紫气东来，观音菩萨西天向佛，途经此地，在这块状似圆椅的大石上休憩，沉浸于美妙山水，七七四十九天后方依依西去，以此名"观音石"。每逢雨前，石上雾气缭绕，雨过天晴，则一碧如洗，俨然是村民的晴雨表，由此更增添了她的神奇。

离观音石百米，有马鞍石。其石长三米余，高一米左右，状如马鞍。

马鞍石旁卧一石，刻有图文，上有北斗七星，水流走向，十二生肖，人曰"七星护宅图"。站立石旁，引人遐想。

7. 爱吾廊

祝氏家族十分重视文化教育，早在清末明初，祝家楼就建立了家族学堂"爱吾廊"。族中弟子和亲朋弟子都可进入学堂就读。明清两代，祝家楼家族中就有多人获得进士、举人、秀才、贡生等功名，也有多名朝廷命官。

8. 祝氏宗祠（图 6.38）

图 6.38 爱吾廊

《祠堂记》记载：今之祠古所谓庙也 庙者貌也 曷言貌象容貌也 祖宗亡矣 曷言容貌 然亡者体魄不亡者灵爽孔圣之 祭如在即意中容貌也貌所在即庙即今之祠也 故祠鉅典宜奉不宜废第 盛朝以孝治天下 钦定庙堂间

祝氏祠堂始建于清乾隆年间，虽经道光、同治两次维修，仍破坏殆尽，2011

年，第三次维修，得以恢复原貌。宗祠内所悬挂的牌匾最早为康熙年间制作，因年代久远已更换新匾，旧匾仍存放于宗祠内，新牌匾完全按照旧牌匾的文字形式，经过族人与制作工匠详细考究后制作。（宗祠赞、宗祠草图）（图6.39）

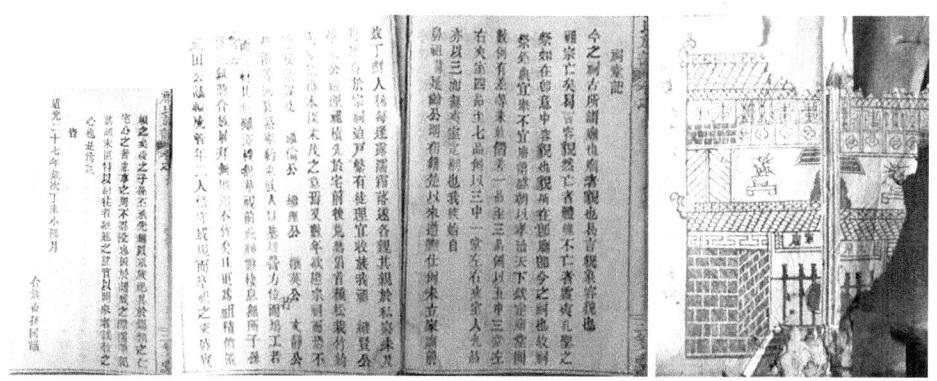

图6.39 《祝氏族谱》中祠堂记的文字以及原址概况

祝氏家庙是祝氏精神文化传承的物质载体，在祝氏子弟心目中家庙与族谱是血脉联系的标志，在宗族关系中具有十分重要的地位。每当春节、清明节等重大节日时祝家楼村民均会到祝氏宗祠上香拜祭始祖（图6.40）。

图6.40 祠堂内部

9. 苏维埃旧址

1929年，这里最早成立了"黄安县七乡苏维埃政府"。1930年春，鄂豫皖革命根据地形成，鄂豫皖苏维埃政府机关由河南省经扶（现新县）迁至祝家楼村办公。原址保存完好，现为"湖北省重点文物保护遗址"。

1930年夏，红军医院驻扎在祝家楼。据《红安革命史》记载，红军医院接受医治前线伤残战士达二百多人次。

村落门前的"月池"边安放着一块两米多长，一米多宽的大石板。它是一黄姓姑娘嫁到祝楼的陪嫁石，老人们讲起来满是得意与神伤。得意的是当时家族的辉煌；伤感的是这块大石上曾洗涤过红军伤员带血的绷带、纱布和衣衫；原本青色的石块由于鲜血的浸染而泛出殷红的光。

抗日战争时期，祝家楼村人民同仇敌忾，坚持与日寇作斗争，多次配合新四军实施反扫荡。至今，村后山上还留有与日军作战的工事遗迹。

在祝家楼的墙壁上保留着刘邓大军南下的宣传标语："打到南京去活捉蒋介石！""共产党不拉丁，不拉夫！"

祝家楼村民在风起云涌的战争年代，积极投入到如火如荼的革命运动中。红安祝氏家族的后裔有81人为革命献出了生命，在红安县革命烈士墙上永远铭刻着他们的英名。幸存的祝永年、祝永兴则成为新中国的第一代将军。

解放后，历次大的运动都印迹在古民居的墙头上，人民公社、大食堂、农业学大寨和文革的创伤随处可见。祝家楼不仅仅是古民居，还是一部近现代的红色史书。

10. 古树名木（图6.41）

村内有丰富的动植物资源。树木有台湾松、马尾松、杉木、枫香、栎树、椴树、青冈栎、化香、黄连木、黄檀、泡桐、刺槐、臭椿、苦楝、杨、柳、樟等；经济作物主要有油茶、板栗、青茶、桃、李、梨、银杏、杜仲、厚朴、油桐、乌桕、毛竹、桂竹等。草本植物有黄背、白茅、、画眉草、狗牙根、知风草；中草药有桔梗、苍术、益母草、金银花、穿心莲、半夏、麦冬、七叶一枝花等。野生动物中鸟类有白鹭、红腹锦鸡、灰喜鹊等；兽类有华南兔、白鼠、狼、狐、豺、骆、大灵猫、麂子、刺猬、野猪等。

其中共有名木古树5种，共计8棵。

图 6.41　古树名木

（二）非物质文化调查（图 6.42）

1. 祝家楼的祭祀习俗与宗教信仰（图 6.43）

据《祝氏族谱》中有关祭祀的记载：主祭者诣作皆前东立西向，序立，通赞列中门内两旁主祭者居中，助祭者分左右列，楹闲稍雁行；次引赞，次读祝，次执爵，次司尊，次捧馔，次香烛皆分列；香案两旁陪祭者以前后为昭，穆不可参差混乱。云作细乐　主祭者诣神椟前　引唱、跪、启椟、出主。

——一世祖考妣居中附主以昭穆分

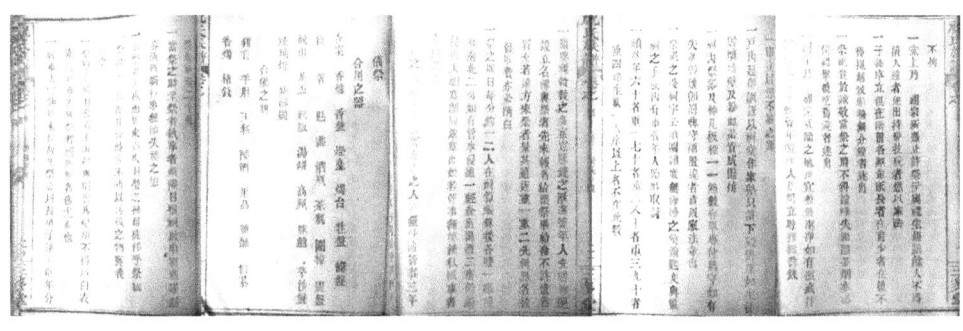

图 6.42　祝氏族谱

降神：执事者开主取巾擦净，焚香俯伏，通唱、止乐。祝告云云。起乐兴、降。主祭者降至中右门限内罨，就位，即阶位。参神主人以下凡在位者皆拜，引唱、鞠躬、拜、兴、拜兴、拜、兴、拜、兴、平身、通唱、作大乐。主祭者诣盥洗所，盥洗，执事者皆盥。主祭者诣香案前，即中案。

义祭合用之器：香案、香烛、香盘、灯台、烛台、牲盘、馔盘、爵、箸、匙、盏、酒瓶、茶瓶、围棹、盥盘、帨巾、茶盃、祝版、汤饼、高照、胙盘、茅沙盘、琉璃灯、锦绣烛。

合供之物：猪首、羊肘、玉粒、醴酒、果品、脯醢、香烛、楮钱。

图 6.43　祭祀习俗

祝家楼宗教信仰自由。大部分村民以本族祖宗为信仰，清明节、春节、大年初一会去祭拜祖先，在每位村民家中也放置有祖先的纪念牌位；有少部分人信仰佛教，

在本村后山上有一寺庙，名钟寺，是一佛教寺院。在正月初一、十五，以及各种大型节日，村民会根据自己的意愿去钟寺或周边县的大型寺庙参加祭拜活动。

2. 祝楼村的婚嫁丧葬习俗

婚：根据走访调查，村内男女的结婚年龄多在 19~23 岁之间。村内粮食自给自足，存在重男轻女的现象，青壮年、中年人思想较为开放，老人思想较为保守。

受现代文化影响，本村的婚礼风俗既有西式婚礼也有中式婚礼。在以前若女儿嫁到外地，按习俗其父母不会到女儿的婚礼现场进行祝福，但是现在已经没有这种习俗。现阶段无论婚礼地点在何处，村民都可根据自己意愿选择是否前往祝福。若是在村内举行婚礼则会有锣鼓队等进行表演。

丧：本村主要的丧葬形式为土葬。当村内族人年迈会先为自己准备好棺木存放于阁楼，在族人去世后会不封棺在家中放置3天供亲朋好友祭拜。通常去世的族人会在第3天封棺下葬，但若留守老人子女均在外地工作，无法在3天内赶回来，则由同宗亲人进行丧事的前期工作，并延迟封棺时间以便子女见老人最后一面。另一种特殊情况若子女3日内未归但丧事发生于夏天，则会按时甚至提前封棺。

本村丧葬选址为同一血脉亲人葬在同一墓区，不同血脉的族人葬在不同区域。家族墓地选址大多数是请风水先生来决定的，但是也有因家中经济条件较差或其它情况而不请风水先生自己选址的情况发生（图6.44）。

在丧葬祭拜方面，村民会在去世之人的头七、七七四十九天以及周年会举行亲人的祭拜活动。

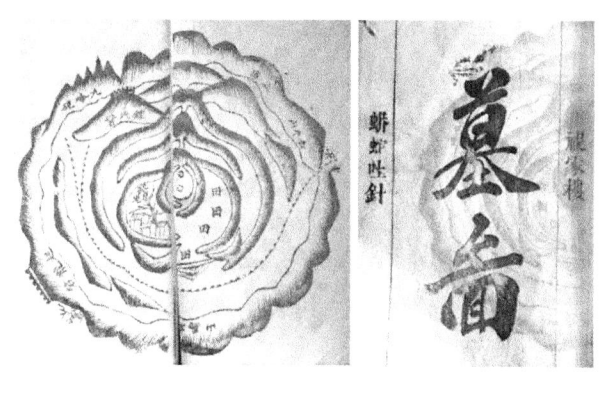

祝氏族谱："地祝家楼龙自老君山辞楼下殿而来逶迤南行至鹰障山横开云水障到九峯观断跌蜂腰起伏天金星勇耀南行侧身西出走马三墓到头一结中阳宅左右阴宅似狮子戏彩形若凤凰寨朱家山蓄林坡厂子小沛塝团圆黄土坡族塚縈匕谱载详明各有墓向。"

图6.44

3. 祝家楼的传统文化与民间娱乐

（1）祝家楼的传统思想文化。祝氏家族的思想文化受时代与环境影响较大。祝家楼始祖精通《易经》无论是村落构建还是生活当中，都处处透露出道教文化，但是在后期发展中道教文化渐渐退出历史舞台，从民间娱乐"赖子"为孔子游学期间写给父亲的家书可看出，儒家思想也对祝氏子孙产生了一定的影响。在抗日战争与解放战争时期，本地曾为共产党一根据地，从村内墙壁上留下的宣言与现在村民对共产党的信任可看出，自共产主义思想传入本地后，便成为了祝家楼的主流思想文化。但是无论时代如何变化，社会如何改革，祝氏族人信奉宗族，以宗族思想为根本联系的本质从未改变，他们以宗祠为思想寄托，始终传承着祝氏文化的精髓。

(2)祝楼村的民间娱乐主要有以下几种:

赖子:本地传统娱乐纸牌,内容是孔子写给父亲的家书,一个字有三种解释,但是到现在已经遗失。一个字有五张,讲胡,凑够多少胡才能赢。老辈说理解的含义流失,但是玩法要继续流传。家族曾经玩纸牌是在鼓上玩,在祠堂内放着一架有两百多年历史的鼓(图6.45)。

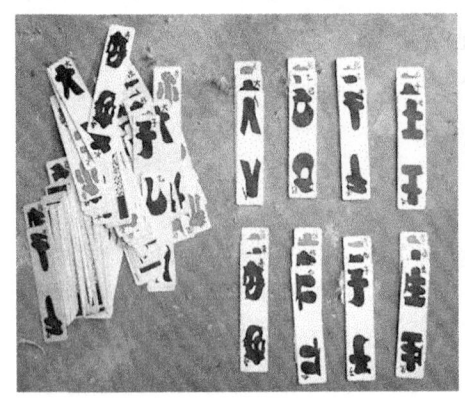 

图 6.45　赖子

锣鼓队:明末清初祝氏家族兴盛时期,祝家楼成立了古曲牌锣鼓队和花鼓戏班,用以族人娱乐活动,用传统乐曲来教育后人,后戏班荒废,只剩乐队。2010年锣鼓队重现生机,现能演奏《进花园》《青山乐》《朝园歌》《得胜令》等40多个曲牌(图6.46)。

图 6.46　锣鼓队、采莲船

采莲船：采莲船是在春节、元宵节时表演的一种民间娱乐活动。船体用竹蔑绑扎，船舱扎成花轿形式。采莲船一般由三人表演。船舱里是年轻美貌的女子，艄公手拿撑杆，还有一小丑，扮成媒婆形象。表演时，女子摆动船只，和艄公作划船状。艄公一边划船，一边演唱。歌词都是现编现唱，多为问候语和吉祥话，小丑做出丑态惹人捧腹大笑。

民歌：祝家楼村民喜欢唱民歌，有激扬高亢，有缠绵悠扬。《扇子歌》《十劝》《十恨》《断姻缘》等都是留传下来的经典作品。

曲牌：老一辈娱乐的乐谱，工程谱。工、车、上、司、合、六（图6.47）。

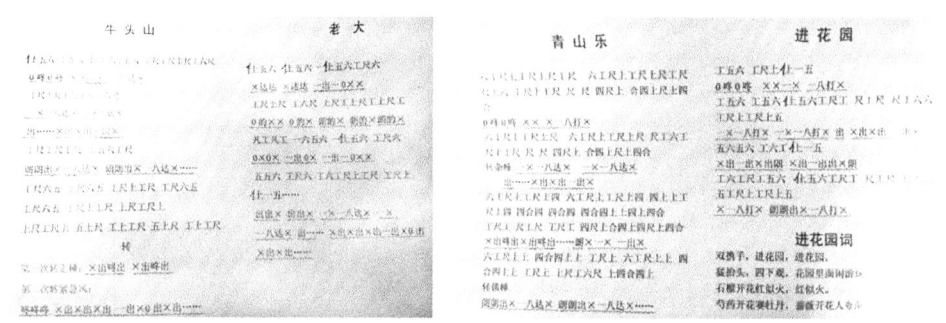

图6.47　曲牌

手工纺织与刺绣：祝家楼仍有部分家庭仍用传统方式织布。先把棉花搓成布条，再在纺车上纺出棉线，经过挽线、浆线、牵布等工序后上到织布机上，手工织布、织出的土布和纯棉。这种布是红安特产，称为"红安大布"。现在祝家楼旁的大悟县每年还会举行织布大赛。

祝家楼女性传承了手工制绣的制作工艺。绣花枕巾，绣花鞋垫，仍是她们最好的嫁妆（图6.48）。

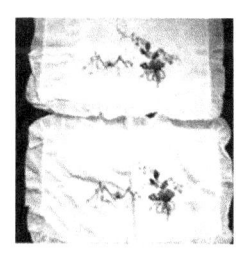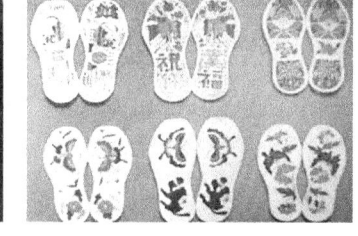

图6.48　手工刺绣

五、祝楼村传统聚落的现状与基础设施建设

(一)祝楼村文化物质遗产的申请

2012年12月，国家住建部、文化部、财政部联合发文，确认祝家楼为"中国古村落"。这是村民历时八年努力得来的成果，我们在村主任家看到了村民为本村申请文化物质遗产而准备的众多资料，有一些资料是网络与书籍上没有的，有些村民知识水平较低，便通过自己初步整理后由村内担任教师职务的村民共同编订成册。

(二)祝楼村的现状

祝家楼村民贫富差距较小，以小农经济为主体经济模式，基础设施建设较为落后，对外交流日趋频繁，生活水平日渐提高。

表 6.15　　　　　　　　　　村落建设用地现状

用地名称	用地面积(平方米)
居住用地	45070.80
公共管理与公共服务设施用地	831.00
文化设施用地	692.60
文化古迹用地	138.40
道路与交通设施用地	2452.50
村庄建设用地	48354.30

1. 小农经济对本村的影响

本村以小农经济为主，在快速发展的现代社会，这种经济模式已经不能满足人们的物质生活需求，因此村内出现了"务工热"，按户籍来说，本村有居民五百多户，但是现住居民只有一百八十多户。现有居民中也多为留守老人，部分留守青壮年也是在周边乡镇与县城工作，常住人口的大量减少造成人口在年龄结构上的不合理分布，使本村呈现出了老龄化趋势。

村卫生所医生为我们举例，种植农作物收入较少，村民收一天花生，除去自

给部分，多余部分售出也只能收入几十元，不足以支撑家庭开支，致使村民外出务工贴补家用。

老人日常生活就是种植农作物。家中子女健全的老人主要收入为农作物（花生）收入以及子女赡养费，另一种五保户、低保户或者贫困户的老人除农作物收入外还有低保金以及政府补贴。村内60岁以上老人每月有70元的政府补贴。

2. 祝家楼贫富差距较小的原因

内在原因有以下四点。

第一：本地为小农经济。本村村民的主要经济来源为种植农作物，如花生、水稻、红苕等。种植农作物的目的首先是自给，当有富裕时才会出售，这也就导致了本村各家经济水平相当，既无大富大贵之人，也无大贫大落之人。但在我们调研过程中对这一现象还有另一种解释，据一位深入研究本村历史的祝氏族人讲，迁移到本地的祖先十分精通《易经》，为了减少族人的争斗，无论是从选址还是村落构建均根据风水因素使本村无大富或者大贫之人，但这只是祝氏子孙间流传下来的一种说法，现已无从考证。

第二：本地交通闭塞。据村民介绍，，由于地形地貌等多方原因，若不是对本地较为了解的人一般无法单独进到村内，直到20世纪90年代建造了乡村公路后，对外交流才日趋频繁，这也导致本地经济始终发展较慢。

第三：村民职业构成单一。本村以农民为主，外出务工为辅，村内与周边有通商关系，也有村民在外经商，但是人数不多，并且外出经商的人已经很少回到本村，只有户籍还始终在村内，这一点从本村的住户数就可以看出。留在本地居住的青壮年又多为农民或多从事教师职业，也并无较多收入。

3. 祝楼村居民迁移现状与原因

现古建筑群中自南向北，只有5位老人居住于此，大部分村民都向西迁居至主干道旁的新房居住。村内所有地皮均为村民所有，一般村民新建房所用的宅基地均为自己所有，但若有村民没有除却老屋之外的宅基地，则可以从其他村民手中购买，迁居中出现的问题均由村民内部调节，上级政府不做决定。

通过研究发现现阶段居民西迁的原因有以下四点：

第一点：交通便利。西边紧邻村内交通要道，外出便利。

第二点：人口增长，老屋负荷过重。由于村落发展，居民越来越多，老屋房间小而少，因此村民开始向西新建房屋，以满足家庭人口居住需求。

第三点：政府对古村落文物保护的关注力度加大。该村从2008年开始申请

"古村落建造"直到2015年申请成功,对该村古屋的保护非常重视,为了避免破坏古建筑,政府也要求村民搬离古屋,但由于经济或家庭因素,有少量居民并未搬离。

第四点:村民经济能力有所提升。由于村民经济能力提高,为了生活更加舒适建造新房。

4. 祝楼村的用水系统

据村民所说,当地的主要水源为山泉水。曾有该村村民将山泉水带去检测,经检测山泉水具有较多矿物质,对人体有益,至今人们仍一直将山泉水作为饮用水。在20世纪四五十年代,村民在山泉的位置建造了一座水库用来保护山泉水的纯净,山泉水流入水库,再使用水管将泉水引流到村内供人使用。经调查发现,现阶段无论是古建筑群区域还是新建筑群区域饮用水均为山泉水,但新建筑群区域由于距离水库较远,有一些村民选择在自家凿井以解决日常生活用水,古建筑群区域仍有居民选择使用月池水洗衣等。

村落最初用水是依靠每个巷道内的小水渠将山上的山泉水引入村内,除山外泉水,降雨后山上的水会沿着水渠流进月池,月池中也有水渠与稻田地相连接用来灌溉。水渠至今仍在使用,只是不再引入山泉水,而是将自然降水引入"月池",或者用于日常灌溉。

5. 祝楼村的电力、通信与交通系统

祝家楼的电力系统完善,通讯系统覆盖全村,但是交通较为简陋,现阶段也仅有一条对外交通线路,村内道路为沙土混合地面。

据了解,改革开放后,村内才开始发展电力系统。20世纪90年代前后才开始着手道路建设,当时为了便于对外交流,村民与政府合资修建第一条交通主干道,2017年将此条主干道扩宽到15米。2013年前后,修建村内第二条对外交通干道。2016年,由于古建筑遗址的申请落实,政府开始出资修整村内其它道路。

6. 自然灾害的影响与村民的防护

当地虽山体众多,但由于山上植被较多与山石中富含大量金属矿物质的原因,极少发生山体滑坡现象。但是今年7、8月份全国性强降雨对本地产生了巨大影响,冲垮了部分年代久远的土筑古建筑,有一些具有时代性标志的建筑物被破坏,该村的农作物也大量减产。

祝楼村的村民具有一定的防灾意识,村民不会大肆砍伐山上植被,并不时的在山上种植树木。除此之外,村内党员组织了民兵队,一旦发生自然灾害便可以及时进行救援(图6.49)。

图6.49

六、祝楼村未来的发展规划

(一)祝楼村未来的发展方向与可发展的产业

祝楼家村具有典型的亚热带季风气候、四季分明、光照充足、雨水充沛，适合水稻、棉花、麻类、瓜果等种植，利于发展高产农业作物。

在当地也有一种具有较高养生价值的油茶树，油茶具有一定的养生价值，在治疗三高与减肥方面有一定效用，若可以得到成功发展可以为该村获得较为乐观的收益。

当地妇女擅长绣花，绣出的鞋垫具有当地特色，在以后手工绣坊也是一种潜在产业(图6.50)。

祝楼村的纺织也具有一定的特色，红安大布在当地较为出名，可作为新农村发展的产业。

村中改革开放之后才通电，在没电前，村子日常闲暇生活就是种棉花，纺线，自己织布供自己使用。后来发展为"红安大布"作为传统文化流传下来，也将其纺织手法保存了下来，现在邓乔村有专门做红安大布的手艺人。现存流传下来的纺织机20~30台，每年特定节日会举行大型纺织比赛。

村中有一家合资社，属华家河镇管理，会向外销售红安大布。

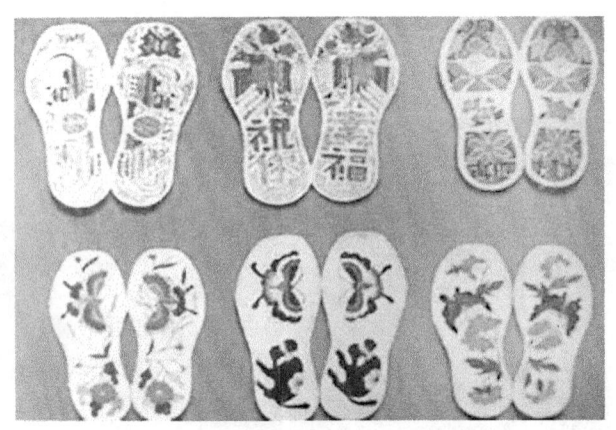

图 6.50

(二) 政府与外来资源对祝楼村的规划与投入

政府在祝楼村早期的交通建设中有一定投入,但是投入力度较小。现阶段,由于"中国古村落"的成功申请,祝家楼古建筑群被列为建筑文物,因此各级政府对祝家楼的关注力度加大。在村落建设方面,由国家出资,湖北省文物局规划设计与招标,私人企业竞标投得村落的建设权。古建筑修缮方面则由湖北省文物局全面负责跟进,基础设施建设主要由县级政府跟进。据村民所述,县政府人员不定期会到村内查看建设进度,由此可见,政府对祝家楼的发展越来越重视。

政府的具体实施项目有以下几点:

1. 对交通建设的投入

村内20世纪90年代修缮的的交通要道是由村民与政府共同投资建造的,每位村民出资一百元,剩下资金由政府投入。按政府计划,2017年把主干道扩宽到15米,以满足人流大量往来的需求。

2. 古建筑群的保护与修缮

国家对中国传统文化的重视也使政府对传统建筑的修缮投入力度加大,在祝家楼古建筑群修缮工作方面,国家拨款500万元作为一期修缮资金,现已修缮完成,主要将月池东边两排古屋的外墙与顶面进行修缮。按规定第二批800万元的资金到位后即开始后排建筑的修缮工作。

3. 基础设施建设

基础设施建设方面分为两大部分:一部分是村内道路与广场建设等;另一部

分是公共卫生间等基础公共设施建设。在资金方面均是政府拨款，由两个私人企业投标获得建设权。

4. 新农村建设举措的落实

土地方面：原来土地归政府，村民只能通过政府批准后按规定来使用土地，不能自由支配土地用途，程序繁琐，现在土地归村民所有，无论是盖房还是出租出售，均不用上报政府，可自行支配。

粮食方面：原来种粮需交税，现在种植粮食所得收入均为村民自己所有，不需缴纳粮食税，但此项举措在祝家村实施时间尚短。

(三) 村民对本村未来发展成旅游村的看法

现在政府对村内建设的投入力度加大，将祝家楼发展为旅游村的规划众所周知，对于本村未来的发展，大部分村民持支持态度，只有少部分村民因为个人或利益因素而持观望态度。由于该村对村内大事的处理方式为全村投票表决，最终以少数服从多数决定最终结果，所以，祝家楼村发展为旅游新村也是众望所归，村民也表示会为村落发展尽自己的一份力。在调查过程中，我们曾询问村民，若本村发展为旅游新村需要村民与政府合资将自己现居住房屋推倒重建，村民是否愿意出资，最终村民呈现两种意见：一种是有一定的经济基础的村民愿意与政府合资重建，以便日后的发展；另一种意见则是由于家庭经济条件太差，一时无法拿出所需资金，但若情况允许仍愿意以分批的形式进行房屋修建。

村民支持发展旅游业还有另外一点原因，由于现阶段古建筑的修缮与村内基础设施的修建需要大量劳动力，部分村民因此提高了收入。村内知名老教师祝老师的大儿子做运输工作，由于村内修建需要运送大量物资，使他的收入有了显著提升，村民也正是看到了这种实际的利益，所以更是大力支持本村发展旅游业。

(四) 若本村发展期旅游业，能否吸引村民返乡

关于这一问题我们询问了一些村民的意见，询问对象均为留守在家的中年或者老年人，他们对青壮年是否会返乡工作持有两种观点。

第一种观点：如果本村发展成古建筑旅游村落，经济提升，当然会建议并支持甚至要求子女返乡工作。原因是既可以保证收入又可以家庭团聚，两全其美。现在子女将孩子与老人留在家中也实属无奈，村内种植粮食收入太低，不足以支撑家庭开支，如果收入可观，子女应该会选择回乡发展。

第二种观点：是否返乡工作在于子女的选择。原因是他们认为子女在大城市工作可以提升眼界，增长见识，增强对外沟通能力，而且子女多年在外工作，可能已经不适应农村的单调生活，如果将来旅游村真正发展起来，子女如何选择他们不会干预。在这一点上有一位多年在外务工的村民说，她现在因为家庭原因回到村子发展后，由于常年在外，与村内人交流较少，认为乡村生活单调，并且种植农作物既辛苦收入又低，她依旧向往去大城市工作。

七、总结

祝家楼古建筑群具有较高的研究意义。简单总结为以下几点：

(1)建筑的防御性。祝家楼古建筑群无论从选址、空间布局还是建筑单体均便显出了较高的防御性，这让我们对古人在防御设计方面的高超技术有了新的认识。

(2)建筑的细节设计。祝家楼建筑群的天井为上下双天井、巷道与每家每户均建有暗水槽、户户相通的阁楼、古代的防盗门、"天王镇地煞"的装饰画、倾斜的大门等，这些建筑细节的功能与寓意都值得我们研究。

(3)红色事迹与人物。本地属于大别山革命根据地，苏维埃旧址、第二食堂、革命时期的医院、文革时期对本地人民的迫害、破四旧时期对本地建筑的破坏、至今留存在墙壁上的宣传标语等都让祝家楼充满了红色历史色彩。

(4)宗族关系的继承与发扬。祝家楼居民均为祝氏子孙，他们对祖先的崇拜与家族观念的重视，没有外姓人入住等都是祝家楼值得研究的独特之处。

(5)特色民间活动。"赖子""曲牌""采莲船""手工刺绣"等具有独特气息的民间活动也是本地的特色。

祝家楼是朴素的也是神秘的，是既具有独特性又具有时代性的古建筑村落，正在建设中的祝家楼仍有许多秘密等待人们慢慢发掘。

第三节　向阳村传统聚落文化景观要素及其影响调研报告

一、绪论

(一)向阳村传统聚落的现状概括

孝昌县小悟乡向阳村历史悠久，据现存资料考证，该村于阳氏宗族于明朝初期从江西麻城地区迁徙至孝感北定居而成，村中男性均为阳姓，向阳村古民居群落是鄂东北发现的保存最为完好的古建筑群之一。村中保留了大量的形态相近、特色鲜明的明清传统古民居。据调查，向阳村保存较为完整的古建筑面积约18700平方米，占全村建筑面积的60%左右。其中具有代表性的的建筑有始建于明朝中晚期的"阳氏祠堂"和"双柏古寺"，各为324平方米和450平方米。

(二) 向阳村传统聚落研究的内容及意义

随着城市的扩张、村落的转型、撤并和农民的异地脱贫，村落数量急剧下降，而旅游业的过度开发和新农村建设中对文化传承的忽视，也对传统村落造成了巨大的破坏。近年来，长江流域、黄河流域等地颇具历史、民族、地域和建筑文化价值的传统村落正以"平均3天1个"的速度消亡。与传统村落迅速消亡相伴的，是仍然存在的传统村落绝大多数衰败迹象十分明显。这表现在许多民居无人居住，年久失修，不仅外观残破，倾圮倒塌者亦有之。孝感的向阳村落中原有的一些公共空间，如寺庙、学校等也破损严重，人口的老龄化和村落文化传统断裂。

村落人口尤其是青壮年劳力不断"外流"，造成常住人口大量减少，与此同时，青壮年劳动力流向城市工作，造成人口在年龄结构上的不合理分布，传统村落中老龄化问题严重。老年人大多在老房子居住生活，年轻人在新建的街上休息生活，传统民居受到的保护力不足，甚至在荒废。因为不能产生经济价值，所以年轻村民对村落及其传统文化认同度不够深刻，致使村落传统文化的传承也处于困境。像向阳村这样有文化有价值的村落在中国还有许多，我们应该竭尽全力地保护好先人的智慧结晶，一代代相传，弘扬我们的中华文化。用我们所学的知识为向阳村这些有历史的老民居测绘，用图纸的方式将这一文化瑰宝用另一种方式保存下去，同时我们也向居住多年的村民了解了这些传统民居中发生的故事，了解了村子一步步的变化。

二、向阳村传统聚落发展及历史变迁

向阳村传统聚落的地理位置：小悟乡向阳村位于孝昌县东北部，东经114°11′37″、北纬31°19′42″。海拔高度为112米。地处大别山南岳，著名道教圣地大悟山山脚，风光旖旎的观音湖入口，于武汉黄陂清凉寨隔山相对。村落三面环山，由林地、小溪、正屋、宅居、农田、街道构成，形成依山傍水、天人合一的村落。

(一) 聚落的定居阶段

明清时期，从江西麻城逃难而来的阳姓家族，来到向阳村，发现此处三面环山有水有石，空气清新宜人，是一个难得的世外桃源，有肥沃的土地可以用来耕种。由于此地地形极像燕子的窝，即命名为燕窝。后来，由于定居于此的都是阳氏族人，故命名为"向阳村"。

起初，选址于南边的山脚水塘边，即今祠堂位置，建造一座土坯房，这就是向阳村最早的建筑。

(二) 聚落的衰落阶段（动荡/停滞）

抗日战争时期，日本军队在此驻扎，大量古建被毁。中华人民共和国成立后，"文化大革命""破四旧"，让村落的古建筑再次遭到破坏，村民也苦不堪言，作为学堂的双柏古寺也遭到破坏，村民无力修缮，历经战争后的向阳村变的奄奄一息，据村民说许多文物古迹被破坏，柱子、石头砖雕、窗花、挑梁雕花都被毁于一旦，但所幸的是村落的水系巷道及空间格局基本保存完整。

(三) 聚落的复兴（变革）阶段

改革开放后，人们生活开始稳定，社会秩序逐步安定，农民收入逐渐增加，遭破坏的古建得到修复。1998年，村落也开始修建向阳街，街边新建筑陆续兴起，这些新房采用新的结构和形式，原来的水系和巷道也基本没有改变。由于计划生育及外出务工人员增加，村落人口并没有再达到过鼎盛时期的规模。但许多外出务工人员有了足够收入后依旧回乡盖房，这是对村落的留恋。现在，当地政府开始加强古民居资源的保护，村里参加了传统村落的申报。如今，古村落开发保护已经形成共识，流淌在时空里的百年老屋，正在吸引越来越多关注的目光。

(四) 传统聚落物质景观空间的发展变迁

1. 聚落空间形态

从村落发展时期的平面图可以看出，村落内部空间主要是由建筑院落和街巷空间拼合而成，两者互为图底关系。村落的空间形态以及街巷网络在清朝时期得以发展，之后是一个生长以及演变的过程，住宅形式上也没有明显的变化，都是在原来的基址上修建或重建。

2. 街巷道路空间形态

村落的街巷空间分为街巷空间、水系空间、节点空间。作为交通空间的街巷道路系统，其形成是个逐步完善的过程。

向阳村现存街巷道路分为三个等级：第一等级是连接村落与外界的道路，唯一的一条主路，是1998年政府与商人投资浇筑水泥而成；第二级建筑道路主要是连接的住宅组团，是村落最丰富、最有特色的街巷空间，大体呈东西走向，沿河有两条桥连接河两端，贯通村民的生活与交通运输，是曾经没有主路时通往村落的主要道路；第三级道路是没有水泥浇筑的农田与河的边缘构成的环村小路，只能容纳一人行走，多为自然的土块路。

就物质构成而言，空间是由界面围合而成的，其界面的属性是这一空间形态的重要内容。街巷空间界面构成包括底界面与侧界面，底界面有地形特征。地面铺装等组成，是空间物质活动的承载面；侧界面是外部空间围合界面，由众多建筑的对外界面拼合而成，它既是内与外之间物质意义上的分割界限，也是内与外的联系要素。

3. 建筑空间形态

通过资料整理和现场调研，我们发现村落由于地形因素以及年轻村民的陆续搬离，现居住在古建筑的人口开始极剧减少，古建筑由于无人修缮，破损程度加大。随着村落的发展与演变，村落进入率滞留时期。现存建筑为明清时期和族内后人新建，建筑布局以两进式天井轴对称形式为主，各个单体建筑以纵横的石板巷道分隔，也有极少部分是联通在一起的，也是连通村落的街巷空间。

将这些测绘的民居在总图上标出后，可以看出规模较大的古民居和正屋主要集中在村落北边邻山的地区，依山傍水是人们居住的理想环境，村落现存的古民居，大部分为明末清初时建立的。

现今，村落中建造新房多以瓷砖拼贴的外立面楼房为主，紧靠1998年修建的新街道周边建造，门口会留出活动空地。

4. 街巷空间形态

村落的街巷空间分为街巷空间、水系空间、节点空间。作为交通空间的街巷道路系统，其形成是个逐步完善的过程。

铜湾陈现存街巷道路分为三个等级：第一等级是连接村落与外界的道路，唯一的一条主路，2008年正式浇灌水泥而成；第二级建筑道路主要是连接大面积的住宅组团，是村落最丰富、最有特色的街巷空间，大体呈东西走向，沿溪有条石板路，曾经没有主路前通往村落的主要道路；第三级道路是建筑与建筑之间的巷弄，十分狭窄，只满足"通过"的功能，基本没有容纳人停留的空间，多为青石板路，由于建筑朝向的不一致，巷弄的形式也大有不同。

就物质构成而言，空间是由界面围合而成的，其界面的属性是这一空间形态的重要内容。街巷空间界面构成包括底界面与侧界面，底界面有地形特征、地面铺装等组成，是空间物质活动的承载面；侧界面是外部空间围合界面，由众多建筑的对外界面拼合而成，它既是内与外之间物质意义上的分割界限，也是内与外的联系要素。

5. 水系空间形态

向阳村主要的水系分为两大部分，一部分是河水，一部分则是自来水。村中有一条从大悟山中流下来的山泉水，也是村民生活用水以及灌溉用水的主要来源，古村落居民用水主要来自道路附近旁大的古井，正方形石板堆砌，水面大约1平方米，几家合用。现代城镇用水主要来自每家每户自家房子内的井，以地下井水为主。

6. 节点空间形态

村落主要节点空间分为三种：村口、公共活动空间、住宅入口。

顺着山路来到向阳村村口，一大片湖面映入眼帘，山区很少有这么大的湖面，村里的小孩子称它为海，感觉就像是梦一般的进入了一个世外桃源。沿着主路进村，是一个由新旧建筑围合形成的一个节点空间，有商店、村舍、学校。是整个村人流最多处。沿东南方向的道路一直走可以看到阳氏祠堂，祠堂前有一大块空地，村民在此打稻谷、晒稻谷、晒花生，这便是村内最大的公共活动空间。村落还有许多小的交通空间，从北方而下的小溪注入会亭河，在道路两边架着石板桥，桥头有一棵古树，桥下潺潺流水声，倒真有几分小桥流水人家的诗意美。

7. 公共空间形态

向阳村主要的公共空间是村中"阳氏祠堂"前的大片空地。村民曾将粮食在此晒干并囤积于此，按人口分粮，村中的公共活动以及大事件决策，酒宴嫁娶都在此进行。第二处位于村落北边的居民集中处的水塘边，主要还是为农作物服务的场所空间，现在村民也会在此休息锻炼，清晨傍晚人们会路过此处，有村民会在这里洗衣服、晾晒衣服。会亭河边缘曾由村民用石头堆积成岸，夏天河水清凉，河边垂柳随风飘摇，也成为村民纳凉聚会的好地方。

图 6.51

图 6.52

8. 聚落周边自然景观形态

该村位于山水之间的平缓地带，三面环山，一条会亭河水流贯穿全村，自东北向西南流至观音湖水库中，周边有林地、耕地、田地环绕。林业资源丰富，有板栗树、银杏树、枫树、柏树、香樟、柳树、石砾、杉树等。

每家每户在山上都有板栗林，板栗也是村民的主要农业收入来源之一，耕地大多种一季水稻，还有种油菜、花生等。此处物产丰富，粮、油、鱼、菜等都能自给自足，多余的农作物用来出售，提高收入。

三、向阳村基础地理景观要素

（一）行政区划

向阳村位于湖北省孝感市孝昌县小悟乡，东与湖北武汉黄陂接壤，西接云梦县，安陆市，南邻孝感市孝南区，北靠大悟县。

（二）交通运输

向阳村巧妙地以建筑间形成的街巷来连接各家各户。建筑多为一正两厦，四合天井，且多为二进。各家各户以水泥路的街巷分隔连接，街巷相通，形成整体有存在个体的宅居群落。村子的主要交通是 1998 年新建的位于会亭河边的新街道，从村口一直通到大悟县，是该村的主要交通运输道路，该道路又分几条新的支路通向村里各个民居遗址，连同全村。

（三）聚落分布

村落平面图如图 6.53 所示。

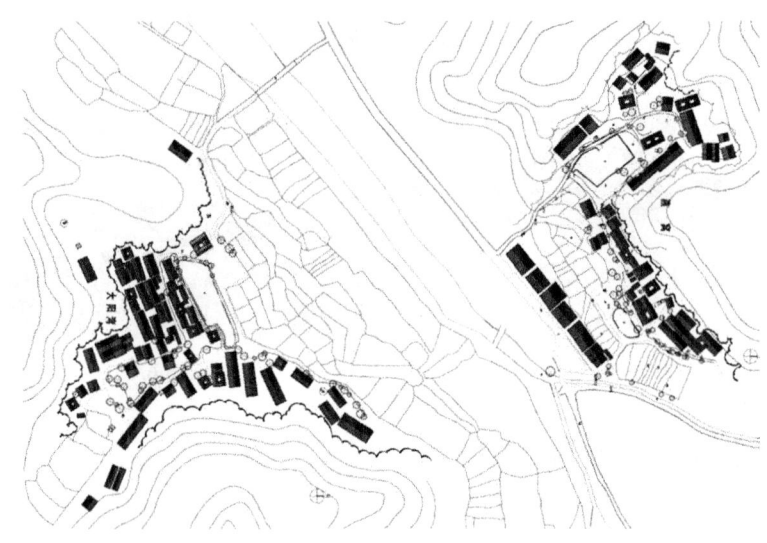

图 6.53　村落平面图

(四) 现代城镇

1998 年政府与香港商人投资一亿修建港昌希望小学,并在会亭河原河址上修建一条新公路,政府基于人口集中化和现代城镇化的考虑,告知村民将新房子建在马路两边,年轻的村民逐渐离开传统民居,也就有了如今的现代城镇,城镇沿路分布呈长条形,有会亭河流经,水源充足。

(五) 气候及自然条件(降水及地貌)

气候:孝感市地处中纬度地带,属亚热带季风气候。境内四季分明,冬季盛行偏北风,夏季盛行偏南风,严寒酷暑时间短,春、秋、初夏气候温和时间长。雨量充沛,年平均降水量为 1133.8 毫米;光热充足,年平均日照时数为 1996.7 小时,年平均气温为 16.0℃,≥10℃的积温为 5091.9℃,有利于农作物发育、生长,是我国光、热、水条件配合较好的地带。

地貌地形特征:山地为主,从大悟山而来的会亭河穿村而过,将向阳村传统村落建筑群分为东西两个部分,东半部背靠黄草山,其山峰犹如一仙风道古老人仰面而卧;西半部地形犹如燕巢,故名阳家燕窝,东西两部均靠山临水,其布局朝向于地形地貌、山谷溪河巧妙融合,体现了古人天人合一的选址智慧和对自然环境充分尊重的理念。

(六) 生态环境

生态环境宜人，水资源丰富，会亭河穿村而过，连接观音湖。三面环山山上植物充足，板栗树与银杏相互交融，到了秋天金黄一片，景色十分怡人。有山有水，能够自给自足的生活，生活用水很少依靠天井收集雨水。土地保存完整，植被山头有被开发种板栗，山脚临村部分开发种田，和在传统村落附近种上银杏树。地势较陡峭，通风口主要在村口，三面环山，不利于通风，但有会亭河流过，夏天十分凉爽，夏天村口被几棵古树所遮挡，因此很难被人发现村落，据说日本侵略时期，由于大树的遮挡，村中人们幸免于难。生活上，经济来源多为青年人外出务工，而老人孩子在村子里耕作读书，与世无争，过着自给自足的生活(图6.54)。

图6.54　向阳村一景

四、孝昌县传统聚落的文化景观要素特征及其影响(以向阳村为例)

(一) 聚落风水、选址及其成因

小悟乡向阳村位于孝昌县东北部，海拔高度为112米。地处大别山南麓、著名道教圣地大悟山山脚、风光旖旎的观音湖上游,与武汉黄陂清凉寨隔山相对。全村国土面积2.1平方千米,共辖2个自然湾、一条街道,4个村民小组,现该村户籍人口896人,常住人口2050人(图6.55)。

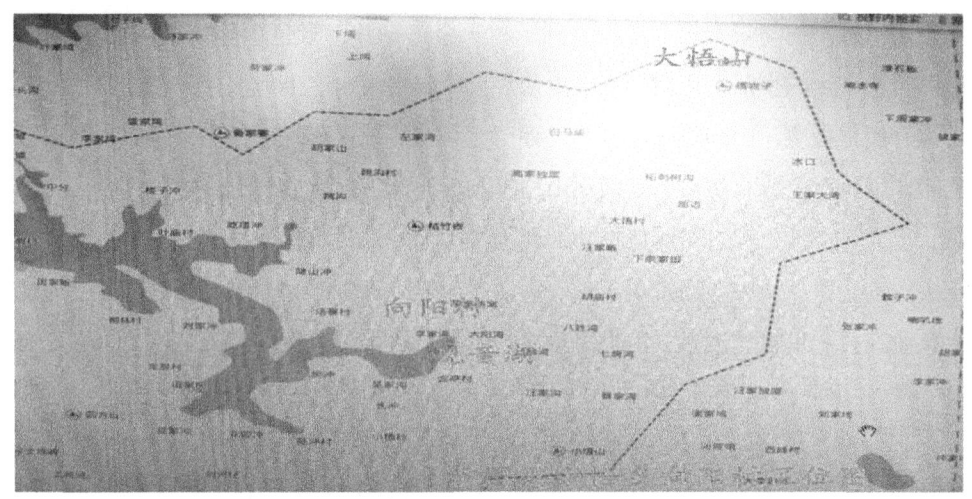

图6.55　向阳村区位图

向阳村古村落东半部的自然湾名大阳湾,坐东朝西,背靠的黄草山山峰远观酷似一仙风道骨的老人仰面而卧。一条溪泉从山中潺潺流至村中,据村中老人语,历朝历代,无论天旱几何,此溪未见干涸,溪水清澈见底,鱼虾畅游其间,优哉游哉。西半部坐西朝东,亦依山而居,形犹燕巢,故名阳家燕窝。村前的会亭河宛如白练从天而降,屋舍边修竹茂密葱郁,村中古木参天蔽日、古径透蛇通幽、鸡犬相闻、绿荫掩映,空气如水洗水滤一般,清新怡人。环境优美恬静,极显自然和谐。

向阳村及周边各个村落各姓氏村落,即其村内主要人口和强宗大姓,追本溯源,绝大数是来自江西麻城的移民。向阳村及周边的许多村落和家族都还保留着相传的历史。他们将先人的牌位迁移至此,建造了新的宗室祠堂。因此,或走水路,或行陆路,江西省的许多移民会途经向阳村及周边地区。

以大悟山为主要水源地的会亭河宛如白练从天而降,穿村而过,将向阳村传统村落建筑群分为东西两个部分,东半部背靠黄草山,其山峰犹如一仙风道骨老人仰面而卧,西半部地形犹如燕巢,故名阳家燕窝。东西两部均靠山临水,其布局朝向与地形地貌、山谷溪河巧妙融合,体现了古人天人合一的选址智慧和对自然环境充分尊重的理念。

古村落中溪泉潺潺、清澈见底、鱼虾游戏其间,优哉游哉,无论天旱几何,未见干涸,屋舍边修竹茂密葱郁,村中古木参天蔽日,古径透蛇通幽,鸡犬相闻,绿荫掩映,空气如水洗水滤一般,清新怡人,环境优美恬静,极显自然和谐。

(二)民族及宗族意识

村民都是汉族,村中人都是阳姓之人。

村落中有一个人人都知晓的老寺——双柏寺。(如图 6.56 和图 6.57)

图 6.56　双柏寺

双柏寺曾经历了多次的推毁和重建,革命后期曾修建成老式学堂,供村中的孩童学习。后来孩童数量增多,修建了多处学校,双柏寺又成为了村中人逢年过节聚会的场所。村民尤其是信奉佛教的村民每逢初一、十五,都不忘来烧香磕头。由于向阳村民的祖坟并不集中,大家多数祭祖都是以家为单位进行。尤其是清明节,就算是常年在外务工的年轻人也会回乡祭祖,逢年过节全村人舞狮舞龙到双柏庙一起庆祝。

虽然向阳村民大多数都姓阳,且是同一个祖先繁衍下来的,但村民都不排斥外姓人来此定居,并且十分热情。

图 6.57 双柏寺

池塘边的土砖房(图 6.58)是村里历史较为悠久的建筑,虽然现已腐旧,濒临坍塌,但是从它的建筑体量、建筑形制、建筑材料等方面,还是很容易看出它的与众不同,它是整个湾子的"精神空间"和"引力场",具有压制一切的优势。虽然现在新修了向阳街,大家都在街上修葺了新的房屋,但是在不繁忙的时节,大多数村民还是住在池塘两边的老屋里。这里的村民比较恋旧,老屋的保存也比较完整。

图 6.58 阳氏祠

(三)孝昌县文化标志因素

1. 祠堂

祠堂(图 6.59)是向阳村阳氏家族文化的产物。但由于搬迁移民的原因,祠堂并没有修的非常宏伟,刚开始建村的时候,村民是想将这里打造成为村中政治文化中心,但后来新修了向阳街后,人们慢慢将文化中心转移到双柏寺。但是也由于祠堂的年代久远以及其中摆放的古物较多,祠堂改为非开放式,平常人们也较少进入。

图 6.59　阳氏祠

1943 年 3 月 8 日,抗日军政大学第十分校(简称"抗大十分校")由随州迁到项庙,课堂设在阳氏祠堂。李先念任校长,阳焕明任副校长。

阳焕明是地道的项庙村西冲人,他与李先念在长期革命斗争中结下深厚情谊,抗大十分校迁入阳氏祠堂,得到阳姓村民的大力支持。分校在项庙主办了五期,主要培养营级以下干部,共培养军事和政治干部五千余人,这些学员后来大多成为抗日战争和解放战争中的中流砥柱。

阳氏祠堂如今已是省级文物保护单位,爱国主义教育基地。

祠堂大厅便是抗大课堂,如今已寻不见当年模样。左侧两间厢房,曾是李先念和警卫人员的卧室,至今仍摆设成当时情形;右侧房间已成为文物展室,新四军枪械厂制造的大刀短枪等陈列其间,透过斑斑锈迹,仍寻得见当年战士们英勇杀敌的万丈豪情。

2. 双柏寺

在村小学后面有座建于明代的庙宇叫双柏寺,门前会亭河水四季流淌,河中鱼儿上下争游。周围有九个曲折的山嘴伸向庙头,被人称作"九龙奉圣"之地。

当地有项姓和阳姓两大家族。早年,阳氏一族"老(死)"了一个人,按地方习俗,四个青壮劳力到已经勘测好的坟场"打井",而这打井葬人之地,不是阳氏的，而是项氏的。阳氏打井人一离开，项氏人就将一尊观音菩萨塑像抬到打好的井里。当阳氏的子孙抬着亡人的棺木来到墓地时，看见洞穴中的塑像，便派人下到井里往上抬，可怎么也抬不起来。主事人想，这恐怕是天意吧。无奈之下，只好在附近重新打井安葬。

新打井的地方与原井只隔了一道田埂，虽在项氏的地面上，却是阳氏的祖坟地，项氏人也就默许了。

经此事后，项、阳两姓逐渐和好。两姓族长商定，在原先打井葬人的地方修建一座庙宇，取名为"项阳庙"，宣示两姓和平相处，共享美好家园。后来改名为了双柏寺。

按建庙时约定，项阳庙也就是现在的双柏寺，由项阳两姓轮流管理，一族管理一年。这个规矩流传了几百年，2015年轮到项家，年过七旬的汪富英老太代表夫家项氏在庙中主事。

"邻里和谐，才能幸福安宁。"老人们说，项阳庙至今香火旺盛，也说明了这个道理。现在村民简称其为项庙，阳氏也没有异议。

孝昌县小悟乡向阳村历史悠久，据现存资料考证，该村为阳氏宗祖于明朝初期从江西吉安地区迁徙至孝感北定居而形成，村中男丁均为阳姓，长幼辈序脉络清晰，宗代相差九代之远。

向阳村古民居群落是鄂东北迄今已发现保存最为完好的古建筑群之一，村中目前保存了大量连片的形态相近、特色鲜明的明清传统古民居。现在约有460人居住在古民居，古民居建筑面积占全村建筑面积的56%。2014年4月，孝感市政协、市建委等领导就传统村落课题到该村调研时，曾连连惊呼：想不到此地还保存有如此完好的古村落（图6.60、图6.61）。

向阳村保存较为完好的传统建筑面积约18700平方米，具有代表性的古建筑有始建于清朝中晚期的阳氏宗祠和双柏古寺（各为324平方米和450平方米），传统建筑面积占村庄建筑面积的61%。向阳村传统建筑具有典型的鄂北古建筑风格，建筑结构多以砖木混合为主，用方整条石砌墙为基，外墙青砖灌斗、硬山屋檐、瓦面屋脊为干摆小青瓦、短檐（瓦面出墙3~5寸即为滴水）、弯水（古人建房需请阴阳道士依据事主家人生辰八字，与天干地支阴阳融合，即俗称"合八字"，确定门户门向，大门多向内凹进并与房屋前墙交叉有一定角度）、矮马头墙和小天井。建筑结构多为三间两进（前堂后厅）、一门多户（一个大门进入，是一条深巷，深巷向两侧各开2~3个门户，每个门户即是一户人家）。无论厅堂、起居室的布置，还是门户分配，均遵循尊卑、长幼、内外的礼法要求。

图 6.60　向阳村古建

图 6.61　向阳村古建

(四) 传统习俗与行为习惯采集表

包括周边村落采集，如表 6.16 所示。

表6.16

习俗		缘由	活动及内容	参与人员	时间	变化
传统习俗	中秋赏月	节日庆祝	八月十五，吃月饼，赏月，青年女子相聚在月光下"读月子"，即在月关下摆设月饼、水果和精致的花朵，高声朗读赞美和邀请月子的歌谣，场面极其欢悦。	家庭成员	中秋	节日气氛越发浓重
	重阳登高		九月九日，家家杀鸭过节。有些学校及文人举行登高活动。	家庭人员	重阳	
	端午包粽		五月初五日，家家包粽糍，门上插菖蒲、艾枝，又烧仓术，洒雄黄酒，饮雄黄酒，用钩藤水沐浴，彩丝线扎制各种形态的香包，内包香料、药物，让小孩系在胸前。	全村	端午	
特殊习俗	双色对联	祈福	家中有老人去世，请道士来祈福贴上双色有符对联	家中后辈、道士	老人去世	减少现象
	皮影戏	庆典	为村内举行活动时期的本土节目，至今仍为众多老人所热爱	全村	村内活动	深受喜爱
	春节迎新		家家杀鸡，用鸡敬灶神，敬祖宗，告别旧岁，俗称辞年。 辞年后，全家团坐"饮汤"，即吃肉、吃"长命菜"			
	唱大戏		村中年轻人嫁娶或老年人庆祝生日会搭台唱戏	村民与家中亲戚	嫁娶与诞辰	参与数增加
	舞龙灯		每逢村中佳节或有喜事，村民自发舞龙庆祝	村民	重大节日	逐渐减少
	打鼓		每年正月间，随便走到哪个村子里，都可以听到锣鼓敲打的声音由于曲调优美，容易形成欢乐祥和的气氛，乡村男女老少均乐于欣赏。	村民	正月	越发热闹
饮食		大米	村民多以大米为食	所有村民	一年四季	保持
语言		孝感话		所有村民	一年四季	保持

(五)著名人物统计

这里是开国少将阳焕明的故乡,抗日军政大学第十分校、新四军五师被服厂、兵工厂曾在此驻扎,李先念、郑位三、陈少敏等英雄人物,留下许多光辉足迹。

阳焕明凭着他对这一带地理环境的熟悉,曾带领学员与敌伪巧妙周旋,上演了一幕幕惊心动魄的故事。一天傍晚,分校从阳氏宗祠向王家河转移,日伪军1000多人突然封锁公路,企图包围袭击。阳焕明发现敌情后,为保存革命英才,带领学员沿着山沟往山里撤离。撤到土帝岭一带时,学员与敌军,相距不过百米。恰在此时,一位女学员褓褓中的婴儿突然啼哭起来,女学员情急之中,用手紧紧捂住孩子的嘴巴。敌人走后,婴儿已被捂得脸上发紫,奄奄一息,幸亏卫生员及时做人工呼吸,婴儿方才脱离危险。

1955年,阳焕明被授予少将军衔,曾任南京军区空军司令员。1971年,阳焕明偕妻子荣归故里,深情回访当年抗大分校、枪械厂旧址,感念乡亲们对革命事业的支持与奉献。老人们都还记得,那天,阳焕明来到村口,在一棵直径近两米的古三角枫树下久久伫立,没有人知道将军心中翻涌着怎样的波澜。当年如哨兵般护卫着革命的几百年老树,依然英姿勃发,昂然挺立。

这里曾经出了10位开国将军。其中包括1955年被授予上将军衔的刘震将军。1915年3月3日,刘震出生在湖北省孝感孝昌县的小悟乡刘家嘴的农民家庭。在贫寒的家庭环境里,度过了他的童年和少年时代。他是中国人民解放军高级将领,中国人民解放军空军的奠基人之一。原中共中央顾问委员会委员,原中央军委委员,军事科学院原副院长。1955年被授予上将军衔,曾荣获一级八一勋章、一级独立自由勋章、一级解放勋章、一级红星功勋荣誉章。

(六)现代关于发展建设向阳村的策略

传统村落是中国古文化的根基,是祖先馈赠给我们的珍贵遗产。根据传统村落的现状情况、保护的指导思想及总体目标,重点完成传统村落建筑保护利用、防灾安全保障、历史环境要素修复、基础设施和环境改善、文物和非物质文化遗产保护利用等任务。加强向阳村传统村落保护一直是当地政府的重要工作之一。

(1)是选址建设新的住宅小区。早在20世纪90年代,小悟乡党委政府就超前谋划,沿会亭河河道选址新建一条商居街,免费向村民提供建设用地,引导和鼓励村民保护传统建筑,有效解决了新居与传统民居争地的矛盾,为传统古民居得以大面积保存打下了坚实的基础。

(2)是加强环境整治。近年来,通过实施村庄整治工程、村庄清洁工程,向阳村村庄环境得到了有效整治,传统建筑和生态景观得到了有效保护。

(3)是加强历史文物保护。向阳村阳氏祠作为"抗日军政大学十分校"和"抗日时期被服厂旧址"被确定为省级文物保护单位。多年来,当地政府一直致力于历史文物的保护,积极配合县文物保护主管部门修订文物保护利用总体规划方案,投入专门人力、物力、财力加强历史文物保护。

(4)是积极开发利用。传统村落保护必须走保护与利用并重、互动的道路。近年来,当地政府充分利用传统村落自身历史文化积淀和该地区著名自然山水风光(如图6.62),整合"抗大十分校"等红色旅游文化资源,已初现旅游开发雏形。

图6.62 观音湖生态风景旅游区

（七）向阳村传统礼仪表（表6.17）

表6.17

时间	传统仪式	现代仪式	备注
寿礼	晚辈集体拜寿	所有亲朋聚集到一起庆祝	
婚礼	男方出聘礼（阳伞、扇子、喜饼等）祭祖、进门前跨火盆	男方请乐队鼓手表演，祭祖	因为农村婚礼全以男方为主
丧礼	贴两色对联、请大师超度	门口唱大戏、敲锣鼓	多以老人去世为白喜事

（八）向阳村人口受教育程度统计表（表6.18）

表6.18

年龄阶段	性别	受教育程度	终止原因	年龄
50岁以上	男	初三	经济条件不允许	56
	男	高三	大学数量太少	54
	男	五年级（初小）	拆校、搬家	64
	女	四年级	家里不允许	51
	女	无	家里不允许	57
	女	三年级	经济情况太差	54
	男	高一	个人原因	62
	男	五年级（初小）	自愿辍学	66
30~50岁	男	高一	经济条件不允许	46
	男	中专	更想享受生活	36
	女	五年级	家里不允许	31
	男	中专	成绩不好	32
	男	高二	不想读书	42
	女	四年级	家里不允许	34
	女	初一	家里不允许	31
	男	初三	不想读书	41

续表

年龄阶段	性别	受教育程度	终止原因	年龄
20~30岁	无			
	无			
	无			
	无			
	无			
	无			
	无			
	无			
20岁以下	男	初二	读书中	12
	男	初二	读书中	12
	男	初二	读书中	12
	女	大一	读书中	18
	男	大二	读书中	20
	女	七年级	读书中	14
	女	八年级	读书中	14
	女	五年级	读书中	11

根据表 6.18 中的数据，可以发现以下几点：

(1) 50 岁以上年龄段的女性按照当时的社会因素而言，并没有机会继续读书，甚至是不能接触教育。而男性基本都可以受到良好的教育。

(2) 30~50 岁年龄段的女性受教育情况要比 50 岁以上年龄段的女性情况好很多，基本都有过接受基础教育。而这个年龄段的男性却有更多的选择，甚至有人自愿放弃读书的机会。

(3) 20~30 年龄段的村民基本都在外务工，所以调查中基本没有遇到这个年龄段的村民。

(4) 20 岁以下年龄段的女性受教育情况较为良好，甚至拥有进入高等学府机会，男女平等的观念逐渐普及，村民们普遍意识到受教育的重要性，女性有了更多读书的机会。

(九) 向阳村传统聚落文化要素与湖北省及周边地区的关系

由于向阳村四面环山，坐落在山洼中，是个小村庄，而且交通也不太便利，除了历史悠久的鄂北风格土砖房以外，没有重要的文化标志或建筑。因此向阳村对周边地区没有什么强有力的影响因素。鄂北风格的古建筑是向阳村吸引人的地方之一，不过周边村落也有类似的古建筑，因此它显得并不是那么突出。

(十) 向阳村传统聚落文化特征规律及空间分布状况

港昌希望小学位于向阳村和项庙村的中间地段，将两个村子分开来。在港昌希望小学后面是双柏寺。许久之前，向阳村与项庙村是有小过节的，也因为这个小过节使得本是向阳大队的两个村子彻底分开。直到"大古井"事件之后两大氏族重归于好，此后两村村民相处融洽，这里也成为了村民们的文化中心，村民们茶余饭后就会聚到这里谈天说地。而双柏寺的周围都是鄂北风格的古建筑，古建筑多数以池塘为中心，成"燕窝"形状散开（如图6.63），在这里形成一道独特的风景线。

图6.63 "燕窝"式鄂北风格古建筑群

五、孝昌县传统聚落的建筑景观要素特征及其影响

(一) 古建简介

1. 古建的发展历史与背景

孝昌县小悟乡向阳村历史悠久，据现存资料考证，该村为阳氏宗祖于明朝初

期为了躲避战争从江西麻城迁徙至孝感北定居而形成，村中男丁均为阳姓，长幼辈序脉络清晰，宗代相差九代之远。

向阳村古民居群落是鄂东北迄今已发现保存最为完好的古建筑群之一，村中目前保存了大量连片的形态相近、特色鲜明的明清传统古民居。据调查，向阳村保存较为完好的传统建筑面积达18700平方米，古民居建筑面积占全村建筑面积的61%左右。其中，具有代表性的古建筑有始建于清朝中晚期的阳氏祠堂和双柏寺(各为324平方米和450平方米)。目前，村中有大约460人依然居住在古民居。

据村长介绍：向阳村是以祠堂为起点来扩张的，向阳村祠堂大阳湾的古建筑历史长于燕窝的古建筑，因此可以推断出向阳村古建筑发展的起点是大阳湾，在慢慢扩建的时候，发现了群山环绕的"燕窝"，因此，后辈们住在了"燕窝"，在"燕窝"盖起了自己的房子。而随着时代的发展，在国家政策的影响下，村民们在大阳湾和燕窝之间修建了公路，盖起现代式的建筑。值得庆幸的是，村民们并没有推倒从祖先手中留下来的建筑，而是在别处盖起新建筑，所以现在的我们才可以看到这么完整的古村落群。

2. 古建的演变过程(图6.64~图6.68)

向阳村古建筑的布局大部分都是围绕村中水池来布局，村中传统建筑具有典型的鄂北古建筑风格，建造结构多以砖木混合为主，少量以全土砖砌房，一般用方整条石砌墙为基，外墙青砖灌斗，瓦面屋脊为干摆小青瓦、短檐、弯水、矮马头墙和小天井。

图6.64 土砖房

图6.65 青砖房

图 6.66 短檐

图 6.67 矮头马墙

图 6.68 小天井

建筑结构多前堂后庭、一门多户,但如今保留下来重建的古建筑基本上是前堂后庭而并不是一门多户了。无论厅堂、起居室的布置,还是门户分配,均严格遵循尊卑、长幼、内外的礼法要求。

在建筑材料上,无论是土砖房还是青石砖房,梁都还是用木头,只是在建筑基部,土砖房是直接用土砖堆砌起来,而青砖房是用长形的石条来做底,围出建筑的大小,再在石条上堆砌青石砖,所以用青石砖盖成房子的寿命比用土砖盖成房子的寿命长，村中大部分土砖房都有不同程度的破损，鲜少有人住，而青砖房依然还住着人。

而村中现代式的建筑就是我们国家新农村建筑风格，围绕村中心马路而布局，用坡道或楼梯连接马路，2~3层高，占地面积大约160平方米，房子外部大多是用瓷砖装饰，二三楼挑出，铝合金窗户。

3. 古建与周边环境，街道的关系

在会亭河北侧的向阳村与南侧向阳村的古建都以湖为中心而向四周散开，基本上所有古建是依水而建，在几百年前会亭河的宽度是占现在街道的，也经常出现洪水等自然灾害，所以依水而建的房子所处的位置都十分高。依水而建的好处是方便了村民们生活用水，从百年至今村民的生活用水都是取井水，洗衣用水也有取自河水的。

(二) 建筑类型分析

类型一：老房子(青石板材质)

房间户数：19户。房型如图6.69所示(向阳村燕窝4号、燕窝5号、燕窝6

图 6.69

号、燕窝7号、燕窝8号、燕窝17号、燕窝19号、燕窝20号、燕窝21号、燕窝22号、燕窝27号、燕窝30号、燕窝31号、燕窝33号、燕窝43号、燕窝48号、燕窝49号、燕窝50、燕窝51号)。

类型二：老房子(土砖房，无人住)

房间户数：19户。房型如图6.70所示(向阳村燕窝10号、燕窝11号、燕窝12号、燕窝13号、燕窝14号、燕窝15号、燕窝24号、燕窝26号、燕窝27号、燕窝29号、燕窝33号、燕窝35号、燕窝36号、燕窝37号、燕窝38号、燕窝40号、燕窝44号、燕窝45号、燕窝42号)。

图6.70

类型三：老房子(石头材质)

房间户数：1户。房型如图6.71所示(向阳村燕窝16号)。

类型四：新建筑

房间户数：一户。房型如图6.72所示(向阳村燕窝23号)。

向阳村总平面图如图6.73所示。

第六章 湖北大别山红色聚落调研典型实例

图 6.71

图 6.72

第三节 向阳村传统聚落文化景观要素及其影响调研报告

图 6.73 向阳村总平面图(各单体组位置图)

(三) 建筑单元标志因素分析

1. 建筑立面材料(表 6.19、表 6.20)

表 6.19

第一类： 用石头砌成的墙面以及园子的围墙	
第二类： 用土砖砌成墙面	
第三类： 用青石砖砌成墙面	

续表

第四类： 用水泥砖砌成的新建筑	
第五类： 用瓷砖装饰的墙面	

表6.20

优缺点 材料的类型	石头	土砖	青石砖	水泥	瓷砖
优点	所盖的房子比较坚固	材料易取，自建容易，材料纯天然，房间冬暖夏凉	样式新，一改古建筑的传统风格，耐久性长，物美价廉，房间冬暖夏凉	可塑性强，抗冻性好，耐磨性好	防水防蛀，易清洗，款式颜色多，样式新颖，易安装

续表

优缺点 / 材料的类型	石头	土砖	青石砖	水泥	瓷砖
缺点	石材大小不一，建造的墙壁不平整，房子里透风	房子容易倾斜垮塌，安全系数差，材料太落后，保存时间短需要不间断的修缮		耐腐蚀性差，耐热性差	有少量辐射，但对人体伤害不大

2. 门(表 6.21)

表 6.21

第一类：拱形门	
第二类：方形门	

续表

第三类：带有装饰的门	
第四类：因风水原因(门前有树木或者建筑物)有朝向斜开的门	

3. 窗(表6.22)

表6.22

第一类：木头框	

续表

第二类：木头框+纱窗	
第三类：木头框+玻璃	
第四类：现代式的窗	

4. 屋檐(表 6.23)

表 6.23

第一类：挑出式	
第二类：新式	

(四)案例

1. 古建案例

平立剖面的分析

单体 1 号(向阳村燕窝 4 号)如图 6.74 所示。

一号房东南向，从平面图可以看出建筑的形状呈长方形，房间布局对称。由两个单元组成。

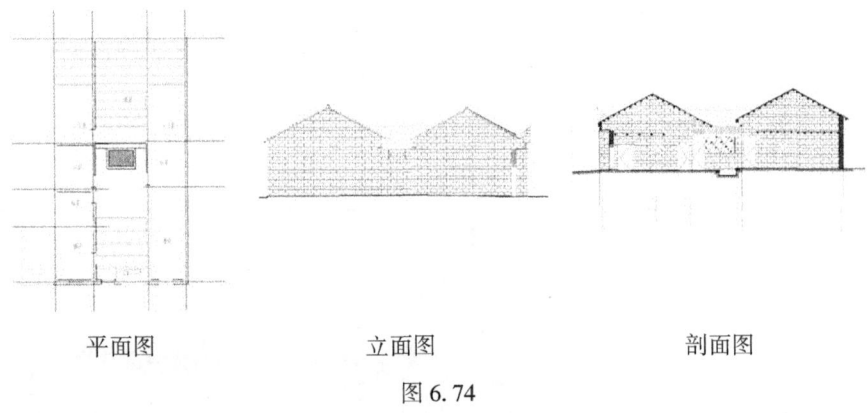

平面图　　　　　立面图　　　　　剖面图

图 6.74

单体 2 号与 A-2 号(向阳村燕窝 5、6、7 号)如图 6.75 所示。

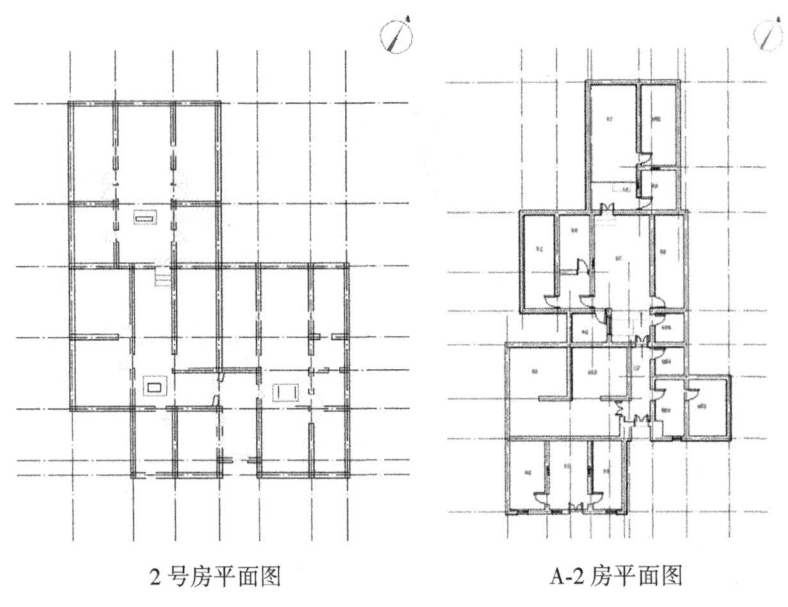

2 号房平面图　　　　　A-2 房平面图

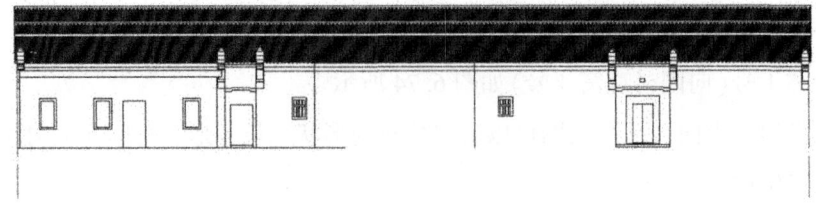

2 号房与 A-2 号房立面图

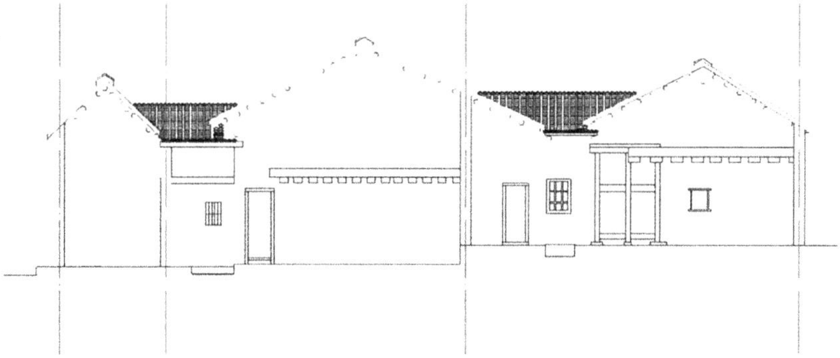

2 号房剖面图

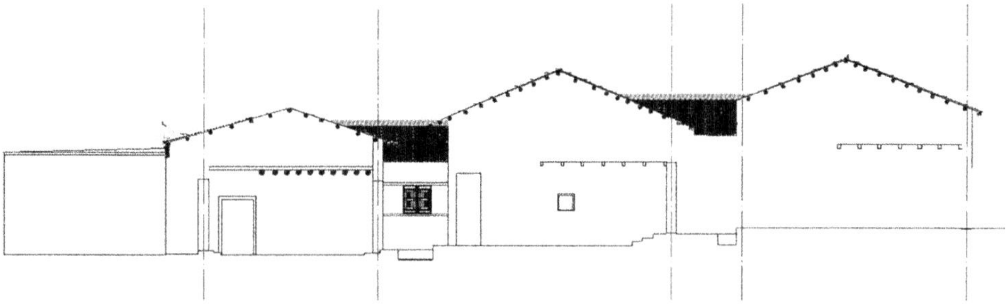

A-2 号房剖面图

图 6.75

单体 3 号(向阳村燕窝 13 号)如图 6.76 所示。

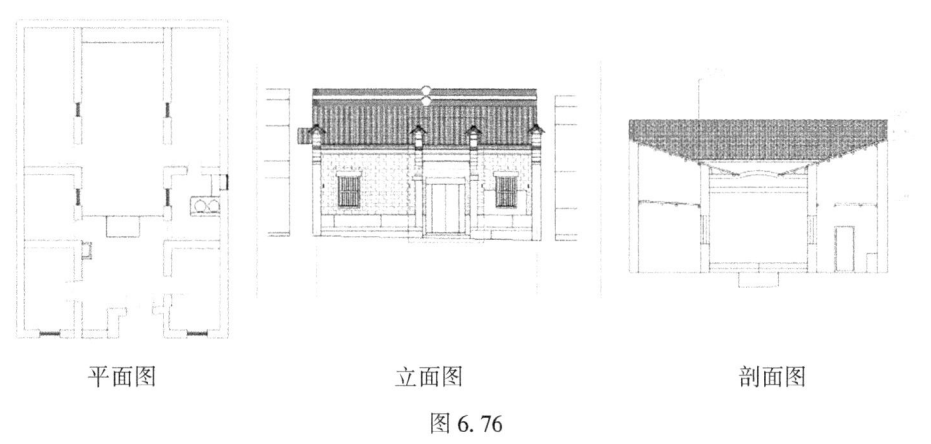

平面图　　　　　　立面图　　　　　　剖面图

图 6.76

三号房东南向，从平面图可以看出房子的形状呈长方形，房间布局对称。一个单元。

单体 4 号(向阳村燕窝 38 号)如图 6.77 所示。

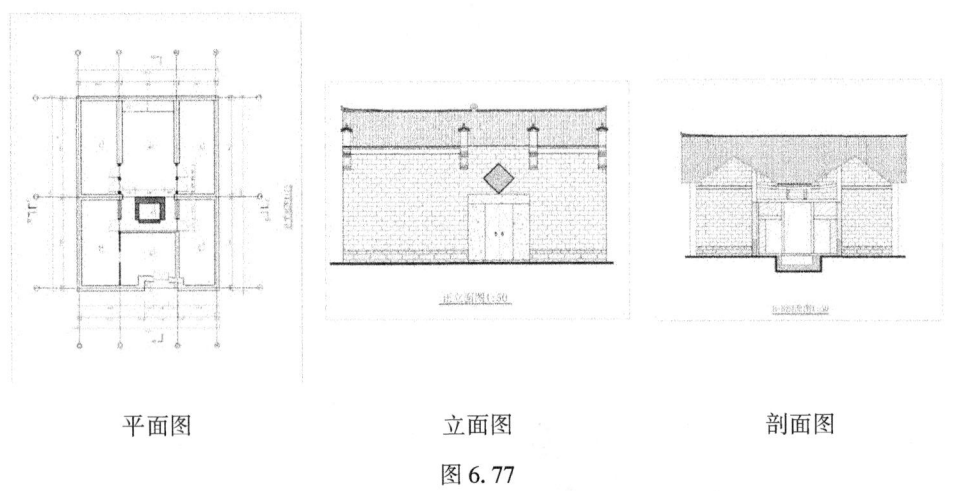

平面图　　　　　　　立面图　　　　　　　剖面图

图 6.77

四号房东向，从平面图可以看出房子的形状呈长方形，房间布局对称。由两个单元组成。

单体 5 号(向阳村燕窝 32 号)如图 6.78 所示。

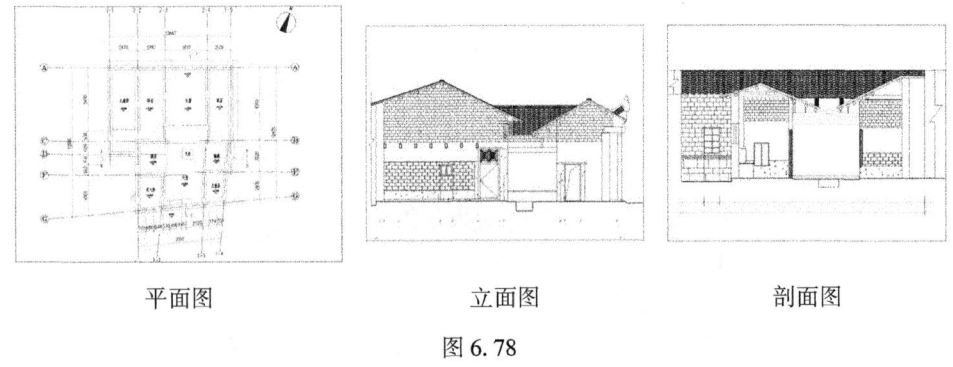

平面图　　　　　　　立面图　　　　　　　剖面图

图 6.78

五号房朝南，由于风水以及周边建筑的关系，门是斜着开的。一个单元。

单体 6 号如图 6.79 所示。

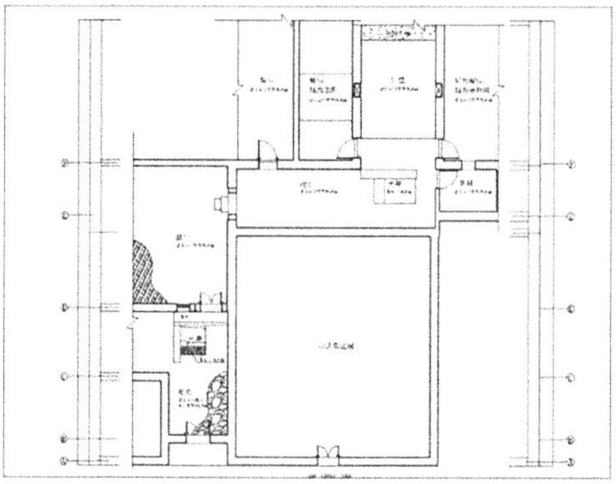

平面图 1 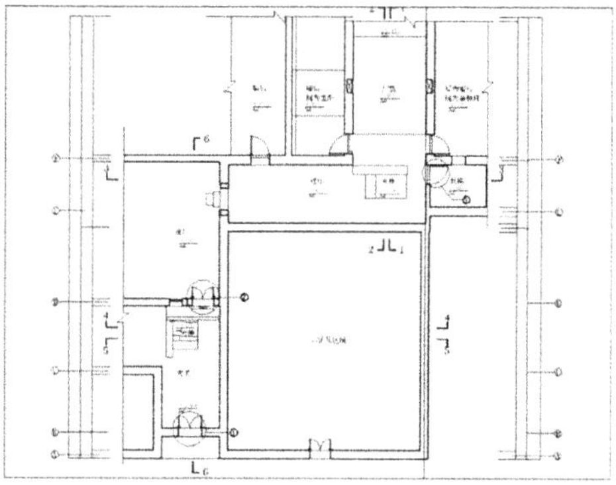　　　　　　　　　　　　平面图 2

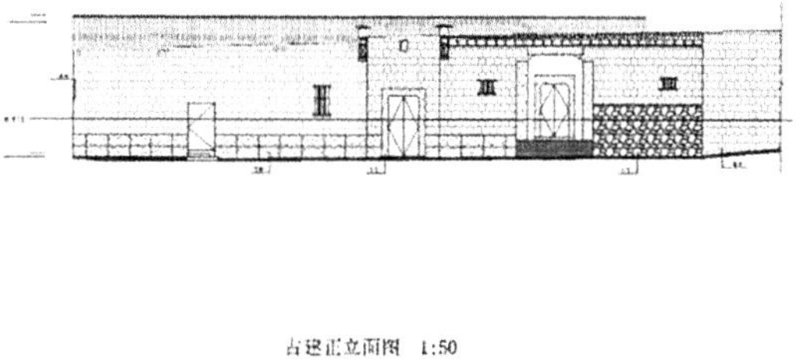

立面图 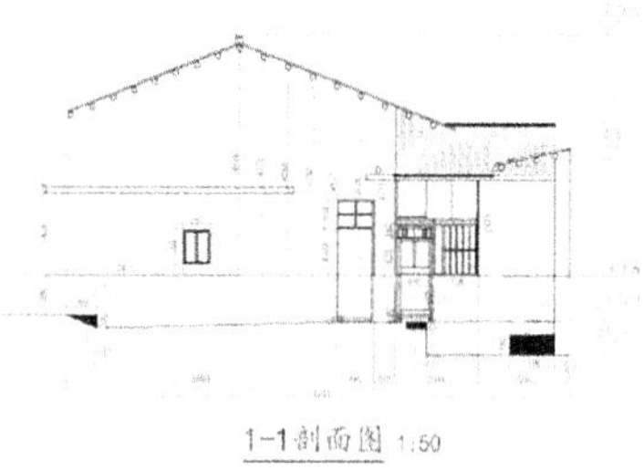　　　　　　　　　　　　剖面图

图 6.79

六号房朝北，由两个单元组成，第一个单元形状狭长，第二的单元在第一个单元的西南方，第二单元房间对称。

单体 7 号如图 6.80 所示。

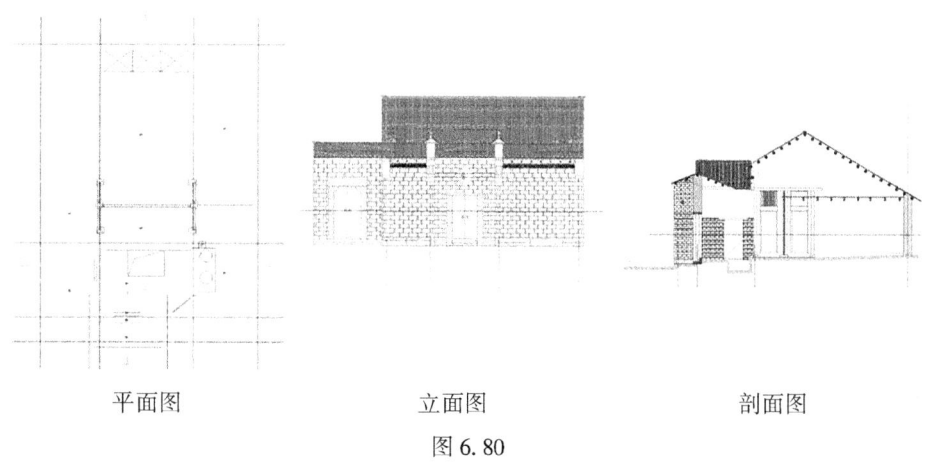

平面图　　　　　　立面图　　　　　　剖面图

图 6.80

七号房朝北，从平面图可以看出建筑形状呈长方形，房间布局对称。一个单元。

单体 8 号(阳氏宗祠)如图 6.81 所示。

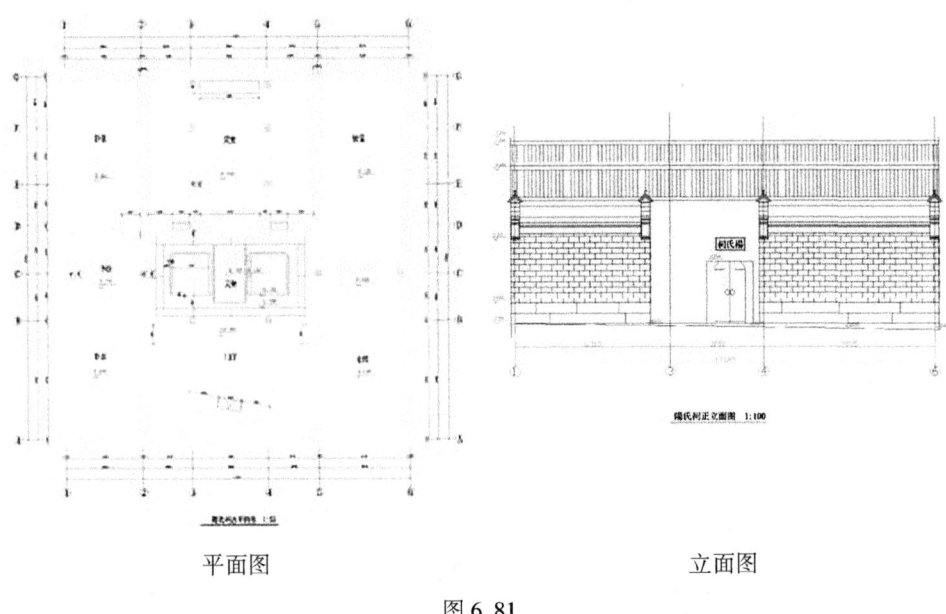

平面图　　　　　　　　　　　　　立面图

图 6.81

八号房朝东，从平面图可以看出房子的形状呈正方形，房间布局对称。

双柏寺如图 6.82 所示。

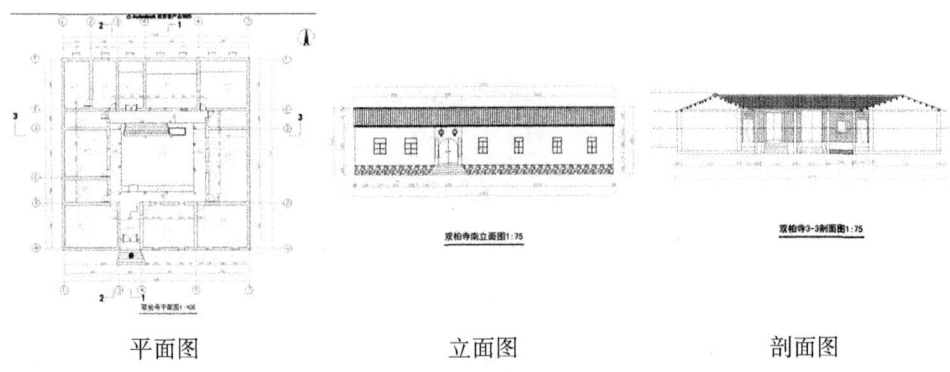

平面图　　　　　　立面图　　　　　剖面图

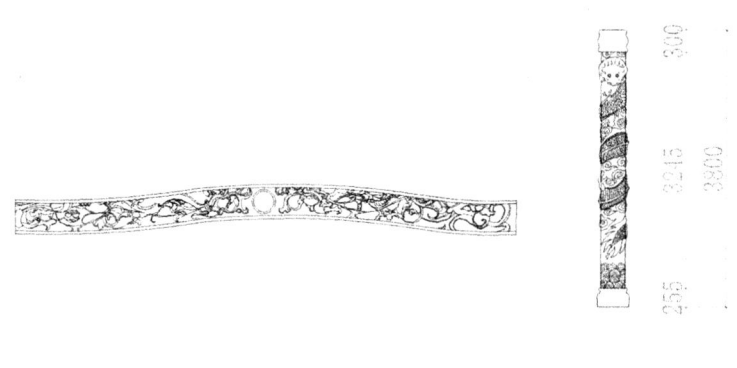

| 7号房雕花 | 双柏寺龙柱雕花 |

图 6.82

建筑装饰分析(雕花、拴马石等)如下：

建筑排水。室内有单池排水，室外排水是由房屋外围的排水沟汇集集中排水。

案例一　　　　　　　　　向阳村住宅调研表格

受访者：__阳贤__　　　　年龄：__83__　　　　职业：__农民__

时期 变量	原有住宅 (建于 1955 年)	住宅现状 (建于＿＿＿)
人口数量	5口人	
家庭结构	夫妇俩，两个儿子，一个孙子	
就业情况	自给自足的农民	
家庭收入来源	老人收入：社保1402人/月； 儿子收入来源务农	
房间数量	6间	
占地面积	200平方米	
建筑层数	1层	
建筑朝向		
外立面材料	青石板	
内部装饰	木材，水泥	

续表

时期 变量	原有住宅 （建于 1955 年）	住宅现状 （建于_____）
设计与建造	请人设计、盖造	
家用能源	柴火，果实壳	
家用电器	电灯，冰柜，电扇	
娱乐活动	串门，去庙里	
与村里人血缘关系	阳氏一族	
建筑与村落关系		
邻里空间		
生活方式		
与街巷的关系		
雨水排理方式	天井，单池	
污水粪便处理	建筑外的厕所，用来浇菜	
住宅舒适度的自我评价	很好，冬暖夏凉	

案例二　　　　　　　　　向阳村住宅调研表格

受访者：阳××　　　年龄：36　　　职业：做小买卖副业乐队演出

时期 变量	原有住宅 （建于 1995 年）	住宅现状 （建于 2009 年）
人口数量	7口人	5口人
家庭结构	五个女儿，一个儿子与父母	夫妻，两岁半的女儿与父母
就业情况	务农	务农，小买卖
家庭收入来源	卖板栗、花生、稻谷等	卖板栗、花生、稻谷等
房间数量		10间房(2个客厅)
占地面积		210平方米
建筑层数	1层	3层
建筑朝向	北	北
外立面材料	瓦，土砖	红砖，外层用瓷砖装饰
内部装饰	木材	水泥，木材

续表

时期 变量	原有住宅 (建于 1995 年)	住宅现状 (建于 2009 年)
设计与建造	自己建	自己设计，请人修建
家用能源	柴火	电，柴火
家用电器	电灯	电灯，电视机
娱乐活动		打麻将，唱歌，玩乐器，演出
与村里人血缘关系	阳氏一族(有5个姐姐)	阳氏一族(有5个姐姐)
建筑与村落关系		
邻里空间		
生活方式		
与街巷的关系		
雨水排理方式	瓦片，屋檐	水管
污水粪便处理	外面，浇菜	家里，浇菜
住宅舒适度的自我评价	人多，多少有点不方便	很舒服

案例三　　　　　　　　向阳村住宅调研表格

受访者：__阳××__　　　年龄：__54__　　　职业：__务农__

时期 变量	原有住宅 (建于_____)	住宅现状 (建于 1998 年)
人口数量		4口人
家庭结构		夫妇，两儿子，一女
就业情况		农民
家庭收入来源		花生，萝卜，稻谷
房间数量		8间
占地面积		360平方米
建筑层数		三层
建筑朝向		东南
外立面材料		瓷砖，金属门
内部装饰		瓷砖

续表

时期 变量	原有住宅 （建于_____）	住宅现状 （建于 1998 年）
设计与建造		请人修建
家用能源		电灯，电视机，电扇，冰箱，电热水瓶，电饭煲
家用电器		电，木材
娱乐活动		打麻将，跳舞
与村里人血缘关系		阳氏一组
建筑与村落关系		
邻里空间		
生活方式		
与街巷的关系		
雨水排理方式		水管
污水粪便处理		自己家里有厕所，用来浇菜
住宅舒适度的自我评价		很好

案例四　　　　　　　　向阳村住宅调研表格

受访者：　阳××　　　　年龄：　64　　　　职业：　农民

时期 变量	原有住宅 （建于 1885 年）	住宅现状 （建于 1986 年）
人口数量	9 口人	5 口人
家庭结构	父母，五个姐姐，自己，一个妹妹	爷爷，三个儿子，两孙子
就业情况	农活	儿子再务农活，一个孙子上大学
家庭收入来源	农田，板栗，花生	板栗，花生
房间数量	4 间	8 间
占地面积	150 平方米	210 平方米
建筑层数	1 层	1 层
建筑朝向	坐西北朝东南	坐西北朝东南
外立面材料	青石板，木材	青石板，玻璃，木材

续表

时期＼变量	原有住宅（建于 1885 年）	住宅现状（建于 1986 年）
内部装饰	木材，石材	木材，水泥
设计与建造	父母修建	自己修建
家用能源	电，木材	木材，电
家用电器	电灯	电灯
娱乐活动	上学	串门，散步
与村里人血缘关系	阳氏一族	阳氏一族
建筑与村落关系		
邻里空间		
生活方式		
与街巷的关系		
雨水排理方式	瓦片，天井，单池	瓦片，天井，单池
污水粪便处理	外面的厕所	外面的厕所
住宅舒适度的自我评价	很好，冬暖夏凉	很好，冬暖夏凉

案例五　　　　　　　向阳村住宅调研表格

受访者：　阳××　　　　年龄：　82 岁　　　　职业：　务农

时期＼变量	原有住宅（建于 1962 年）	住宅现状（建于　　　）
人口数量	9 口人	
家庭结构	自己，三儿子，五女儿	
就业情况	农民	
家庭收入来源	板栗，稻谷	
房间数量	6 间	
占地面积	150 平方米	
建筑层数	1 层	
建筑朝向	东南	
外立面材料	土砖，木材	

续表

时期 变量	原有住宅 （建于 1962 年）	住宅现状 （建于＿＿）
内部装饰	木材，石材	
设计与建造	请人来	
家用能源	电，木材	
家用电器	电灯	
娱乐活动	串门，散步	
与村里人血缘关系	阳氏一族	
建筑与村落关系		
邻里空间		
生活方式		
与街巷的关系		
雨水排理方式	瓦片	
污水粪便处理	外面的厕所，浇菜	
住宅舒适度的自我评价		

六、传统聚落的景观形态要素特征及其影响

（一）自然环境变迁对景观形态的影响

地形地貌：向阳村位于大别山南部相对封闭的地方村落，群山环绕，背山面水，东北为千寨山，西边为新寨山，南边多为丘陵小山，当地人称蔡冲河的小河串村而过，主要遗存为东北部的古木冲和西北部的西冲两处的自然村落，总体地势为南北高中间低，向阳村古居民依山面塘而建。该古民居西北低东南高，最低处为靠近西南边农田处，向阳村古民居处在南北高地的中间狭长地带，最低处为中间农口。

为了防止因树木砍伐或水土流失所导致的裸露山体等危害，此处广植树木，退荒还林。

为了保护河道的形态、水量、水质，新修水渠，以防止各种废弃物的排放。

向阳村周边的青山绿水、农田等构成了富有层次的自然景观要素。

(二)街巷景观特征的变迁与分析

1. 街巷肌理

村落内部空间平面虽然看似凌乱,但通过仔细分析,可以发现有几类网格大致控制村落的内部空间结构,从而形成村落整体空间肌理。向阳村三面环山,以风水之说,住在阴面向这个"气口",且偏西南方向冬季日照角度较小,可使房间日照深度增加,故民居正方多朝南偏西,深沉次的社会文化因素主导着这些空间网络形成,类似于村落社会关系网络的空间体现。

2. 街巷的形成与发展

向阳村的古民居建筑主要分布在西冲和古木冲两个古自然村落,有串村而过的公路东西相连,村内新建现代建筑集中于界首公路两侧,正处在连街古木冲和西冲两村落的中间地带。

向阳村的传统民居古建筑共四十多户,各成系统,分别分布在项阳村的西北和东南方位。每户均为"四水归池,八柱落脚"模式。地面均为石条铺成,房屋构造由五架或七架结构,设计科学,可防地震,所以街巷较窄。

3. 街巷演变因素分析

依据民居发展而形成,项阳村的传统民居古建筑共四十多户,依附传统民居的聚落组团街巷形成发散,统一成为一个整体的交通系统。

4. 街巷景观特征分析

(1)街巷景观特征:

横路街空间景观:规划整齐的行道树与山间野生植物并存。

前边溪(街)景观:多为村民零散种的食用植物(茄子、豆角、辣椒、四季豆等)

(2)自然地形分析。向阳村古民居街巷位于大别山南部相对封闭的地方村落,群山环绕背山面水,东北为千寨山,西边为新寨山,南边多为丘陵小山,总体地势为南北高中间低。该民居地带西北低东南高,最低处为靠近西南边农田处。向阳村古民居街巷处在南北高地的中间狭长地带。两处古村落房屋前均有一方池塘,古木冲以围绕村口池塘为中心,向后扩张。

（3）地面铺装分析。地面均为石条铺成，现在的街道肌理为修复整治后的古木冲和西冲古村落内部，连接房前屋后的巷道通道，修复原有的石板铺装。严格禁止车辆进入该区域。

（4）街巷长宽比分析。传统街道空间要素分为实体要素和行为要素。实体要素主要是指空间建筑围合成的水平界面、两侧的垂直建筑界面、街道节点以及部分设施小品等，也就是街道上的传统街道空间界面尺度与比例解析。一切主要构成物。它们决定了街道空间的比例、尺度和形态，是街道空间的基本构成要素。这四种要素之间存在某种关系，即建筑物的立面及立面层次影响着街道空间的尺度感，而建筑物的尺度又限定了街道的内部轮廓线，街道空间的平面形态由建筑物的底层平面限定，建筑小品则对丰富整个街道空间起着非常重要的作用。行为要素是街道空间活力的体现，即人在街道空间中的活动要素以及各种行为在产生过程中对空间的影响。"城市空间尺度包含人与实体、人与空间的尺度关系以及实体与实体、空间与实体的尺度关系"。尺度主要从心理上影响人的视觉和感觉，在实体高度与距离的不同比值下，即高宽比的不同，对人产生的视觉不同效果。相对于现代意义上宽而长的街道空间而言，传统街道空间的绝对尺度是比较小的，但给人的感受却是宜人的。这说明了绝对和相对的关系，街道绝对尺度不是主要的，相对尺度，或者说心理尺度才是主要的。传统街道空间尺度的重要因素主要有：街巷宽度和沿街建筑高度的比例；两侧建筑之间或立面中各细节之间的比例关系，或立面高宽比例关系；街巷长度与宽度、广场大小与周围建筑高度的比例；等等。影响街道空间尺度的因素是人的行为、情感需要，人本身是街道空间体验的主体，人对线性外部空间尺度的主观感受是由人在街道空间中活动而产生，即需要一个活动尺度和心理尺度。不同的空间可以通过其尺度的变化从而对人的视觉感受产生影响，不同视觉效果和尺度的街道空间会使人产生多种截然不同的感受，甚至影响人在街道中的行为。在对街道空间进行设计的过程中，街道空间界面之间的关系一定要符合人的视域规律，按照最佳视域要求确定空间的断面，只有这样，才能创造出舒适、宜人的街道空间。将街道的宽度设为 D，街道两侧建筑外墙的高度设为 H，两者之间的比例关系为 D/H，通过对传统街道空间宽度和两侧建筑高度的比值（D/H）和视觉作分析。

向阳村，可以看出不同的比值会引起不同的心理反应，同时也会影响人与人的交往。当 $D/H<1$ 时，视觉空间受限，因为街道空间高而且窄，通常是巷这样的空间。人处于这类街巷，视线宽度受到约束，视线范围仅仅限定在一个很有限的范围内，人与人活动空间尺度狭窄，给人压抑感，甚至可能会产生不安全感。

阆中街巷的尺度小巧，徜徉其中给人带来的是一种私密、亲切之感。这也恰好能说明人们向心内聚、追求安定亲切的交往空间的心理要求。

(5) 街巷活动分析

皮影戏：以街道交口处为场所，村内举表演本土节目，至今仍为众多老人所热爱。

舞龙：当地相传当街舞龙便会下雨，以防旱灾。

中秋赏月：八月十五，吃月饼，赏月，青年女子相聚在街道的月光下"读月子"，即在月关下摆设月饼、水果和精致的花朵，高声朗读赞美和邀请月子的歌谣，场面极其欢悦。中秋也有陪中秋的习惯，有娘家送给女婿家，礼品主要是月饼。

打锣鼓：沿街打锣鼓也是当地民间娱乐活动之一。每年正月间，随便走到哪个村子里，都可以听到锣鼓敲打的声音。牌子的名称大致有《二流》《四更静》《普天娥》《长春》等，由于曲调优美，容易形成欢乐祥和的气氛，乡村男女老少均乐于欣赏。

饮食及小吃：街道两侧有豆粉、水酒、豆包心、糍粑、板鸭、茶叶、香菇、木耳等的售卖。

买卖民间手工艺：街道上有商户售卖陶瓷、金银首饰、油漆、竹编、藤编、草编、造纸、石印、绣花、少数民族服饰等工艺。

5. 街巷景观特征主体认知分析

两处古村落房屋前均有一方池塘，池塘前都有一条进入村落的必经小路，是出入古木冲和西冲的必经之地。两个村落内部轴线并不明晰，古木冲以围绕村口池塘为中心，向后扩张；西冲则以进村小路延伸进村落内部形成一条弯曲轴线，村内房屋较均匀布置在小路北边。村落内部房屋前后左右之间的过道为主要连接通道。

6. 隙间分析

(1) 向阳村地区的隙间主要存在九种类型，即与单条道路连接的 I 形隙间、与两条道路连接的 I 形隙间、点型隙间、与单条道路连接的 L 形隙间、与两条道路连接的 L 形隙间、与单条道路连接的 T 形隙间、与两条道路连接的 T 形隙间、折型隙间和复合型隙间。

（2）随着生活形态也由公共领域向半公共领域转变，隙间在数量上和类型上显著上升。隙间成为了与人们日常生活发生紧密联系的场所。

（3）不同类型的隙间构成了多样的生活空间，其中与单条街道连接的隙间不受街道之间穿行人流的影响，提供了适宜日常生活的场所，成为向阳村地区隙间采用的最普遍的形式。这些隙间结合其特殊的地理气候条件在形式的选择和方向上也有规律，这些保证了在这种建筑密度极高的环境下，人们获得较为适宜的生活环境。

（4）围合隙间的建筑大多向隙间开门，同时隙间大多采用人工铺装，不同的隙间构成了建筑和街道之间多样的生活空间，人们也充分的利用这一外部空间形式。隙间使得乡村生活更加丰富多彩，在适宜的条件下，它成为了人们交往等行为频繁发生的场所，村民们也乐于将一部分室内活动转移到隙间中。

（5）一部分隙间由于设门或顶部的建筑出挑形成了私密性更强的空间。它们在将一部分外部空间纳入到私人领域的同时，也使向阳村地区的外部空间形式更为多样。

（6）与单条道路连接的隙间类型提供了较适宜的场所，存在更为多样的活动形式，虽然其私密性较与两条道路连接的隙间类型更强，但交谈、娱乐等公共性较强的活动仍更多的在其中展开。复合型隙间和点型隙间也存在类似的规律。以上各种类型的隙间构成了向阳村地区现存的多样的生活环境，人们通过隙间使自己的生活在室外得以延伸，同时通过隙间参与到丰富多彩的生活中。

7. 聚落公共空间及交往行为

小组 6 人分为三组分别在不同地点进行踩点，为期两个小时，用以分析村民日常行为活动及不同地点人流量。

共分三个部分，分别为：

（1）村口（表 6.24）；

（2）祠堂路口（表 6.25）；

（3）桥的道路交叉口（村尾）（表 6.26）。

表 6.24　　　　　　　　　　　　　　村口

时间(2015年9月10日)	人物及备注
5:02	一辆三轮车入村
5:13	微型客车送猪肉
5:15	两人骑摩托车外出打工
5:27	大巴入村运营
5:35	中学(初)开门
5:41	微型客车入村
5:43	开往会亭的客车出村
5:46	一村民骑摩托车外出打工
5:50	货车出村进货
5:52—6:09	骑摩托车外出打工(4人)
6:16	村民入村(去大悟县方向)
6:18	三轮车运机器出村修理
6:23	摩托车送孩子上学
6:24	村民外出买早餐
6:25	微客太阳能进货
6:25	送孩子上学(返途)
6:29	轿车
6:30	客车出村
6:35	幼儿园车接学生
6:35	轿车路过
6:36—6:40	村民摩托车上班(5人)
6:42	村民开三轮车榨油
6:48	村民外出购物
6:51	三轮车运水泥
6:54	骑摩托车外出打工(2人)
6:56	三轮车(农活)

表 6.25　　　　　　　　　　　　祠堂路口

时间(2015年9月10日)	人物及备注
5:30	孝昌农村客运出发(县城拉客)
5:31	2个初三男生上早自习(险峰中学)
5:33	3个初三(男)、1个初三(女)
5:34	2个初三(女)
5:47	村民骑摩托车农田干活
5:50	初三(男)—早自习
5:53	初三(女)骑自行车
5:56	长江工商学院(男)出发去往学校
5:56	2个初二(男)
5:57	学校阿姨骑车去做早饭
6:00	3个五年级学生上学
6:01	村民骑摩托车去打渔
6:01	一对夫妇收板栗
6:05	老奶奶门前浇菜
6:09	村民骑摩托车送鸡蛋
6:13	爷爷田地摘菜
6:15	卡车
6:18	三轮车开车做生意(进货)
6:18	摩托车送人去县城
6:19	送孩子上学
6:19	奶奶摘花生
6:23	县城客车出发进城
6:25	三轮车进城做生意
6:28	送孩子上学(父子)
6:30	2个学生(男)上课
6:34	骑车进县城做生意(女)
6:40	骑摩托车去钓鱼
6:42	爷爷下地做农活

续表

时间(2015年9月10日)	人物及备注
6:45	阿姨来学校做早饭
6:48	村民去购物
6:50	奶奶收菜归来
6:55	村民上山劳作
6:58	货车送热干面进学校

表6.26　　　　　　　　　　　桥的道路交叉口(村尾)

时间(2015年9月10日)	人物及备注
5:30	小卖部开门营业
5:42	学生早自习
5:56	村民山上干活
6:04	师傅拉货榨油(三轮车)
6:05	爷爷挑水浇菜地
6:07	村民田里拉稻谷(板车)
6:07	阿姨去学校做早饭
6:10	爷爷晨练散步
6:14	武科大城市学院新生入学(等车)
6:19	师傅拉花生回归
6:20	孝昌客车到集中点拉客
6:38	奶奶进村买东西
6:42	村民骑摩托进县采购
6:45	骑车送孩子上学
6:46	轿车路过
6:48	爷爷下地干活
6:49	汽车进村
6:51	奶奶菜地浇水
6:52	村民骑摩托送孩子上学
6:53	奶奶采购回归

续表

时间(2015年9月10日)	人物及备注
6:55	村民打板栗
6:55	爷爷散步晨练回家
6:59	货车送早餐进学校
7:02	村民下地收花生

(三)区域交通对聚落景观形态的影响

1. 向阳村乡村聚落景观空间格局特征

(1)土地利用景观特征。向阳村土地利用景观类型面积、耕地景观面积占有绝对的优势,其次是乡村聚落景观,这两种类型占景观总面积的近80%,体现了乡村景观的典型特征:以耕地景观和乡村聚落景观为主要类型。向阳村交通运输用地景观的空间连通更强。交通运输用地对周围景观影响相比于其他类型景观大。

(2)乡村聚落景观的空间邻接特征。向阳村的乡村聚落景观与耕地的空间邻接最强,说明耕地景观和乡村聚落景观间存在密切的结构与功能联系。其次是交通运输用地和水域,说明交通和河流是影响乡村聚落景观分布的重要因素。几乎所有的景观都为廊道所分割,同时,又被廊道所联结,证明了廊道在景观中具有重要的作用。

2. 交通与乡村聚落景观空间分布特征与规律

(1)外部交通:向阳村目前只有一条外部交通,是穿村而过的界首路,路宽约4米,路面情况较差。沿此路向西可达紧邻项庙村的向阳村街道,该街道路宽约6米,路面为水泥路面,路况较好。往南方向跨越穿村小河可达风砦村,继续往南可达武汉黄陂区界,路面情况较好。

(2)内部交通:古木冲和西冲两处古民居村落均有宽约3米的小路与穿村的界首路相连,古民居村落内基本保持原始的巷道格局,通过巷道可以进入两侧各家的中堂;因两处古民居均坐落在坡地,连接民居的巷路坡度较陡,地面无铺装,仅适合人行。新建居民点在西冲和古木冲的中间地带,分布在村内公路界首路两侧,交通比较顺畅,但路况较差。

(3)存在的问题：

①与外界通路相对单一。目前穿村而过村道界首公路，是连接向阳村与外界主要的通道。连接南部凤砦村的小路，因未直达乡县驻地，使用频率较低。总体来说，向阳村交通可达性较低。

②道路形式不满足使用需求。目前向阳村与外界相连的道路路幅较窄，多年前铺装柏油路已达使用年限，变得坑洼不平，近期使用尚可，但如果该道路承载大量游客及来往车辆，那么对道路的路宽、承载力、隔离方面等需要提出更高的要求。

③道路安全措施缺乏，安全等级低。目前道路为环山道路，靠山一侧山体土质松散，滑落可能性较大，另一侧高差悬殊，护栏等安全措施缺失，弯道较多，对行车人员人身安全具有较大威胁。

④目前穿村的主要通道界首公路项庙村段路面破损严重、坑洼不平，下雨积水严重。古民居连接界首路的小路路面较好，但道路较窄。

(4)乡村聚落景观与交通运输用地的数量关系：交通运输用地是乡村聚落景观之间的廊道，是乡村聚落景观之间以及其他类型景观进行物质和信息传递的主要通道。调查向阳村的乡村聚落景观面积和交通用地面积，可以看出，乡村聚落景观面积与交通运输用地在数量上大致成正比关系。

(四)交通与乡村聚落景观空间分布特征

为了更为准确的反映交通与乡村聚落景观之间的格局关系，对交通运输用地作分析，结果显示，乡村聚落景观类型面积比例随着距离交通运输用地距离增大而减少，距一般等级公路较近范围内，乡村聚落景观格局受交通运输用地的影响比较明显，随着距交通运输用地距离的增加，影响力变得越来越小。

(五)社会景观对聚落景观形态的影响

经济：经济发展促进了当地景观的发展，随着村民收入的提高，不断扩张景观林木带，在景观发展的同时也带动经济的发展。

生活习惯：随着村民生活的变化，当地景观也发生了很大的变化，村民开凿水渠，开挖水井，门前植树。

（六）基础设施

基础设施现状：除了几处随意搭建的公共厕所外，几乎没有较大型的公共服务设施，没有形成服务体系，基础设施严重不足。

1. 给水设施

生活用水主要为地下水。农田灌溉用水主要依靠项庙村穿村而过的两条小河和自然降水。

2. 排水设施

古木冲和西冲两处古民居使用村落内传统的排水系统，雨水经天然形成的水沟排到民居前的水塘；每家均有四水归堂式的水池，再转移到屋外沟塘；人畜排污则主要由屋外的公共厕所和古民居外的水塘承担，对村落内的卫生和水环境影响较大。新建的居民点在界首公路两侧，均为现代风格住房，生活污水基本通过地下沟渠排到旁边小河；因公路两侧的排水沟被毁损不顺畅，路面雨水排水受阻，雨季积水严重。

3. 环卫设施

向阳村内整体环境卫生状况较差，垃圾随地乱扔现象严重，无专门的垃圾收集点，也无专人专职运送垃圾，无垃圾运输处理设备。牲畜养殖也对项庙村内的环境卫生有较大的影响。

4. 电力设施

向阳村现有220伏电线，可满足现向阳村村民日常使用。就未来而言，总体供电量较小，无法满足项庙村的保护和发展的要求。此外现状居民不成体系的拉设线路，严重影响到项庙村的整体美观，也容易对将来的发展埋下隐患。

5. 通信及信息网络设施

向阳村内移动通信网络已100%覆盖，但建筑内部通讯网络尚未覆盖到，给未来游客和当地居民带来了一定程度的不便。

6. 消防设施

西冲和古木冲两处古民居建筑多为传统砖木结构，当地村民习惯将干柴、秸秆等易燃物堆放在房屋内，这些都为民居建筑带来了严重的火灾隐患。目前向阳村内并无相关消防设施。

7. 安防设施

由于保护资金匮乏,尚未建立完善的安防设施。相对闭塞的交通,与外界往来稀少,向阳村内安防工作压力较小。

(七)聚落空间植物(表6.27)

1. 柏树

在向阳村古木冲传统民居周边共有两株古柏树。一株在古民居池塘边山坡下,一株在古民居后山坡上,因其长势似一头卧着的狮子,被当地人成为"狮子树",距今约一二百年,它是古木冲标志性古树之一。但目前出现病害现象,现状令人担忧,急需林业、文物保护等相关部门进行管理维护。

西冲入口处和入口水塘南岸各有柏树一棵,长势较好,年代久远。

2. 银杏

向阳村古木冲传统民居附近有两株;西冲古民居附近1株;连接古木冲和西冲的界首路约中间部位1株;银杏树树干粗大,枝繁叶茂,秋季金叶灿灿,引人注目,冬季落叶。

3. 枫杨

项庙村西冲入口处有三株枫杨树分布于道路两侧,树大浓荫,居民常在树下进行村庄集体活动或是茶余饭后聊天。

4. 泡桐

位于向阳村古木冲传统民居周边,冬天落叶,树枝密集。

表6.27　　　　　　　　　　古树名木统计表

序号	树名	树龄	位置	树高	冠幅
1	柏树	150年以上	古木冲民居池塘边靠北	8米	6米
2	柏树	50年以上	古木冲民居靠南	7米	4米
3	银杏	50年以上	古木冲民居池塘北边	6米	4米
4	银杏	100年以上	古木冲民居前池塘南边	7米	5米
5	泡桐	50年以上	古木冲民居右侧	8米	7米
6	银杏	50年以上	西冲民居前,靠近池塘	8米	6米

续表

序号	树名	树龄	位置	树高	冠幅
7	银杏	100年以上	项庙村界首路中间部位	9米	6米
8	枫杨	80年以上	西冲入口1处	10米	8米
9	枫杨	80年以上	西冲入口处	10米	7米
10	枫杨	80年以上	西冲入口3处	9米	7米
11	柏树	50年以上	西冲入口3处	8米	5米
12	柏树	50年以上	西冲入口池塘旁	9米	5米

(八)聚落空间内外水体

1. 聚落空间内外水体

水文概况：东西流经向阳村的蔡冲河为向阳村的主要水系，与来自观音湖几条支流上游的流经西冲的小河交汇，在向阳村村口交汇，向东流去。古木冲和西冲古民居建筑分别位于小河的东南面和西北面，背山面水而建。

区域自然水体降雨：向阳村地区雨量充沛，尤其夏季具有时间短、雨量大而集中的特点，雨滴、雨水对古建筑的影响较大。

2. 村落周边水体关系

河流历史、来源：大悟山的地表径流，顺山而下，构成了整个村落完整而基础的水系框架。部分支流引水入塘，起到了很好的水量自然调节作用，很大程度上防止了洪水灾害，当地村民引水入渠，灌溉农田，完善了整个村落的河流水系统的平衡。山体地表径流来源：大悟山。流向：自东向西流至观音湖。

3. 生活用水

饮用水：本地的饮用水均为村民开挖的水井，水质清澈，涵盖各种有益人类身体健康的矿物质。

辅助用水：河流是本地居民的二级用水来源，主要功能为村民灌溉农田，洗衣清洁等。

4. 排水

水源来源：多为生活污水与生产污水。

田地排水：多为排放生活污水。

路面排水：辅助了雨水的排泄。

水位：此地常有山洪，历史最高水位为2008年8月30日，超于路面约一米之高。

排水渠宽度：约一点五米。

5. 水体景观

(1)桥：

材质：石砌

时间：1968年

功能：承接村落中各部分的交通连接功能，方便村民生活出行。

宽度：6m

连接的道路：两条路，构成丁字口。

数量：2

(2)水井：

功能：构成村民生活用水与灌溉用水的主要来源。

数量：35

(3)水塘：

演变过程：经过长期冲袭形成的蓄水沟，不断地雨水侵蚀扩张，形成水塘。

功能：调节河流水位，灌溉农田，调节气候。

数量：2

6. 聚落空间内外植物

(1)人工种植：河边、菜地、房前屋后的植物的种类：花生、油菜、玉米、辣椒、茄子、白菜、西红柿、芝麻、南瓜、棉花、豇豆、四季豆、包菜、蘑菇、黑木耳。

作用：供村民食用及销售。

(2)野生：兰花、菌类、板栗

(3)经济果树：种类：板栗、银杏

位置：山体

面积：1500亩

作用：用于售卖，构成当地居民的主要经济来源。

（4）村落田地：水稻、小麦、棉花。

7. 基础设施

市政设施：（1）电线杆；（2）篮球场

8. 生活设施：（1）垃圾池；（2）花坛

七、向阳村传统聚落发展策略探讨

保护好古村落，不仅不会阻碍现代化的发展，反而可以成为可持续发展的后劲和动力。引用 Sir Alec Guinness 的话，描述未来城市与村落的关系说："现代人的梦想是从乡村迁往城市，这样他以后就有机会，再从城市迁回乡村。"无论是质疑还是批评或反思，都让人们重新审视城市化到底是什么，对于乡村意味着什么。越来越多的人认识到城市化并不是消灭乡村，在未来，乡村不但不会消失，还可能成为比城市更优良的栖居之所。在这种逻辑脉络中，对遭遇破坏的传统村落例如"向阳村"加以保护便成为必然的选择。能够推动中华五千年的文化得以延续和发展。

（一）保护向阳村落的措施

加强法律和制度保障，增强保护与发展向阳村传统村落的意识为了使向阳传统村落在新型城镇化过程中得到更好的保护和开发，首先要加强相应的法律和制度建设，要明确政府的监督管理职能与行政权限。这样既可以提高各级决策者对传统村落保护的认识，促进管理工作的科学性和规范化，也可以增强广大人们群众的保护意识，有效地遏制各种有意无意的破坏活动和过度开发行为。作为在新型城镇化过程中起到主导作用的各级政府部门，特别要增强保护与发展传统村落的意识。

（二）修复

要形成全社会保护传统村落的文化自觉，必须重新认识城市化，必须重估城市、村落和传统村落的价值及其对人类社会的意义，认识到虽然城市化必然让一些人离开乡土，但并不意味着村落没有未来，其实乡村与城市一样，都是人类文明的重要成果和人群居住地，未来仍然有许多人会生活于村落之中，村落也许比城市更适合人类诗意地栖居。

修复向阳村落中受损的建筑、院落和村落肌理。由于各家受损情况不同，具体修复时要因建筑而异，但无论哪种传统建筑，都应该立足于向阳村落的风貌历史和风貌现状进行修复，注重村落空间的完整性，保持建筑、村落以及周边环境的整体空间形态和内在关系。

保护向阳传统村落，必须修复散落的文化传统和历史记忆，而这，部分可以从梳理、书写村史，建立村落档案入手，由此引发村民关注村落的历史人物、历史事件、文化传统、日常生活和历史变迁，形成一个文化共同体，产生文化认同感。

(三)提升

要留下年轻村民，改善村民的生活条件，提升村民的生活质量。要加大资金投入力度，加强向阳村公共基础设施建设，改善村民日常生活条件。保障和提升村民生活品质，使他们共享经济社会发展的成果。

要留住年轻村民，还需要提升他们就近就业的机会，使他们在向阳村落或者周边就能够获得比较稳定的收入。

第四节　鄂豫皖大别山"红三角"地区传统村落调查研究报告

中国传统村落承载着中华传统文化的精华，是农耕文明不可再生的文化遗产。但随着现代化、城镇化、工业化的突飞猛进，我国的传统村落数量锐减。传统村落的消失不仅使灿烂多样的历史创造、文化景观、乡土建筑、农耕时代的物质见证遭遇到泯灭，大量从属于村落的民间文化——非遗也随之灰飞烟灭，濒临瓦解。本书中大别山"红三角"地区指的是鸡鸣三省的交界处，即湖北麻城市、安徽金寨县及河南商城县。对其现存的中国传统村落进行调研，能够更加准确地了解大别山"红三角"地区传统村落的现状，通过对这些现状及其所面临的问题进行分析，进而提出保护和发展中国传统村落的一些建议。

一、湖北麻城市调研

2017年7月22日，调研小组一行四人前往湖北麻城市开展传统村落的调研工作。麻城市位于湖北省东北部，大别山中段南麓，鄂豫皖三省交界处。它是著名的革命老根据地。是"黄麻起义"的策源地之一，红四军、红二十八军的组建地，著名的苏区，抗战时期、解放战争时期的重要根据地。通过与麻城市文化馆馆长及麻城市民俗专家的交流，获得了较多信息，因此也为麻城市传统村落的考察节省了很多时间。首先，我们去的是中国传统村落小漆园村，途经王氏祠堂，经由文化馆馆长和民俗专家的推荐，便稍作考察。王氏祠堂（如图6.83）位于麻城市黄土岗镇桐枧冲村入口处，坐北朝南，始建于清嘉庆年间，重修于民国初年。祠堂外前檐飞角，砖木混构，穿斗与抬梁木构架，正屋面墙呈八字门楼式，硬山顶一字式山墙，小青瓦盖顶，外檐饰墀头和砖瓦质翼角，各进明间分设槽门、中门，前进天井二侧饰镂孔花砖看墙，各进前后檐饰卷棚和望板，正脊饰斗拱，浮雕龙状挑尖梁，横屋二、三进之间以影壁式镂孔花墙隔断；祠堂内断壁残垣，杂草丛生，破旧不堪。由于无人打理，王氏祠堂恢复原貌的可能性不容乐观。接着便来到了此行的考察地小漆园村（如图6.84），小漆园村位于麻城市黄土岗镇，经五脑山国家森林公园和麻城桐涧冲瀑布群才到达小漆园村的村口。整个村落处于一片起伏陡峭的高山围合形成的洼处，背山面田。村落地形起伏平缓，除了田地景观之外，村落周边植被较少。从建筑特点来看，由于在不规则的坡地上，建筑的前后位置，左右位置，高度上都呈现一定的韵律美，其入口门楼的角度倾斜、屋内的高度变化和空间转折都十分注重风水。从材料上来说，小漆园村大多数建筑基座采用石材，屋身为黄土砖，屋顶为青瓦，窗户则采用木材或者少量的石雕和铁，砖、木混合结构尤为突出。其中最为有意思的一幢房子是在一九六几年，村民和自家亲戚几个人一起用三天时间建出来的，内室的"小天井"独具特色，村民自己在屋内房顶中间开了一个"小天井"，不同于鄂东北地区建筑风格中传统的三合天井或四合天井式。据了解，国家拨款300万对村落进行整治，却并没有实质性地改变村落的内部情况，而且村子除了一部分留守的老人和儿童之外，青年人大多外出打工，即现在经常提及的"空心村"现象十分突出。

2017年7月23日，继续开展麻城市其他传统村落的调研工作。上午前去的

图 6.83　王氏祠　　　　　　　　　图 6.84　小漆园村

第一个传统村落是杏花村，但实则名不副实，于是来到了第二个传统村落丫头山村（如图 6.85）。丫头山村位于歧亭镇，2014 年公布为第三批中国传统古村落。整个村落处于山凹处，围绕着一个圆形池塘布局，每家每户都有院子，有的砌上围墙，有的直接对外。据了解，丫头山的建筑是由清朝时期的传统建筑和民国时期的建筑组成，但由于国家拨款对丫头山村进行保护和活化，使得丫头山村整体风格统一且建筑组合较为规整，现代化气息比较浓厚，因此带来的弊端是丫头山村逐渐失去了自身独有的地域文化特色。在丫头山村考察完稍作休息之后，下一站是李细凯老屋。李细凯老屋被列为麻城市重点文物保护单位，据屋主介绍，其得以保存的原因是当时因家境贫寒，没有钱对房屋进行整修，塞翁失马，竟成了麻城市重点文物保护单位。经过为期两天对于麻城市传统村落的调研，文物价值较为突出的是下午前往的雷氏祠（如图 6.86）。

图 6.85　丫头山村　　　　　　　　图 6.86　雷氏祠

雷氏祠位于麻城市东南约四十五公里的盐田河镇东界岭村，始建于嘉庆六年（1801年），重修于民国三年，面积1300平方米，整座建筑为三进三横，内分三殿八室九楼，呈九宫八卦布局，凡有楼室皆有鼓皮隔扇，金雕玉篆而成，以花鸟虫鱼、人物故事、历史传奇为意蕴。尤其以精美的石雕享誉鄂、豫、皖三省，被誉为"江北第一祠"。雷氏祠是中共麻城第一次党代会的会址，因其有着重要红色历史、文物价值，于1985年被市政府确定为文物保护单位。祠堂坐西朝东，三进四合院式布局，有下堂、中堂、上堂及厢房。主体建筑面阔五间，进深三间。单檐硬山灰瓦顶，砖木结构。祠堂整体设计颇具考究。进入祠堂，首先映入眼帘的是一座造型别致的石拱桥，据了解，只有达官贵人才能从此桥进入中堂，而其他人则从石拱桥的两侧出入。过桥之后径直朝前走通往上堂有一扇关闭的门，除祠堂有重大祭祖活动打开之外，一般情况下不开启。上首有"积厚流光"牌匾一块，牌匾上的字是文物，但门上的彩绘是后世新绘的。进入上堂，可以看到许多供奉雷氏祖先的牌位，除其中三块牌位是文物之外，其他牌位都是后世新修的。祠堂的下堂共两层，第二层为戏台（如图6.87），戏台石柱上，各有一条巨龙吐秀，即二龙戏珠的典故，而左右两侧栏杆则是木质的。祠堂内梁柱为一柱双料，下石上木，起到了防潮和防止白蚁侵噬木料的作用。

图6.87 戏台

湖北麻城市非物质文化遗产方面，国家级有花鼓戏；省级有东路花鼓戏(东腔戏)、皮影戏(云梦皮影戏等)、汉剧、麻城花挑、米酒制作技艺(麻城东山老米酒酿造技艺等)、吊锅习俗(麻城东山吊锅、罗田吊锅；市级有赶柳翠、红色革命歌谣、火居道、蔡家山陶瓷制作技艺、麻城空心挂面制作技艺等。

二、安徽金寨县调研

2017年7月24日，首先来到了安徽金寨县汤家汇镇瓦基屋村宴湾(如图6.88)。宴湾位于豫皖两省交界处，汤家汇镇最西北部，其占地面积有1800多平方米，依山而建，属皖西古建筑风格。沿蜿蜒的小路直上便到达了宴湾古民居前，其基座采用石材，屋身为青砖，屋顶为青瓦，窗户则采用木材和石质材料。门前有一块空地和一棵大古树。入口处顺梯而上，便进入了宅内，宅内由于无人打理，十分破败，虽有人重新整修，却只是很随意的修葺，使得其丢失了本身的古建样式，古民居文物保护价值并不高。接着便来到了汤家汇镇上畈村朱家湾，朱家湾仅稍作考察，由于文物价值不是很大，便前往最后一站李家湾(如图6.89)了。李家湾，位于金寨县汤家汇镇斗林村，其占地面积6400平方米，坐北向南，属皖西古建筑风格，该建筑始建于明朝，前后施工近20余年，距今约300年。古民居依山势设计，以木结构框架为主，内分东西，中分三进：一进门厅、吊楼、彩绘，二进厅堂，三进堂屋。李家古民居入口处有一大块空地，从外部环境看，视野较开阔，整体保存较完整。而进入宅内，却破损较为严重，仅存维修后的空房建筑，虽列入中国传统村落的名录当中，实则文物保护价值并不高。

图6.88　汤家汇镇瓦基屋村宴湾

第六章　湖北大别山红色聚落调研典型实例

图 6.89　李家湾

安徽金寨县非物质文化遗产方面，省级有金寨古碑丝弦锣鼓、思帝乡锣鼓；县级有金寨民歌、古碑丝弦锣鼓、斑竹园思帝乡锣鼓、金寨道教音乐、金寨花鼓灯、金寨大鼓、渔鼓、金寨婚俗、双河庙会、洪道人尖庙会、响山古寺庙会、推光漆制品生产工艺、火纸生产工艺、小吊酒制作工艺、金寨翠眉制作工艺、民间手绣工艺、竹制品制作工艺、高山泡菜制作工艺、柞蚕丝夏布纺织工艺、红豆腐制作工艺、金寨红烧肉制作工艺、青山十大碗制作工艺等。

三、小结

作为承载中华民族历史和文化记忆的传统村落，其较高的历史、科学、文化、艺术、社会和经济价值，应得到真正的保护和活化。通过对大别山"红三角"地区传统村落为期三天的调研，时间虽不长，却发现了许多"隐形"的问题，主要有以下几点：

（1）传统村落大多位于交通不便之地，经济相对落后，大部分年轻人选择外出打工，"空心村"现象比较普遍；另一方面，由于长期风吹日晒而缺乏整修，村落出现"历史性老化"的现象较为严重。

（2）国家虽然拨款对具有较高历史文化价值的传统村落进行抢救和保护，当地政府对其建设与开发却大都是"形式主义"，作为较小，没有为村民解决实质性的脱贫问题。

(3)传统村落中,有一些单独成栋、破损严重的老宅,或院落、或庙宇、或戏台、或祠堂、或桥梁等,虽冠以"村落"的概念,但并非连片的村子,对于这种零散的"行将灭亡"的老屋,很经典,又很有历史文化价值,该如何进行保护和传承?

(4)有些村子并不具备"中国传统村落"的申报和认定要求,其历史文化价值、社会价值和经济价值并不大。

(5)大别山"红三角"地区传统村落有着较为丰富的非物质文化遗产,但当地却并没有对从文化动因方面对其进行价值及活化利用,以激活"大别山"红三角地区传统村落的当代发展。

四、建议

(1)适度发展民宿产业能活化传统村落,使其保护和开发获得双赢。随着我国城市化进程的加快,人们生活节奏也日益加快,越来越多的人渴望"回归自然"。传统村落因其简单而淳朴的生活气息让现代都市中的人心驰神往,将传统村落开发成具有地域文化特色的客栈式民宿,既能促进村落环境的改善、历史建筑的修缮、传统文化的传承,又能带来经济效益,推动当地更好更快的发展。

(2)用"体验经济"的思路保护和传承传统村落中的"非遗"。当前对于"非遗"的保护与传承主要以静态观光为主,缺乏主动性和参与性,创新地利用"体验经济"这一模式能够为保护提供资金和传承动力。

(3)针对传统村落中一些散落乡野的零散又珍贵的民居,"露天博物馆"不失为一种较好的保护方式,即把这些零散而无法单独保护的遗存辟地重建,组成一个活态的"历史空间",加以集中保护和展示。这种方式能够将最难保存的人类遗产——历史民居及生活细节保存下来,具有很高的旅游价值。

(4)国家应制定相关的政策法规,当地政府及有关部门对于中国传统村落的申报和认定工作也应做到实事求是,使中国传统村落的价值真正得以彰显。

(5)文化是传统村落的核心与优势资源,传统村落价值及活化利用可以从红色旅游、绿色旅游以及非物质文化遗产这三种文化形式来确定合理的保护和发展路径。

第七章　结论与展望

一、研究成果的主要内容和重要观点

（一）主要内容

第一章，从国家政策引导、社会经济发展驱动以及文化传承与复兴需求三方面概述了本项目的研究背景；界定了本项目研究的关键概念：聚落、湖北省大别山以及湖北省大别山红色聚落；确定了以罗田、英山、麻城、红安、蕲春、团风、大悟、孝昌八个扶贫开发工作重点县为研究的空间范围，解析湖北大别山红色聚落的特征及价值，探索其活化利用途径的研究内容与思路。

第二章，从自然、政治、经济、社会、技术五个方面分析了影响湖北大别山红色聚落特征及价值的因素。

第三章，分析了湖北大别山传统聚落的空间布局形态、建筑、景观特征，并针对湖北大别山传统聚落的建筑装饰及防御体系做了深入的专题讨论。

（1）在空间布局形态特征方面，湖北大别山传统聚落的空间布局形式大致可分为集约布局、组团布局和线性布局；通过对聚落图底关系的分析，可以看出聚落空间形态具有聚居性、形态不规则和边界模糊的特征；湖北大别山传统聚落的空间序列分为两种：一种是地形防御—聚落边界防御—族群防御—巷道防御的防御体系空间序列，一种是街道—族群—院落—建筑的交往体系空间序列。

（2）在建筑特征方面，湖北大别山传统聚落建筑主要分为民居建筑和公共建筑，其中民居建筑又分为无围合排屋建筑、围合式天井建筑以及街屋建筑，公共建筑主要为祠堂。围合式天井建筑是湖北大别山传统聚落建筑的典型代表，其空间要素包括堂屋、边房、天井等。建筑立面造型上主要是屋顶和墙体，屋顶大多为两坡水硬山屋面，墙面造型则分为一字墙、人字墙和三字墙；建筑结构上一般为砖木结构，屋架为穿抬结合。

（3）在景观特征方面，湖北大别山传统聚落景观因其无意识自发的特性，呈现出自然灵活的特点，因此，在分析时主要依据聚落景观的物质环境要素展开，主要内容包括绿化、水系、街巷景观、牌楼、古桥等，其中绿化又分为林地景观和田园景观，街巷景观分为街道景观和巷道景观。

（4）在建筑装饰方面，鄂东北传统建筑整体风格朴素清旷，建筑装饰顺应建筑材料的特性，因地制宜，因材施艺。装饰工艺以砖雕、石雕、木雕、彩画为主。装饰题材包括人物故事、动物神兽、植物花卉、几何纹样、文字符号等，寓意丰富。屋顶装饰集中于屋面、屋脊、瓦当和滴水，且以砖雕为主，雕刻形式多样；屋身装饰是鄂东北传统建筑装饰的主要部位，以石雕、木雕为主，题材丰富，墙体、梁柱以及门窗的装饰均体现了功能、结构与艺术的结合；台基、铺地与柱础装饰相对简洁，大部分无雕刻或只是雕刻简单花纹。

（5）在防御体系方面，湖北大别山传统聚落的防御系统一般由坚如磐石的层级"硬"防御和安心镇气的精神"软"防御结合而成，同时满足生产生活、防备战斗等需求。其物质硬防御系统在外围整体防御、内部街巷防御、住宅院落防御与建筑细部防御等四个层次上逐层递进。其精神软防御系统则通过增强内部凝聚力和追求心安的精神思想来营建防御氛围，给居民创造情感寄托。

第四章，对湖北大别山传统聚落的价值进行了科学的综合评估，主要包括了历史文化、科学艺术、环境生态、社会经济、精神情感五个方面。其中历史文化价值主要体现在湖北大别山传统聚落拥有浓厚的历史文化、丰富的红色资源以及突出的移民文化和宗族文化。科学艺术价值表现在多个方面，如科学的规划布局、合理的生态设计和健康有益的人居环境、建筑艺术、传统手工艺术、民间音乐等。环境生态价值主要体现在湖北大别山区丰富的自然资源，该地区气候宜人，植被繁茂，是国家重要的生态功能保护区。社会经济价值指大别山区是我国贯通南北、承东启西的中部腹地，处在中部和东部两大区域经济板块的结合部，是实现区域经济优势互补、战略协作的重要地区，有着广阔的发展空间、巨大的发展潜能，在我国区域经济发展格局中占有重要的地位。精神情感价值主要体现在大别山精神和乡愁认同两个方面。

第五章，通过对湖北大别山传统聚落的历史文化价值、科学艺术价值、环境生态价值、社会经济价值以及精神情感价值五个方面的评估，在契合当下国情及市场导向前提下，提出湖北大别山传统聚落可通过乡村休闲旅游度假区开发、新型养老社区建设、大学生科研教育基地建设、发展特色产业、教育培训以及创建数字博物馆等活化利用途径带动发展。

第六章是对湖北大别山红色聚落调研典型实例的呈现与分析。

(二)重要观点

(1)在当今我国城镇化快速发展的背景下，农村的生产力条件发生了巨大的变化。对于红色聚落的保护和传承，不能只是从美学、建筑学和旅游者猎奇的角度去考虑如何美化，而是要从功能再生和社会动力上去深层思考。

(2)大别山红色聚落具有鲜明的地域特征，这些特征的本质是当时当地社会、经济和文化的发展状态，具有特定的社会学意义。

(3)从区域角度系统的研究湖北大别山红色聚落的特征与价值，以聚落形态影响因素和聚落空间及建筑为出发点，横向研究红色聚落的特征，以此为基础对红色聚落展开纵向历史剖析，挖掘出湖北大别山红色聚落的五大价值：历史文化、科学艺术、环境生态、社会经济、精神情感，进而提出湖北大别山传统聚落可通过乡村休闲旅游度假区开发、新型养老社区建设、大学生科研教育基地建设、发展特色产业、教育培训以及创建数字博物馆等活化利用途径带动发展，以自然生态环境为基础，以人文历史背景为依托，以价值特色为导向，以保护作为发展的出发点和落脚点，创造传统聚落的内生力量，促进村落自身的良性循环，实现可持续发展的思路。

二、尚需深入研究的问题

本次研究通过文献整理和实地调研，总结归纳了鄂东北红色聚落的总体特征与多维价值，基于特征认知与价值评价提出了传统聚落的活化途径，但是还未针对不同类型的聚落展开更为细致的分析，在今后的研究中需要针对具体村落提出更为详尽的活化策略。此外，在后期的研究中我们计划以社会创新的视角展开对传统聚落活化利用的研究，探讨社会创新设计在传统聚落活化过程中的作用机制。

参考文献

政策文件类：

[1]《中国共产党第十九次全国代表大会报告》。

[2]《中共中央、国务院关于实施乡村振兴战略的意见》。

[3]《乡村振兴战略规划(2018—2022)》。

[4]《国务院关于大别山革命老区振兴发展规划的批复》(2015)。

[5]《"十三五"脱贫攻坚规划》(2016)。

[6]《中共中央、国务院关于深入推进农业供给侧结构性改革加快培育农业农村发展新动能的若干意见》(2017)。

[7]《中国农村扶贫开发纲要(2011—2020年)》。

学位及期刊论文：

[1] 张竞羚. 苏北传统民居装饰艺术研究[D]. 南京：南京航空航天大学，2016.

[2] 王苏弦. 浙西霞山古民居的建筑装饰研究[D]. 杭州：杭州师范大学，2014.

[3] 蔡璐阳. 成都平原传统民居建筑装饰研究[D]. 成都：西南交通大学，2007.

[4] 张宏. 邯郸民居建筑装饰艺术[D]. 邯郸：河北工程大学，2013.

[5] 高琪. 蔚县暖全镇古村落传统建筑装饰研究[D]. 保定：河北大学，2017.

[6] 樊泽怡. 荻浦与深澳古村乡土聚落建筑艺术研究[D]. 杭州：浙江理工大学，2016.

[7] 范雪青. 大别山系传统民居建筑装饰研究[D]. 郑州：郑州大学，2014.

[8] 周露曦. 明清时期鄂西北移民地区传统民居建筑装饰研究——以湖北省丹江口市饶氏庄园为例[D]. 武汉：华中科技大学，2018.

参考文献

[9] 李轲. 陕南传统民居建筑装饰艺术研究[D]. 西安：西安美术学院，2009.

[10] 孙玉琪. 赣南客家传统民居建筑的形制及装饰艺术研究[D]. 杭州：浙江农林大学，2018.

[11] 董智斌. 甘肃传统民居建筑装饰艺术研究[D]. 兰州：西北师范大学，2009.

[12] 徐嵩. 湖南传统民居装饰比较研究[D]. 长沙：湖南大学，2016.

[13] 曹安琪. 多元文化影响下的清代鄂西北民居建筑装饰特征研究[D]. 武汉：华中科技大学，2017.

[14] 魏大平. 传统建筑装饰的更新应用研究[D]. 成都：西南交通大学，2010.

[15] 侯月阳. 晋东南古村落民居建筑的装饰艺术研究[D]. 西安：西安建筑科技大学，2015.

[16] 王丽萍. 天水市传统民居的空间特质及装饰艺术研究[D]. 西安：西安建筑科技大学，2009.

[17] 杜昱欣. 关中传统民居装饰元素在景观中的设计应用研究[D]. 西安：西安建筑科技大学，2018.

[18] 汤逸冰. 湘南传统民居装饰艺术及其文化研究[D]. 武汉：武汉理工大学，2017.

[19] 赵丹革. 中国古代建筑的窗棂文化[D]. 北京：北京服装学院，2003.

[20] 庄俊倩，徐芳萍. 关于城市地标建筑的探索性研究[J]. 美与时代·城市，2014(9).

[21] 米满宁，崔骁，张海桐. 徽州传统建筑中的雀替装饰艺术研究[J]. 民族艺术研究，2014，27(4).

[22] 彭雨轩. 历史的片段——徽州雀替的装饰艺术探析[J]. 建筑与文化，2018(2).

[23] 郑敏. 乔家大院墀头装饰纹样特征分析[J]. 装饰，2015(12).

[24] 尹春燕. 鄂东南传统民居建筑装饰艺术特色研究[J]. 大众文艺，2017(21).

[25] 李丽媛，罗梦雪. 对九房沟古寨堡"保护性破坏"的反思[J]. 装饰，2019(6).

[26] 梁超凡. 砖在当代建筑设计中的艺术表现研究[D]. 南京：东南大学，2015.

[27] 史清俊. 砖石材料在建筑表皮中的美学应用研究[D]. 西安：西安建筑科技大学，2012.

[28] 陈茹,李晓峰. 鄂东北传统山地聚落形态特征及其成因探析[J]. 华中建筑,2016,34(11).

[29] 吴必虎. 基于乡村旅游的传统村落保护与活化[J]. 社会科学家,2016(2).

[30] 徐琴. 有机更新:历史文化名城走出保护性衰败与建设性破坏困境之路[J]. 城市观察,2011(3).

[31] 阙瑾. 明清"江西填湖广"移民通道上的鄂东北地区聚落形态案例研究[D]. 武汉:华中科技大学,2008.

[32] 徐红罡,万小娟,范晓君. 从"原真性"实践反思中国遗产保护——以宏村为例[J]. 人文地理,2012(1).

[33] 范雪青. 大别山系传统民居建筑装饰研究[D]. 郑州:郑州大学,2014.

[34] 李红. 聚落的起源与演变[J]. 长春师范学院学报(自然科学版),2010(6).

著作类:

[1] 吴良镛. 中国人居史[M]. 北京:中国建筑工业出版社,2014.

[2] 刘汉成. 夏亚华. 大别山旅游扶贫开发研究[M]. 北京:中国经济出版社,2014.

[3] 赵之枫. 传统村镇聚落空间解析[M]. 北京:中国建筑工业出版社,2015.

[4] 李德喜. 湖北传统建筑[M]. 北京:中国建筑工业出版社,2015.

[5] 吴良镛著. 人居环境科学导论[M]. 北京:中国建筑工业出版社,2001.

[6] 张发懋,李百浩,李晓峰编. 湖北传统民居[M]. 北京:中国建筑工业出版社,2006.

[7] 彭一刚著. 传统村镇聚落景观分析[M]. 北京:中国建筑工业出版社,1992.

[8] 李晓峰,谭刚毅编. 两湖民居[M]. 北京:中国建筑工业出版社,2009.

[9] 张伟然著. 湖北历史文化地理研究[M]. 武汉:湖北教育出版社,2000.

[10] 张国雄著. 明清时期的两湖移民[M]. 西安:陕西人民出版社,1995.

[11] 湖北省地方志编纂委员会. 湖北通志[M]. 武汉:湖北人民出版社,2010.

[12] 刘森林著. 中华民居:传统住宅建筑分析[M]. 上海:同济大学出版社,2009.

[13] 费孝通著. 乡土中国[M]. 北京:人民出版社,2015.